**Sonnenaufgang
in der Wüste**
Ich wähle die Freiheit

Jacques Gaillot

EKH

Sonnenaufgang in der Wüste
Ich wähle die Freiheit

von Jacques Gaillot

Gespräche mit
Jean-Claude Raspiengeas

EKH
Edition K. Haller

Titel der französischen Originalausgabe
Je prends la liberté
© Flammarion, Paris 1995

Aus dem Französischen übersetzt von
Peter Wild

Alle Rechte vorbehalten – Printed in Switzerland
© Edition K. Haller, Küsnacht, Schweiz, 1997

Gestaltung, Satz und Lithos:	DDT Design & Desktop Team, Zürich
Umschlagfotos:	*Wüstenbild* PRISMA AG, Zürich
	Jacques Gaillot Betina Rheims
Druck, Ausrüstung:	Schneider Druck AG, Zürich
Papier:	chlorfrei gebleicht

ISBN 3-905585-00-6

Inhalt

6	Vorwort	Prof. Herbert Haag
9	1. Kapitel	Wenn Bischofsstäbe zuschlagen
23	2. Kapitel	Monsignore, Ihre Papiere!
31	3. Kapitel	Ein unruhiger Bischof
47	4. Kapitel	Eine fromme Kindheit
65	5. Kapitel	Ein Priester, der keine Probleme macht
86	6. Kapitel	Frankreichs jüngster Bischof
117	7. Kapitel	Brennende Fragen
132	8. Kapitel	In der Wüste und im Gedränge der Menschen
158	9. Kapitel	Der Minuspol Kirche
190	10. Kapitel	Der Rückfällige
212	11. Kapitel	In partibus infidelium
230	12. Kapitel	Die Herrlichkeit der Freiheit

Vorwort

«Wo der Geist des Herrn ist, da ist Freiheit»
(2 Kor 3,17)

Freiheit ist das Losungswort dieses Buches, ist aber zugleich das Losungswort des Christentums überhaupt. Denn Jesus, auf den sich die christliche Religion beruft, hat nichts anderes gepredigt als *Freiheit*. Und damit sprach er den Menschen von damals und den Menschen aller Zeiten aus dem Herzen.

Die Menschen hungern nach Sonne, sie hungern nach Liebe, sie hungern nach Freude, sie hungern nach Frieden. Nach keinem Gut dieser Welt aber hungern sie so sehr wie nach *Freiheit*. Die Freiheit ist das Proprium des Menschen. Sie ist das, was ihn zum *Menschen* macht, was ihn im letzten *Mensch* sein läßt. Kein Wunder, daß sich durch die Geschichte der Welt und der Kirche ein endloser Zug von Männern und Frauen bewegt, die sich für die Freiheit eingesetzt haben und für die Freiheit in den Tod gegangen sind.

Grundsätzlich ist der Mensch grenzenlos frei. Nur *eines* schränkt seine Freiheit ein: die Freiheit des Mitmenschen.

Um die Freiheit des einen mit der Freiheit des anderen in Einklang zu bringen, haben sich die Menschen seit den ältesten Zeiten Gesetze gegeben. Im alten Israel waren dies die Zehn Gebote. Sie beziehen sich auf die Grundrechte des Menschen, auf «Menschenrechte». Sie schränken die Freiheit des einzelnen ein, gewährleisten sie aber zugleich. Freilich ist ein Gesetz nur so lange gut, als es der Freiheit des Menschen dient, und Jesus hat nie einen Zweifel daran gelassen, daß das Gesetz für den Menschen und seine Freiheit da ist und nicht der Mensch für das Gesetz.

So kann denn mein Freund Jacques Gaillot im letzten Kapitel dieses Buches die «splendeur de la liberté», die Pracht der Freiheit, preisen. Sich zu dieser Freiheit durchzuringen bleibt dem Jünger, der Jüngerin Jesu das ganze Leben lang aufgegeben. Es kann ein langer und mühsamer Prozeß sein.

Und was vom einzelnen gilt, das gilt auch von unserer Kirche:
Sie muß sich aus der leider geschichtlich gewordenen Unfreiheit mühsam zu einer Freiheit durchringen, in der noch Platz ist für das Wehen des Geistes. «Wo der Geist des Herrn ist, da ist Freiheit», erklärt der Apostel Paulus (2 Kor 3,17).

Das bedeutet aber auch umgekehrt:
Wo Freiheit ist, da ist der Geist des Herrn.

Herbert Haag

1. Kapitel

Wenn Bischofsstäbe zuschlagen

«Morgen wird Ihnen Ihr Auftrag als Bischof von Evreux entzogen. Am Mittag.» Petersplatz, dritter Stock jenes Palastes, in dem die Kongregation für die Bischöfe untergebracht ist: Die weiche, melodiöse und entschlossene Stimme von Kardinal Bernardin Gantin verklingt, eine Oktave höher, in der Täfelung und in den goldenen Verzierungen seines salonartigen Büros. Und sein Blick richtet sich auf die blauen Augen von Bischof Jacques Gaillot, der nicht sofort versteht, was er soeben gehört hat.

Er braucht Zeit, sich zu sammeln, und er reagiert: Einspruch, Eminenz! «Haben Sie an die Reaktionen in Frankreich gedacht?» wendet der bereits abgesetzte Prälat ein.

Die Antwort – eine Ohrfeige: «Es geht nicht um Frankreich, sondern um die Kirche!»

Der zukünftige Ex-Bischof von Evreux kämpft weiter: «Aber die Kirche gibt es auch in Frankreich.»

«Ich weiß», antwortet der Kardinal. «Ich habe große Hochachtung vor ihr. Und ich weiß, was ich ihr schuldig bin.»

Mittwoch, den 11. Januar 1995, 10 Uhr 30
Stazione Termini, Rom.

Eine kleine Gestalt, der Bischof von Evreux, ausgestattet mit seinem ewigen blauen Regenmantel, seiner Polo-Jacke und seiner braunen Tasche, steigt aus dem Couchette-Abteil des Palatino (zweite Klasse). Er ist über Nacht gereist. Das Ganze erinnert an den jungen Seminaristen in den Kleidern der sechziger Jahre, der wieder nach Rom kommt, um an der Gregoriana, der großen Universität der Jesuiten, sein Quartier zu beziehen.

Reist er zu seiner letzten Chance? Der Vatikan hat ihn herbefohlen, und er weiß, daß Drohungen in der Luft liegen, schon lange Zeit, zu lange.

Die Luft ist frisch, der Himmel klar. Auch mitten im Winter kann Rom jenen verführerischen Zauber entfalten, der das Herz eines Reisenden schon im Moment seiner Ankunft erobert. Jacques Gaillot geht leichten Schrittes, er genießt es, wieder in der Ewigen Stadt zu sein. Er ahnt noch nicht, was ihm die Audienz am folgenden Tag bringen wird. Kardinal Bernardin Gantin, Präfekt der Kongregation für die Bischöfe, hat ihn schon mehrfach ermahnt, denn die römische Kurie empfindet sein Verhalten als bedenklich. Jacques Gaillot ist glücklich, die Atmosphäre dieser Stadt, die dem Winter ein Schnippchen zu schlagen scheint, einatmen zu können, und verjagt die schweren Wolken, die seinen Kopf verdunkeln wollen.

Er hat zwei Stunden vor sich. Er folgt der Via Cavour, geht an Roms Synagoge vorbei und überquert den Tiber. Er spürt die Sonne und bestellt auf der Terrasse einer Bar einen Cappuccino. Dann geht er weiter nach Trastevere, in dieses alte Arbeiterquartier. Auf seinem Weg besucht er S. Maria in Trastevere, die älteste Kirche Roms, und verweilt für ein Gebet.

«Mein lieber Pater, Sie müssen wissen, ich, nein, ich habe nichts Besonderes gehört», versichert ihm Kardinal Roger Etchegaray, der Globetrotter des Vatikans. Bevor dieser mit dem Papst nach Manila fliegt, empfängt er ihn zum Mittagessen, und zwar in seinen Privatgemächern im Palazzo di San Callixto (sie liegen gleich neben denen von Kardinal Gantin ...). Wie immer hat ihn der Kardinal in seine Kapelle geführt, die mit wertvollen Ikonen geschmückt ist.

«Ich habe Kardinal Gantin informiert, daß Sie mich besuchen», fährt er fort. «Damit alles klar ist: Ich habe auch den Nuntius in Paris benachrichtigt; er weiß, daß ich Sie empfange.»

«Wie ist das Klima zur Zeit? Wissen Sie, was mich morgen erwartet?» fragt Jacques Gaillot, der nach Vorzeichen sucht.

«Kardinal Gantin ist auf jeden Fall sehr zurückhaltend geblieben. Er hat mir nichts über Sie gesagt. Man erzählt sich, daß Sie sehr oft nicht in Ihrer Diözese sind. Aber ich bin über Ihren Fall nicht auf dem laufenden, denn unser Blick hier ist auf die ganze Welt gerichtet.»

Nach dem Essen bittet der Kardinal seinen Gast zum Kaffee in einen Salon. Die beiden Männer kommen auf ihre Reisen zu sprechen. Der Bischof von Evreux erzählt von Haiti, wo er noch zu Beginn der Woche – auf Einladung eines Fernsehsenders – gewesen ist, und von Bagdad, wohin er in den kommenden Tagen reisen will. «Über Ihre Projekte sollten Sie sich mit einem Verantwortlichen des Staatssekretariats unterhalten. Ihre Reisen dürften ihn interessieren. Ich gebe Ihnen seine Nummer. Rufen Sie ihn an und grüssen Sie ihn von mir.» Das Gespräch verliert sich gemütlich in bedeutungslosen Themen.

Der römische Kardinal und der Bischof aus der Provinz verabschieden sich; der eine geht nach Asien, der andere seinem Schicksal entgegen ...

Jacques Gaillot fühlt sich sicherer, denn bei diesem Besuch hat er nichts entdeckt, das ihn alarmiert hätte. Zu Fuß geht er zum Französischen Seminar, wo er übernachtet. Er begegnet dem Verwalter und den Erinnerungen seiner Jugend, bringt sein Gepäck auf sein Zimmer und informiert einige Bekannte, daß er angekommen ist. Als er das Staatssekretariat anruft, erfährt er, daß der mögliche Gesprächspartner, den ihm Kardinal Etchegaray empfohlen hat, unterwegs ist, und zwar in Richtung des Flughafens Fiumicino als Mitglied der päpstlichen Eskorte.

Jacques Gaillot ist ein unermüdlicher Spaziergänger, er liebt es, die Straßen einer Stadt zu durchstreifen. So zieht er auch jetzt wieder los in die Fußgängerzone im Zentrum Roms.

Er geht den Corso hinauf, erreicht Trinità dei Monti, setzt sich auf die Treppenstufen mitten unter die Vitelloni, die an der Sonne faulenzen. Er geht der Villa Medici entlang und kehrt beim Einbruch der Dämmerung ins Seminar zurück, wo er der Eucharistie vorsteht. Er ißt mit der Hausgemeinschaft, schaut sich gemeinsam mit dem Hausobern die Nachrichten des französischen Fernsehens an, trifft einen Studienfreund, besucht kurz die Kapelle, geht auf sein Zimmer, liest noch ein wenig und legt sich schlafen.

Morgen ist ein anderer Tag ...

Donnerstag, den 12. Januar 1995, 9 Uhr.
Bischof Gaillot verläßt das Französische Seminar und macht sich in der morgendlichen Kälte auf den Weg Richtung Vatikan, wo ihn seine Richter erwarten. «Einmal mehr werden wir miteinander sprechen, diskutieren, vielleicht auch verhandeln ...», wiederholt er sich auf dem Weg. Und er nimmt sich noch Zeit für einen letzten Cappuccino, Via della Conciliazione, am Rand dieser langen und breiten Prachtstraße, die zu Sankt Peter führt.

9 Uhr 25, Petersplatz, Vatikan.
Pünktlich wie immer nimmt der Bischof von Evreux den Lift und läßt sich im Palast der Kongregation für die Bischöfe in den dritten Stock befördern.

Man läßt ihn in einem Salon kurz warten, bittet ihn dann in einen weiteren Salon, und schließlich betritt er, endlich, das salonartige Büro des Kardinals Bernardin Gantin.

Eine erste Überraschung: Der Kardinal, ursprünglich aus Benin und dreiundsechzig Jahre alt, ist nicht allein. Neben ihm sitzen der Argentinier Jorge Maria Mejia, Bischof und Sekretär der Kongregation, und – noch unerwarteter – der Franzose Jean-Louis Tauran, einundfünfzigjährig, Bischof auch er und Sekretär für die Beziehungen des Heiligen Stuhls zu den anderen Staaten. Monsignore Jean-Louis Tauran gilt seit einigen Jahren als «der Aufsteiger» in der römischen Kurie. Jacques Gaillot sieht ihn zum erstenmal und erinnert sich, daß ihn ein Bischof vor ein paar Monaten gewarnt hat: «Sei vorsichtig mit Tauran ...»

Der Bischof von Evreux nimmt den Kontrast sofort wahr: Die drei römischen Kirchenfürsten sind vorschriftsmässig und aufs schönste herausgeputzt: Soutane aus bestem Stoff, Zingulum und Käppchen (rot beim Kardinal, violett bei den Bischöfen), und das Brustkreuz gut sichtbar. Gaillot paßt nicht ganz ins feierliche Konzept: kein Käppchen, kein römischer Kragen, keine Soutane, kein Brustkreuz, kein Zingulum. Er hat es versäumt, sich für diesen Auftritt zurechtzumachen, und kommt in seinen Alltagskleidern: Polo-Jacke und an den Füßen die Mephisto.

> «Ich bin nicht allein, wie Sie sehen. Denn wir werden sehr ernst miteinander reden müssen.»

Der Prozeß beginnt. Kardinal Gantin, der auf seinem Sessel thront, den Rücken zum Petersplatz, rollt in feierlichem Ton die Geschichte des «Falles Gaillot» auf.

> «Wir sind einander begegnet: 1987 in Rom, dann erneut im Oktober 1988 in Nancy, dann wiederum anläßlich Ihres Besuchs *ad limina* im Januar 1992. Sie erinnern sich, was wir miteinander besprochen haben. Kardinal Decourtray hat Sie am 15. Februar 1989 ein

Protokoll von acht Punkten unterschreiben lassen, und am 14. April 1994 hat Ihnen Bischof Joseph Duval einen Brief geschrieben.»

Die Audienz beginnt nicht gut. Der Bischof von Evreux ist von den Gedankenschritten und der Gedächtnisleistung des Kardinals beeindruckt; während Monsignore Tauran einen ganzen Turm von Dossiers vor sich aufgebaut hat und der Argentinier sich Notizen macht, hat der Kardinal nichts in Händen und nichts vor Augen – er hat alles im Kopf. Von Zeit zu Zeit neigt er sich zu Bischof Gaillot, unterstreicht gewisse Sätze, betont gewisse Silben. Und gelegentlich wird Monsignore Gantin heftiger.

«Und dann haben Sie erklärt, daß das Wort Gottes ein Wort wie jedes andere sei.»

Bis jetzt hat Jacques Gaillot noch kein Wort gesagt, aber diesmal fährt er dazwischen: «Damit tun Sie mir unrecht. Ich glaube voll und ganz an die Kraft des Wortes Gottes. Sollte ich in einem Buch diesen Satz geschrieben haben, so nur, um zu verdeutlichen, daß das Wort Gottes, wenn wir es verkünden, heute in der Gesellschaft als ein Wort unter anderen Worten aufgenommen wird.» Seine Intervention bleibt wirkungslos.

«Im Januar 1992 hat der Papst Sie ermahnt und gebeten, nicht mehr *cantare extra chorum* (außerhalb des Chores zu singen).»

Jacques Gaillot fährt diesmal noch heftiger dazwischen: «Erlauben Sie mir klarzustellen, daß mir der Papst das nicht gesagt hat. Darf ich Ihr Wort korrigieren? Ich war der einzige Zeuge. Der Papst hat mir, und zwar auf brüderliche und herzliche Art, gesagt: 'Man sollte nicht nur *cantare extra chorum*, man sollte auch *cantare in choro*.'»

Der Kardinal fährt fort. Der Bischof von Evreux beginnt allmählich die wahre Dimension dessen, was sich vor ihm abspielt, zu ahnen. Es handelt sich um einen Prozeß, bei dem im Moment der Anklage das Urteil bereits feststeht. Und der Angeklagte, der nicht mit dem Beistand eines Verteidigers rechnen kann, ist gerufen worden, das Urteil in Empfang zu nehmen.

«Sie können sich nicht vorstellen, wie viele Klagen wir Ihretwegen hier in Rom erhalten.»

Als sich Monsignore Tauran sehr selbstsicher in Szene setzt und bestätigt, was ihm Kardinal Gantin eben verpaßt hat, begreift Jacques Gaillot. «Der Ausgang des Spiels steht schon fest», denkt er für sich, in petto.

«Sie begeben sich in andere Diözesen, ohne zuvor den jeweiligen Bischof zu informieren. Ich habe gehört, daß Sie eben von Haiti kommen. Haben Sie sich mit den Ortsbischöfen getroffen?»

«Nein. Ich hatte zwar dem Bischof von Gonaïves geschrieben und ihn informiert, aber mein kurzer Aufenthalt in den Bergdörfern hat es mir nicht erlaubt, bis zu ihm zu fahren.»

«Sehen Sie, sehen Sie: Da fahren Sie nach Haiti und sagen den Bischöfen nichts.»

«Und Sie interessieren sich nicht, auf welche Art und Weise ich versuche, dort für die Frohe Botschaft Zeugnis abzulegen.»

«Ja, das stimmt. Aber das Problem besteht darin, daß Sie bei Ihren Streifzügen durch die Diözesen nie jemanden informieren.»

Der Stil ist hart, ohne Konzessionen. Die Stimmen werden erregter. Bischof Gaillot entgeht es nicht, daß es für ihn im Herzen von Monsignore Tauran keinen Platz gibt, oder besser gesagt: Der Kurienprälat kanzelt ihn ab.

«Dann habe ich zudem vernommen, daß Sie die Absicht haben, jetzt nach Bagdad zu fahren. Darf man wissen, wozu Sie nach Bagdad gehen?»

«Ich gehe, um die Verbrechen am irakischen Volk, diese Folgen des Embargos, anzuprangern.»

«Und im Namen welcher Organisation?»

«Im Namen der AFPA, im Namen der Association française pro-arabe.»
Es ist deutlich zu sehen, daß sein Gesprächspartner bei einer Wissenslücke ertappt worden ist. Diese Information besaß er nicht.

«Und selbstverständlich fahren Sie, ohne uns zu benachrichtigen ...»

«Kardinal Etchegaray hat mich gestern wissen lassen, daß es wünschenswert wäre, wenn ich mich mit dem Staatssekretariat in Verbindung setzen würde. Ich habe schon versucht, Verbindung aufzunehmen. Leider aber ohne Erfolg.»
Jacques Gaillot hat jetzt die Botschaft und das Ziel der Unterredung verstanden, und er beschließt zu schweigen. Er hört sich die Liste der Klagen an, die auf ihn nieder-

prasseln, und erwartet den schicksalshaften Moment. «Am Ende werden sie mich auffordern zu demissionieren, und ich werde antworten: 'Ich will darüber nachdenken ...'»

Die Stimme von Monsignore Jorge Maria Mejia reißt ihn aus seiner Betrachtung. Der argentinische Prälat hebt die Nase aus seinen Papieren und meint, als ob er das schon Gesagte unterstreichen wollte:

«Gemäß den vorliegenden Unterlagen haben die Bischöfe Sie oft gerügt, und man hat Sie oft auf das Problem angesprochen.»

Dann übernimmt Monsignore Tauran wieder das Wort:

«Ich habe den Eindruck, daß sich die Haltung der französischen Bischöfe Ihnen gegenüber in den letzten zwei Jahren verändert hat. Sie unterstützen Sie nicht mehr. Kardinal Decourtray, der Ihnen wohlgesonnen war, hat Ihnen Vorwürfe gemacht. Monsignore Duval hat Ihr Benehmen in den Medien kritisiert. Ich war vor einiger Zeit auch in Bordeaux. Ihr Auftritt in der Sendung *Frou-Frou* war für viele Christen ein Skandal, wie Sie wissen. Wir haben zahlreiche Klagen gegen Sie erhalten.»

Jacques Gaillot nimmt nichts mehr auf. Er erwartet den Gnadenstoß. Im Sinne der Hierarchie wird, ziemlich sicher, Kardinal Gantin zustoßen. Dieser nimmt nun auch die Situation wieder in seine Hände und erklärt, in einem bedeutungsschwangeren Ton:

«Zuviel, es ist zuviel! Und als Konsequenz ist beschlossen worden: Morgen wird Ihnen Ihr Auftrag als Bischof von Evreux entzogen. Am Mittag. Und die Diözese von Evreux wird als vakant erklärt.»

Betretenes Schweigen ... ein Schwarm Engel fliegt durchs Zimmer.

Demütigung, Verletzung, Unrecht: Jacques Gaillot denkt an die Gläubigen der Diözese Evreux und an ihre Empfindungen. Doch Monsignore Tauran unterbricht seine Gedanken sehr schnell:

«Diese Entscheidung hat keinerlei politischen Charakter. Ich möchte Ihnen gegenüber betonen, daß ich – im Gegensatz zu dem, was die Zeitschrift *Golias* geschrieben hat – mich noch nie mit Charles Pasqua getroffen habe!»

Kardinal Gantin übernimmt wieder das Wort:

«Wenn Sie Ihre Demission unterschreiben, werden Sie den Titel führen: emeritierter Bischof von Evreux.»

«Und wenn ich nicht unterschreibe?»

«Dann werden Sie als Bischof versetzt. Sie haben bis heute abend Zeit zu überlegen.»

«Emeritierung», «Versetzung» ... Nach dem Schlag, den er eben bekommen hat, kann Jacques Gaillot die kirchenrechtlichen Nuancierungen nur schwer auseinanderhalten. Rom hat ihn soeben erledigt. Was gibt es noch hinzuzufügen? Letzter Akt des Bischofs von Evreux im Vatikan: Er räumt das Feld. «Ich denke», sagt er, «wir haben einander nichts mehr zu sagen.»

Doch Kardinal Gantin sollte das letzte Wort haben:

«Nehmen Sie das alles in Ihr Gebet.»

Während er leicht angeschlagen durch die Salons zurückgeht, arbeiten in Jacques Gaillot die Fragen: «Habe ich richtig verstanden? Habe ich das genau gehört? Morgen soll in Evreux alles zu Ende sein?»

Als sich die schwere Tür der Kurie öffnet, um ihn der Freiheit zurückzugeben, ist seine Entscheidung schon gefallen: Er wird nichts unterschreiben. Er geht dem Petersplatz entlang, er will Pater Bouchaud aufsuchen – er erinnert sich plötzlich, daß er ihm diesen Morgen, als er ankam, über den Weg gelaufen ist –, einen Sulpizianerpater, zu Hause im dritten Stock der Kongregation für das katholische Bildungswesen ...

Pater Bouchaud erwartet ihn und ist offensichtlich beunruhigt.

«Morgen bin ich nicht mehr Bischof von Evreux.»

«Ich ahnte es, ich ahnte es. Ich habe interveniert. Sie müssen wissen: Ich habe alles versucht, um diese Strafe abzuwenden. Ich habe sie kommen sehen.»

Die beiden Männer nehmen ein Taxi und fahren zum Ordenshaus. Ihr Gespräch dreht sich um die nächsten Tage. Jacques Gaillot will nichts hinauszögern, und er will zurück nach Evreux. Gemeinsam mit Priestern und Seminaristen nehmen sie das Mittagessen ein, verlieren aber über die «Affäre» kein Wort. Da es nichts zu tun gibt, zieht der Bischof von Evreux wieder los, geht über den Vatikanhügel, kommt zur Basilika Sankt Peter und betet am Grab der Apostel und in der Sakramentskapelle.

Dann kehrt der «abgesetzte» Bischof wieder zum Französischen Seminar zurück, bezahlt die Übernachtung und holt sein Gepäck. Der Hausobere teilt ihm mit, Kardinal Gantin habe ihm, speziell für ihn, die persönliche Telefonnummer anvertraut, und zwar mit den Worten: «Sagen Sie Bischof Gaillot, daß er mich bis heute abend erreichen kann.» Er will eine Maßnahme, die er für ungerecht hält, nicht mit seiner Unterschrift unterstützen, also braucht er Kardinal Gantin auch nicht anzurufen. Wozu ein Telefongespräch, jetzt noch?

Es wird Abend. Die kleine Gestalt mit dem ewigen blauen Regenmantel begibt sich zur Stazione Termini. 18 Uhr 50: Der Palatino verläßt Rom ... An diesem Abend, wie an jedem Abend, wendet sich der Bischof an Gott: «In deine Hände, Herr, empfehle ich meinen Geist.»

Um 8 Uhr wacht Jacques Gaillot auf und betet die Laudes («Gott, komm mir zu Hilfe, Herr, eile, mir zu helfen ...»). Dann überarbeitet er noch einmal zwei Mitteilungen, die eine für die Diözese, die andere für die Agentur France-Presse. Zufrieden begibt er sich in den Speisewagen, um einen Kaffee zu trinken. Die Kellnerin erkennt ihn:
«Sie sind doch der Bischof von Evreux?»
«Ja doch.»
Sie wendet sich zu ihrem Kollegen:
«Siehst du! Ich habe die Wette gewonnen. Er ist es!»
«Mit der Einschränkung, daß ich in weniger als vier Stunden nicht mehr Bischof von Evreux bin.»
«Was? Wie das?»
«Ja, das ist für mich gelaufen. Aber Ihre Wette haben Sie trotzdem gewonnen ...»

Freitag, den 13. Januar 1995, 10 Uhr 30
Gare de Lyon, Paris.
Die Schwester von Jacques Gaillot und Daniel Duigou, ein befreundeter Journalist, erwarten ihn auf dem Bahnsteig.
«Nun, Jacques, alles in Ordnung?»
«Nein. Ich bin nicht mehr Bischof von Evreux.»
Ein erschrecktes Staunen. Niemand hat sich vorgestellt, daß die Audienz so schlecht ausgehen würde.
«Ich habe eine Mitteilung für die Agentur France-Presse zusammengestellt.»
«Sehr gut. Wir rufen sie an.»
Der Freund zieht sein Telefon heraus:

«Ich wurde von Kardinal Gantin, dem Präfekten der Kongregation für die Bischöfe, nach Rom zitiert, und zwar für den 12. Januar um 9 Uhr 30. Die Drohungen, die schon seit längerer Zeit über mir schwebten, sind in die Tat umgesetzt worden: Das Beil ist gefallen. Es wurde mir klargemacht, daß mir am Mittag des folgenden Tages mein Amt als Bischof entzogen und der Bischofssitz von Evreux als vakant erklärt wird.

Ich wurde eingeladen, meine Demission einzureichen. Ich war der Überzeugung, es nicht tun zu sollen.

Gezeichnet: Jacques Gaillot.»

Am anderen Ende fällt die Journalistin, die sich den Text notiert hat, aus allen Wolken:

«Herr Bischof, ich erkenne Ihre Stimme, aber sagen Sie mir bitte nicht, daß das wahr ist. Das ist ein Skandal, Herr Bischof!»

Daniel Duigou bleibt nicht untätig. Er ruft Claire Chazal von TF1 an.

«Das ist verdrießlich, heute abend habe ich schon Le Pen in der Sendung ...»

«Und ich will», mischt sich Jacques Gaillot ein, «sofort nach Evreux weiterreisen.»

«Wir schicken Ihnen ein Aufnahmeteam an Ort und Stelle.»

Evreux, 12 Uhr 55.
Die Gestalt mit dem ewigen blauen Regenmantel, die nun aus dem Zug steigt, ist nicht mehr die Gestalt des Bischofs von Evreux. Zum erstenmal seit zwölf Jahren hat der Angelus ohne ihn geläutet. Auf dem Bahnsteig stürzt sich eine Schar von Journalisten und Fotografen auf ihn. Blitzlichter, ein Wald von Mikros und haufenweise Fragen.

«Ich empfinde weder Groll noch Rachsucht. Was mich schmerzt, ist der Gedanke, daß die Kirche ihr eigenes wertvolles Bild zerstört. Die Kirche erscheint nun einmal mehr wie eine sture, kalte, totalitäre Maschinerie, sie macht sich nicht bewußt, was vor Ort geschieht, sie setzt einfach ihr Fallbeil in Gang.»

Man schiebt ihn mit Gewalt in einen Wagen von France 3 und fährt zum Studio, Rue de Verdun, bei der Präfektur. France 2 holt ihn sich für ihr Journal. Die Leute von TF1, die auf der Autobahn alle Geschwindigkeitsrekorde hinter sich gelassen haben, sind wütend; Jacques Gaillot beteuert seine ehrliche Absicht, aber er hat die Situation schon nicht mehr im Griff.

Er will sich im Ordinariat zurückziehen. Aber es gibt für den abgesetzten Bischof kein «Allerheiligstes» mehr, das ihn schützt.

Die Küche ist voll von Leuten. Er sagt zu ihnen: «Ich denke nicht an mich. Ich will nicht an mein Problem denken. Und ich wünsche keine Schlacht zu meiner Verteidigung. Ich mache mir vielmehr Sorgen um die Christen. Sie müssen ihren Weg weitergehen. Ich möchte, daß auch das, was jetzt geschieht, ihnen hilft, vertieft zu verstehen, was Christus bedeutet, was ihr Glaube bedeutet.»

Von überall her treffen Journalisten, Nachbarn, Freunde, Mitarbeiter, Leute aus der Pfarrei, der Diözese, Priester, Diakone ein. Es bilden sich bereits Gruppierungen, Unterschriften werden gesammelt und Protestaktionen geplant. Einige brechen zusammen und weinen, andere bringen Blumen. Man flüstert nur noch. Betroffen von dieser Atmosphäre einer Totenwache, ruft Jacques Gaillot plötzlich: «Stop jetzt, ich bin noch nicht gestorben!»

2. Kapitel

Monsignore, Ihre Papiere!

Sonntag, den 15. Januar 1995
Festtag des heiligen Remigius.
Botschaft von Jacques Gaillot, die in allen Kirchen der Diözese Evreux verlesen wird:
«Ihr habt mich ein tiefes Glück erfahren lassen.
In den zwölf Jahren, die ich mitten unter Euch verbringen durfte, konnte ich das Abenteuer des Evangeliums leben, und zwar mit Freude und Mut.
Gott ist mein Zeuge, daß ich Euch zärtlich geliebt habe. Ihr habt mir viel beigebracht, Ihr habt mir viel gegeben. Ich danke Euch dafür von ganzem Herzen.
Es gab auch Schwierigkeiten und Widerstände, das ist wahr. Sie wurden mir oft Anlaß zum Gebet. Sie haben mich, in der Gemeinschaft mit Euch, aber auch wachsen lassen.
Jene, die ich verletzt habe, bitte ich um Verzeihung. Es ist nun der Augenblick gekommen, da ich Euch verlasse. Die einen werden es bedauern, die andern werden sich freuen. Das wichtigste ist: Christus nachzufolgen, auf sein Wort zu hören und weiter als Kirche zu leben, d. h. allen die frohe Botschaft des Heils zu verkünden. Seid offen für jenen Menschen, der Euch als Hirte der Kirche von Evreux gesandt wird.
Ich höre nun auf, Euch zu dienen, aber ich höre nicht auf, Euch zu lieben.
Euch einen guten Weg! Jacques Gaillot»

Am Freitag, den 13. Januar 1995, hat der Heilige Stuhl eine Mitteilung veröffentlicht; P. Jean-Michel di Falco hat sich im Namen der französischen Bischofskonferenz dafür eingesetzt, daß sie auch publik wurde:
«1. Seine Exzellenz Monsignore Gaillot, seit dem 20. Juni 1982 Bischof von Evreux, hat in den vergangenen zehn Jahren die Ratschläge und Bemerkungen nie berücksichtigt, die ihm im Hinblick auf seine Art, das Bischofsamt in der Einheit der kirchlichen Lehre und Pastoral auszuüben, erteilt wurden.
2. Dreimal, 1987 in Nancy, 1992 und 1995 in Rom, hat ihn der Präfekt der Kongregation für die Bischöfe in jeweils langen Gesprächen informiert: über die Fragen, die Unruhen und die negativen Reaktionen, die durch sein Verhalten, seine Stellungnahmen und seine zahlreichen Reisen außerhalb der eigenen Diözese hervorgerufen wurden.
3. Im Rahmen des Besuchs *ad limina* hat der Heilige Vater es nicht unterlassen, ihn ernsthaft zu ermahnen, nicht mehr außerhalb der kirchlichen Einheit tätig zu werden.
4. Als jeweiliger Präsident der französischen Bischofskonferenz haben 1989 Kardinal Albert Decourtray und 1994 Seine Exzellenz Monsignore Joseph Duval Monsignore Gaillot an seine Pflichten als Bischof der katholischen Kirche erinnert. In der von ihm und Kardinal Decourtray unterzeichneten Erklärung vom 15. Februar 1989 hat sich Monsignore Gaillot auf bestimmte Punkte hinsichtlich der Glaubenslehre, des päpstlichen Lehramtes und des kirchlichen Rechts verpflichtet.
5. Leider hat sich gezeigt, daß Bischof Gaillot nicht fähig war, das Amt der Einheit, den ersten und wichtigsten Auftrag eines Bischofs, auszuüben.»

> *Jean-Claude Raspiengeas: «Monsignore Gaillot hat in den vergangenen zehn Jahren die Ratschläge und Bemerkungen nie berücksichtigt, die ihm im Hinblick auf seine Art, das Bischofsamt in der Einheit der kirchlichen Lehre und Pastoral auszuüben, erteilt wurden.» – Was sagen Sie zu dieser Aussage?*

Jacques Gaillot: Diese schwere Anschuldigung trifft auf mich nicht zu. Bei jenen Fragen, die nicht die Dogmen betreffen, bin ich in der Kirche immer für die freie Diskussion eingetreten. Aber die Lehre als solche habe ich nie in Frage gestellt. Ich habe nur einen legitimen Pluralismus gefordert, wozu uns ja das Zweite Vatikanische Konzil einlädt.

> *Aber was machen Sie mit den «Fragen, [den] Unruhen und [den] negativen Reaktionen, die durch [Ihr] Verhalten, [Ihre] Stellungnahmen und [Ihre] zahlreichen Reisen außerhalb der eigenen Diözese hervorgerufen wurden»?*

Wenn ich über die Diözese Evreux hinaus weggefahren bin, dann immer im Gefühl, jemandem auf nützliche Art einen Dienst zu leisten, den er von mir erwartete. Ich bin nie aus eigener Initiative ins Ausland gefahren, sondern immer weil ich eingeladen war, sei es um für die Menschenrechte einzustehen, sei es um der Kirche einen Dienst zu leisten. So bin ich nach Jerusalem gegangen, um an der großen Menschenkette aus Israelis und Palästinensern rund um die Befestigungen der alten Stadt teilzunehmen. Ich habe die Türkei aufgesucht, um politische Gefangene zu unterstützen. Ich bin nach Mururoa gefahren, um gegen die Atomtests zu protestieren, nach New York, um an einem Kolloquium gegen das Wettrüsten teilzunehmen.

Schließlich sah man mich in Algerien: Ich leitete Priesterexerzitien, und zwar weil mich Kardinal Léon Etienne Duval darum gebeten hat.

Ich war nicht zu religiösen Feiern oder zur Leitung von Pilgerfahrten eingeladen, ich war zudem von nichtkirchlichen Organisationen gerufen worden (von der Liga der Menschenrechte, von MRAP, d. h. vom Mouvement contre le racisme et pour l'amitié entre les peuples [von der Bewegung gegen den Rassismus und für die Freundschaft zwischen den Völkern], von Solidaritätsgruppen), d.h.: Wenn ich die Erlaubnis des zuständigen Bischofs eingeholt hätte, hätte er sie mir vermutlich verweigert. Ich habe deshalb eine andere Vorgehensweise gewählt: Ich informierte bloß noch.

Alle meine Reisen haben meine Art und Weise, Bischof zu sein, bereichert. Man wirft mir vor, ich sei zu oft außerhalb meiner Diözese gewesen. Doch Gott weiß, daß ich an Ort und Stelle war. Meine Tür war jederzeit offen. Nur wenige können nachweisen, daß sie mich vergeblich aufgesucht haben. Ich war für alle verfügbar. Hat sich von denen, die mich heute in diesem Punkt angreifen, je einer die Mühe gegeben, mich aufzusuchen?

Was sagen Sie zum dritten Vorwurf der Anklage: «Der Heilige Vater hat es nicht unterlassen, [Sie] ernsthaft zu ermahnen, nicht mehr außerhalb der kirchlichen Einheit tätig zu werden.»

Ich erinnere mich sehr genau an diese «Ermahnung». Der Papst sagte mir: «Es genügt nicht, nur *extra chorum* zu singen. Man muß auch *in choro* singen.» Zum Glück kann man auch *extra chorum* singen. Zum Glück! Das hindert ja nicht, auf die anderen zu achten. Diese bildhafte Aussage fand ich nicht nur brüderlich, sondern auch schön.

Vierter Punkt: Gemeinsam mit Monsignore Decourtray haben Sie eine Erklärung unterschrieben, und Sie haben sich «auf bestimmte Punkte hinsichtlich der Glaubenslehre, des päpstlichen Lehramtes und des kirchlichen Rechts verpflichtet». Haben Sie bestimmte Versprechen nicht gehalten?

Der Gehorsam gegenüber der Lehre und den Vorschriften der Kirche darf nicht zum Hindernis für einen freien Meinungsaustausch werden. Weder der Streit um das Kondom noch der Streit um das Zölibat setzen meinen Glauben in Frage. Denn für mich gibt es die Probleme der heutigen Gesellschaft, und für mich gibt es aber auch das Dogma.

Ich bin z. B. nie von den Zölibatsvorschriften der Kirche abgewichen, ich habe keine verheirateten Männer zu Priestern geweiht, ich habe auch keinen Frauen die Priesterweihe erteilt. Aber seit wann darf man in der Kirche keine Fragen mehr stellen?

«Leider hat sich gezeigt, daß Bischof Gaillot nicht fähig war, das Amt der Einheit, den ersten und wichtigsten Auftrag eines Bischofs, auszuüben.»

Das ist eine sehr schwerwiegende Anklage, die ich nicht akzeptiere. Meine Zeugen sind die Christen der Diözese Evreux. Aber wer hat sie angehört? Angehört wurden nur zwei oder drei Priester, Integristen, die mich auf dem Scheiterhaufen haben wollten. Man hat sich auf Denuntiation und Lüge gestützt, hat auf Ressentiments gehört und nur mit extrem Konservativen das Gespräch gesucht. Bevor man mich verurteilte, hätte man sich die Mühe machen sollen, die Leute wirklich zu befragen, ja, man hätte sich Zeit nehmen sollen, sich zu erkundigen.

Die Synode von Evreux, eine Versammlung von Christen, und zwar von Laien und Klerikern, die während zweieinhalb Jahren immer wieder tagte, hat mich nie als für das Amt der Einheit unfähig verurteilt. Weshalb gehen jene Instanzen, die sich autorisiert glauben, mich zu bestrafen, über eine so lange Zusammenarbeit voller Reflexion und Auseinandersetzung einfach hinweg? In wessen Namen fegen sie mit einer schnellen Hand die Erwartungen des Volkes von Evreux einfach vom Tisch?

Einheit bedeutet zudem nicht Einheitlichkeit, diese künstliche Einheit um jeden Preis. Nun, heute bricht in der Kirche vieles auseinander. Es gibt bald nur noch den Verputz ohne Wand ... Wenn sich eine Einheit einstellen soll, so gelingt das nur nach einem langen Anmarsch, sie braucht einen langen Atem. Sie entsteht durch die Konzentration, die Kritik und das bewußte Austragen von Spannungen. Es reicht nicht, von der Einheit zu reden oder für die Einheit zu beten. Für die Einheit muß man auch leiden. Das ist harte Arbeit. Wenn nicht, muß man sich fragen, von welcher Einheit man eigentlich spricht, welche Einheit man im Blick hat. Denn man kann sich auch mit einer Pseudo-Einheit zufriedengeben, die dank Gleichgültigkeit und Schweigen entsteht ...

Man wirft Ihnen vor, Sie würden nicht genügend in Erinnerung rufen, daß die Kirche im Besitz der Wahrheit ist.

Der Prozeß, den man mir macht, hat kein Niveau; er klingt wie die altbekannte Antiphon, die die Traditionalisten immer wieder anstimmen. Kann man denn ehrlicherweise davon ausgehen, daß ich nicht an das Wort Gottes und an seine wirkungsvolle Kraft glaube? Es gehört doch zu meiner Arbeit als Bischof, daß ich das Evangelium verkünde, und zwar überall, an jedem Ort, sogar dort, wo dies ein Risiko bedeutet.

In einer säkularen Gesellschaft hat nun aber das Wort Gottes keinen besonderen Status mehr. Gesellschaftlich gesehen, wird es aufgenommen als ein Wort unter vielen. Das wollte ich zum Ausdruck bringen. Und es ist wichtig, daß wir uns dessen bewußt sind, wenn wir als Kirche mit der Gesellschaft in Kontakt treten. Denn die Tatsache, daß wir das Evangelium verkünden, gibt uns in der Öffentlichkeit noch keine besondere Stellung. Viele tun noch so, als ob sie in einem christlichen Staat leben würden, doch diese Zeit ist vorbei.

Unsere Gesellschaft hat sich inzwischen an demokratische Spielregeln gewöhnt. Da entsteht die Wahrheit aus Gegenüberstellungen, Austausch, Verhandlungen. Es ist Zeit, daß die Kirche merkt, daß sich ihre Kinder schon lange aus ihrer Vormundschaft befreit haben. In ihren Augen besitzt nicht mehr die Kirche allein die Wahrheit. Immer wieder entstehen neue Probleme, die die Verantwortlichen der Kirche überraschen: Bevölkerungswachstum, Empfängnisverhütung, Aids, Bioethik usw. Wenn eine Institution glaubt, als einzige die Wahrheit zu besitzen und sie andern um jeden Preis vorschreiben zu können, hat sie in der heutigen Zeit wenig Chancen, von anderen gehört zu werden. Die Leute bleiben heute normativen Aussagen gegenüber auf Distanz.

Man wirft Ihnen zudem vor, daß Sie öfters die Sprache der Leute reden als die Sprache eines Bischofs, daß Sie nie in Erinnerung rufen, daß Sie Bischof sind.
Wohin ich auch komme, werde ich als Bischof der Kirche erkannt und anerkannt. Man betrachtet mich als einen Mann des Glaubens, als einen Träger der Frohen Botschaft. Ich habe es nicht nötig, ein Kreuz vorzuzeigen; man sieht es mir an – mit all den guten und schlechten Konsequenzen, die das mit sich bringt. Wenn ich Stellung beziehe und mitrede, versuche ich es so zu tun, daß meine Äußerungen für die Leute als eine frohe Botschaft aufgenommen werden können, die ihnen die Zukunft erschließt und neue Beziehungen schafft. Andernfalls würde ich nicht auftreten. Wir sind doch nicht da, um zu verurteilen.

Ist Ihre Bestrafung nicht auch ein Zeichen dafür, daß die Kirche immer noch mit Verzögerung auf das Zweite Vatikanische Konzil reagiert?

Ja. Das Konzil war wie eine Klammer, die zu schnell wieder geschlossen wurde. Das Konzil hatte mit der heutigen Welt einen Dialog begonnen, einen Dialog, der mehr denn je notwendig ist.

Die Perspektiven von «Gaudium et Spes» waren vielversprechend:

> «Freude und Hoffnung, Trauer und Angst der Menschen von heute, besonders der Armen und Bedrängten aller Art, sind auch Freude und Hoffnung, Trauer und Angst der Jünger Christi. Und es gibt nichts wahrhaft Menschliches, das nicht in ihren Herzen seinen Widerhall fände.»

Aber das Konzil allein genügt nicht. Und zudem: Eine starke Linie von Bruch und Abbruch zieht sich durch das 20. Jahrhundert, die Kirche kommt mit ihren Verurteilungen an kein Ende: der Modernismus (1907), «Le Sillon» und die demokratische Bewegung von Marc Sangnier (1910), die Zeitung *Action française* (1926), das Experiment der Arbeiterpriester (1954), die Empfängnisverhütung und die Pille (1969), heute das Kondom.

Zu verurteilen löst keine Probleme. Man müßte von der Kirche bessere Reaktionsweisen erwarten können als die Wiederholung einer repressiven Haltung. Die schadet ihr letztlich nur und macht verständlich, weshalb sich ein großer Teil des Volkes Gottes nicht mehr für die Kirche interessiert.

Seit der Französischen Revolution – ein Haupttrauma in ihrer Geschichte, später kommt dann der Schock des Kommunismus hinzu – lebt die Kirche in einer Verteidigungshaltung. Gegenüber den Freiheiten, den Menschenrechten, der Demokratie, der Republik, der Trennung von Kirche und Staat, immer ist die Kirche auf dem Rückzug. Nur wenn sie nicht mehr anders kann, holt sie sich, was übriggeblieben ist, um ihre Zukunft abzusichern.

Was jetzt mit mir geschieht, ist symbolisch und symptomatisch. Wenn sich die Kirche aus dem Leben der Gegenwart ausschließt, kann sie das Evangelium nicht mehr verkünden. Ja, sie wird für die Botschaft Christi sogar zum Hindernis.

Was halten Sie von diesem Vorgehen: Um Sie zu bestrafen, fördert man sogar das Denuntiantentum?
Jede Institution, die auf die Denuntiation zurückgreift, verurteilt sich selber. Der Rückgriff auf diese alten, primitiven Methoden, um jemanden mundtot zu machen, erinnert an üble Ereignisse, von denen man hoffte, die Kirche hätte sie hinter sich. Man weist zurück, man bringt zum Schweigen, man schließt aus. Man zündet zwar keine Scheiterhaufen mehr an – vielleicht eine Konzession an die heutige Sensibilität? –, aber die Verwaltungsmaschinerie, auf ihren eigenen Beweisgang eingefahren und dem Willen, ihrer Maschinenlogik alle Köpfe zu unterwerfen, ausgeliefert, entwickelt eine mitreißende Eigendynamik und läßt ihr Fallbeil mit einer blinden Kraft auf die Nacken niedersausen. Das Gespräch ist schlecht abgestimmt: Während die Welt schreit, flüstert die Kirche ...

Inwiefern paßt Ihre Art, Bischof zu sein, mit den Ideen des Vatikans nicht zusammen?
Ich verstehe diesen Vorwurf nicht. Ich hatte mit den Christen, die mir anvertraut waren, einiges vor. Ich wollte den Leuten selber das Wort geben; ich wollte, daß sie ein Bewußtsein für ihre Rechte als Getaufte bekamen; ich wollte ihnen in Erinnerung rufen, daß sie, auch sie, Kirche sind. Ich wollte immer Licht in die Augen dieser Menschen bringen: «Reden Sie, bilden Sie sich, nehmen Sie am biblischen und theologischen Wissen teil. Formen Sie sich Ihre spirituellen Werkzeuge für Ihre Entscheidungen.» Initiativen habe ich unter-

stützt ... Ich habe meinen Diözesanen oft gesagt: «Haben Sie doch keine Angst, den Bischof zu erschrecken. Bleiben Sie nur nicht passiv.» War das gefährlich? Ich glaube es nicht. Es war vor allem ein herrliches Abenteuer: Menschen die Freiheit und Verantwortung zu geben.

Einheit setzt für mich voraus, daß man die Verschiedenheit dieses Volkes Gottes aufgreifen kann. Es ist gut möglich, daß eine solche Auffassung nicht der Forderung entspricht, einem bestimmten Gedankengang Gehorsam zu leisten, wie der Vatikan das verlangt. Rom betrachtet die Bischöfe als Bevollmächtigte einer Regierung, die die Direktiven des Papstes umsetzen.

Als der Papst Sie zum Bischof ernannt hat, hat man Ihnen da Ihre Verpflichtungen nahegebracht?
Bevor ich 1982 mein Amt in der Diözese Evreux antrat, ging ich in die Abtei Bec-Hellouin (Normandie) für fünf Tage Exerzitien. Ich las erneut das Konzilsdekret über die Hirtenaufgabe der Bischöfe. Dieses Dekret wurde mir zur Quelle starker Hoffnungen.

Bestärkt hat mich besonders die Feststellung, daß sie «den Menschen die Frohbotschaft Christi verkünden [sollen]; das hat den Vorrang unter den hauptsächlichen Aufgaben der Bischöfe», und daß die Medien in dieser Aufgabe einen nicht zu unterschätzenden Platz einnehmen: «Man muß sie zur Verkündigung des Evangeliums Christi unbedingt benützen.» – Nach solchen Worten fällt es schwer zu akzeptieren, daß man mir vorwirft, ich würde zuviel in den Medien reden.

Man hat mich zum Bischof ernannt. Ich wollte den Empfehlungen des Konzils nachkommen. Heute nun bestraft mich Rom. Ich erlebe das Strafmaß meiner Versetzung als eine Ungerechtigkeit, und zwar mir gegenüber und gegenüber dem Volk von Evreux, das mir immer noch seine Unterstützung zukommen läßt und mich ermutigt, jenen Weg weiterzugehen, den wir gemeinsam entworfen haben. (Die Versetzung von Mgr. J. Gaillot nach Partenia – als Titularbischof dieses nicht mehr existierenden Bistums – wurde vom Vatikan am 17. Januar 1995 im *Osservatore Romano* bekanntgegeben.)

3. Kapitel

Ein unruhiger Bischof

Wann fand Ihr erster «Skandal» statt?
1983. Aber ich habe ihn weder gesucht noch provoziert.

War es wie bei «Gelegenheit macht Diebe»?
Nicht unbedingt. Seit dem Algerienkrieg war mir die Gewaltlosigkeit ein Anliegen. Ich sprach davon, aber es hatte sich noch keine Gelegenheit ergeben, dieses Anliegen auch öffentlich zu machen. Und nun bat mich Michel Fache – ein junger Tierarzt aus Eure, Kriegsdienstverweigerer aus Gewissensgründen, der auch den Zivildienst nicht leisten wollte –, an seinem Prozeß vor dem Gericht von Evreux teilzunehmen. Das wurde zu einer unerwarteten Gelegenheit. Ich konnte mir damals nicht vorstellen, wohin mich dieses einfache Zeichen führen würde. Ohne daß ich es bewußt merkte, hatte ich mich auf den Weg gemacht. Aber an jenem Tag ahnte ich das alles noch nicht ...

Ich ging also zum Gericht. Ich wollte nicht provozieren, ich wollte nur unter den jungen Leuten sein. Ich wollte gegenwärtig sein, einzig um zu zeigen, daß ich diesen Kriegsdienstverweigerer unterstützte. – Wann wird man in unserem Land auch Raum schaffen für die Kriegsdienstverweigerer aus Gewissensgründen?

Ich dachte, daß ich nicht groß wahrgenommen würde. Man kannte mich noch nicht. Doch schon mein erstes Auftreten hatte seine erste gegenteilige Wirkung: Michel Fache erhielt die schwerste Strafe, die in Frankreich über einen Kriegsdienstverweigerer je verhängt wurde, nämlich achtzehn Monate. Zu meiner Entlastung: Der in solchen Prozessen sehr erfahrene Advokat Jacques de Felice glaubte, er könne die Härte der Richter etwas aufweichen, indem er auf meine Gegenwart im Gerichtssaal hinwies. Aus dem Ärmel seines Talars zauberte er mich hervor, allem Anschein nach das schlechteste Argument seiner Verteidigung ...

Diese erste «Ausfahrt» hätte mich warnen sollen, mich doch eher mit meinen eigenen Angelegenheiten zu beschäftigen. Am Ende der Verhandlung sind junge Leute gekommen und haben mir gratuliert. Abgesehen vom schrecklichen Urteil, hat mir diese Erfahrung bewußtgemacht, daß ich von nun an nicht mehr nur ein Bischof für die Christen sein konnte.

Im Oktober 1983 stimmten Sie gegen den Text der Bischöfe («Gagner la paix»), der das Wettrüsten unterstützte. Warum?

Auch da wieder: Es war das erstemal, daß ich in der Vollversammlung der Bischöfe das Wort ergriff. Ich hatte Lampenfieber. Ich wagte es mit meinen Notizen vor Augen. Ich versuchte aufzuzeigen, daß sich die Kirche der Gewaltlosigkeit annähern sollte: Wie könnten wir eine Zukunft ermöglichen, in der der Krieg nicht mehr als Schicksalsmacht erscheint und die unvermeidlichen Konflikte der Menschen mit anderen Mitteln als Krieg gelöst werden? Ich finde es ganz und gar verrückt, auf der einen Seite abschreckende Waffen zu produzieren und auf der anderen Seite so zu tun, als ob man sie nie einsetzen würde. Eine Politik der atomaren Abschreckung impliziert letztlich gezwungenermassen auch die Möglichkeit eines Atomkriegs. Die atomare Abschreckung ist nicht nur ein Faktum, sie ist zuerst einmal und vor allem eine Wahl. In diesem Zusammenhang gibt es wie in anderen Bereichen auch kein «Schicksal».

Die Bischöfe hörten mir freundlich zu, um dann zum nächsten Punkt überzugehen ... Monsignore Matagrin, damals Bischof von Grenoble, nahm meine Worte auf und fand sie interessant. Nach Meinungsverschiedenheiten über das Verfahren (warum soviel Hast?) stellte ich mich gegen den Text, über den geheim und unter Zeitdruck abgestimmt wurde.

Einige Tage zuvor hatte ich mich in der Zeitung *Libération* gegen die Legitimierung der Atomwaffen ausgesprochen. Am Tag nach der Abstimmung rief mich *Libéra-tion* an und sagte: «Der Text der Bischöfe hat das, was Sie gewünscht haben, nicht aufgenommen. Sie sind einer der beiden Bischöfe, die gegen den Text gestimmt haben.» – «Ja.»

Es gab Lärm wegen des Zeitungsartikels. Ich wurde aufgefordert, mich zu erklären, und die meisten Bischöfe fanden es nicht gut, daß ich der Presse gegenüber die Gründe meines Neins bekanntgab und so aus der «allgemeinen Meinung» der Bischöfe ausbrach.

Das war das Resultat meiner ersten Stellungnahme im Rahmen der Bischofskonferenz ...

Schon zu Beginn also bekam ich zu spüren, daß es nicht einfach ist, unter den Bischöfen Frankreichs eine eigene Meinung zu vertreten.

Aber was hatte ich denn gesagt? Indem die Bischöfe die atomare Bewaffnung rechtfertigten, wagten sie es nicht, prophetisch Stellung zu beziehen. Sie enttäuschten damit viele bereitwillige Männer und Frauen, die von den Bischöfen Worte der Hoffnung erwartet hatten. Letztlich hielt sich ihr Text, klug angepaßt, an den gegenwärtigen Stand der Dinge.

Bleiben wir beim Thema. Wie erklären Sie es sich, daß noch kein Papst eine Enzyklika veröffentlicht hat, die die Gewaltlosigkeit fordert?

Die Gewaltlosigkeit als solche ist von der Kirche nie ernst genommen worden. Sie hat ihren Stellenwert noch nicht bekommen. Dafür ist im Weltkatechismus die Todesstrafe (unter bestimmten Voraussetzungen) erwähnt und toleriert. Es gab bei der Erscheinung des Katechismus eine rege Diskussion, aber der Papst wollte auf die einmal eingenommene Position nicht mehr zurückkommen. Für viele war das eine verheerende Entscheidung, die die rückschrittlichen Tendenzen der katholischen Kirche nur bestätigte. Meinerseits habe ich mit einem Artikel in *Le Monde* Protest eingelegt.

Seit kurzem hat die Gewaltlosigkeit in einigen offiziellen Dokumenten zwar Einzug gehalten, aber schüchtern. Die meisten französischen Bischöfe betrachten die Gewaltlosigkeit als die mögliche Haltung eines Individuums, die die Regierungen als solche aber nicht betrifft. Da bin ich anderer Meinung. Die Gewaltlosigkeit ist nicht auf den einzelnen beschränkt. Sie kann und muß auch eine Institution wie die Kirche beeinflussen und einen Staat herausfordern.

> *Es gibt noch einen weiteren Apostel der Gewaltlosigkeit: Monsignore Riobé, den Bischof von Orléans. Es gibt Leute, die betrachten Sie als seinen spirituellen Sohn.*

Ich bin Bischof Riobé mehrfach begegnet, vor allem bei der Vollversammlung der Bischöfe in Lourdes. Er trug Verantwortung für die Vereinigung «Jesus Caritas» und für die Priester von Pater de Foucauld; er war ein mutiger Mann, brüderlich und einfach, oft in Unruhe wegen der Probleme der Kirche. Beseelt vom Heiligen Geist und in seiner inneren Erfahrung gesichert, versuchte er immer nach seinem Gewissen und seinen Überzeugungen zu handeln. Er hatte auch nie Angst, seine Überzeugungen offen anzumelden. Bei einer Sitzung der Kommission Klerus und Priesterseminare erstaunte mich sein Schweigen: «Weshalb sagen Sie nichts?»

«Ich vergeude meine Zeit. Ich habe gesagt, was ich zu sagen habe, alle wissen es. Es lohnt sich nicht mehr, wir kommen nicht vorwärts. Übrigens, ich komme nicht mehr.» Er hat tatsächlich einen Priester geschickt und ist selber nicht mehr gekommen. Ich höre noch, wie er mir sagt – es war in Lourdes: «Das ist nutzlos, ich ärgere bloß alle. Ich gehöre nicht mehr hierher.»

Er bereiste Lateinamerika. Er machte sich stark für einen Kriegsdienstverweigerer vor Gericht, gegen die Atomversuche, für die Weihe von verheirateten Männern. Rom rief ihn zur Ordnung. Paul VI. sagte zu ihm: «Wenn Sie so weitermachen, entziehen wir Ihnen den Bischofsring.» Diese Ermahnung und die ständigen Verdächtigungen haben ihn gebrochen. Er war ein einsamer Mensch.

Die französischen Bischöfe und Rom akzeptierten ihn nicht. Seine Art, als Bischof zu wirken, hat mich inspiriert: Er hatte keine Angst, die ausgetretenen Wege zu verlassen. Sein Stil hat mich in der Richtung bestärkt, die ich eingeschlagen hatte. Lange vor mir hat er sich auch auf die öffentliche Meinung abgestützt. Ja, es gibt zwischen uns eine gewisse Verwandtschaft: die Bruderschaft von Pater de Foucauld, die Unterstützung der Kriegsdienstverweigerer aus Gewissensgründen, der Protest gegen die Atomwaffen, die Streitereien mit der Hierarchie. Ich war von der Schlagkraft seiner Aktionen und Worte überrascht ...

Admiral de Joybert hat ihm im Zusammenhang mit den Atomtests vorgehalten: «Kümmern Sie sich um die kirchlichen Angelegenheiten!» Diese Formulierung wurde später oft zitiert ...

Es gibt immer Leute, die uns in die Sakristei zurückschicken wollen. Für sie beschränkt sich die Rolle des Bischofs auf die Unterweisung im Gebet und auf die Gotteserkenntnis. Sobald sich ein Bischof auch mit gesellschaftlichen Fragen auseinandersetzt, riskiert er, als militanter Politiker eingestuft zu werden. So legt man heute ja auch mir nahe, mich in ein Kloster zurückzuziehen, statt mich mit den Obdachlosen der Rue du Dragon zu «kompromittieren».

Bereits in den siebziger Jahren gaben viele Priester zu, daß sich Monsignore Riobé als einziger ehrlich ausdrückte. Er war für sie zu einer Art Wortführer bei den Bischöfen geworden. Offen für all die Fragen der Gegenwart, stellte er die wirklichen Fragen.

1978 hat man ihn gefunden: ertrunken, unter mysteriösen Umständen. Auch heute noch ist er eine Persönlichkeit, ein Symbol, ein Vorbild. Andere Bischöfe hat man vergessen, ihn nicht. Seine prophetische Seite inspiriert uns immer noch.

Ähnlich wie Monsignore Riobé zeichnen auch Sie sich im Bischofskollegium dadurch aus, daß Sie sich absetzen, z. B. von den großen Veranstaltungen zugunsten der Privatschulen im Juni 1984, und das, obwohl Sie selber ein reines Produkt der katholischen Privatschulen sind ...

Einmal mehr wollte ich verhindern, daß die Kirche durch konservative Gruppierungen in Beschlag genommen würde. Unter dem Vorwand, ein Schulsystem zu verteidigen, wollten sie letztlich ihre eigene Schule durchsetzen. Es gibt doch auch in den staatlichen Schulen Christen, und die Kirche kann nicht auf die Privatschulen allein festgelegt werden. Das Gesetz Savary enthält sicher ungeschickte Formulierungen, aber vielleicht bietet es doch auch eine historische Chance, nämlich über den Dialog aus dem Zweikampf zwischen zwei konkurrierenden Schulen herauszufinden und endlich das Schulsystem als ganzes zu erneuern. Ich nahm die Atmosphäre eines Rachefeldzugs wahr: gegen die Regierung, gegen die Linken, gegen die Trennung von Staat und Kirche. Dieser reaktionären Stimmung wollte ich weder folgen, noch wollte ich für sie einstehen.

Ein paar Wochen später unterschrieb ich ein Manifest gegen bestimmte Eingriffe in die Freiheit der Privatschulen. Ich wollte zeigen, daß es auch im Rahmen der konfessionellen Schulen Reformen brauchte. Es kam zu vielen Angriffen gegen mich, angefangen vom Angriff, den *Le Figaro* startete. Man warf mir vor, ich hätte mit Georges Marchais paktiert, vergaß aber zu erwähnen, daß mich bei meinem Schritt verschiedene Priester und Dominikaner unterstützt hatten ...

Ich gebe es zu: Es hatte nichts mit Neutralität zu tun, wenn ich feststellte, daß in gewissen Fällen sogenannte freie Privatschulen in den Händen von einflußreichen katholischen Familien sind, daß aber eine Schule nie einfach nur den Eltern gehört. Man spricht von freien Schulen, aber auch sie müssen befreit werden ...

Man hat Sie bei einer beträchtlichen Zahl von gesellschaftlichen Konflikten zu sehen bekommen. Weshalb?
Weil man nach dem Bischof von Evreux gerufen hat. Anläßlich von Konflikten haben Christen der ACO, der Action catholique ouvrière, oder Priester der Vereinigung Prêtres au travail (la Mission ouvrière) an den Bischof appelliert, aber auch Gewerkschaften, die Liga für Menschenrechte, Gruppierungen wie «Droit au logement». Und dann, was soll ich tun? Man muß ein Risiko auf sich nehmen: Soll ich bloß eine Botschaft schicken, daß ich sie unterstütze, oder soll ich Treffen an Ort und Stelle organisieren? Ich bin gern bereit zu fahren, wenn es notwendig ist.

Allerdings auf die Gefahr hin, daß Sie den Eindruck erweckten, nicht immer genau Bescheid zu wissen, wohin Sie sich begaben ...

Nein, das stimmt nicht. Ich schützte mich durch Beratungen mit der Liga für Menschenrechte, mit den Gewerkschaften, mit den entsprechenden Vereinigungen. Und meistens kamen wir auch zu Ergebnissen. Sœur Anne-Marie David – sie war in Evreux die Verantwortliche für das Sekretariat der Solidarität – nahm die Bitten und Einladungen entgegen. Ich habe ihr immer vertraut und brauchte dieses Vorgehen noch nie zu bereuen. Sie war es, die verhandelte, Informationen einholte, die Unterlagen studierte und mir dann vorschlug – oder eben nicht – hinzufahren. Oft jedoch ging es um höchste Dringlichkeit.

Einmal fuhr ich in die Renault-Werke von Cléon, wo ungefähr tausend Einwohner des Départements Eure arbeiten, und geriet mitten in die Auseinandersetzungen. Selbstverständlich waren alle Fernsehstationen da. Ich plädierte für Verhandlung und Beruhigung und rief in Erinnerung, daß Kampf allein nichts löst. Das waren keine revolutionären Worte, ich bin nicht jemand, der das Feuer schürt. Das wichtigste ist, denjenigen, die kämpfen, zur Seite zu stehen.
    Was behält man von meiner Stellungnahme in Erinnerung? Den Bischof mitten unter den Streikenden und den Pneus in Flammen. Als Erinnerung will man die symbolische Handlung, nicht so sehr eine bestimmte Botschaft ... Bei bestimmten Konflikten wünschte man auch, daß ich Leute aufsuchte, die im Hungerstreik standen. Auch da ging ich hin, ohne zu zögern. Und die Journalisten staunten: «Wie kommt es, daß der Bischof hier ist?»
    «Wenn ich nicht hier wäre, wäre Ihre erstaunte Frage berechtigter. Was ist normaler, als daß der Bischof bei solchen Situationen gegenwärtig ist. Genau hier muß er sein.»
    Wenn sich der Konflikt in einer anderen Diözese abspielte, blieb ich zurückhaltend. Ich überlegte die beste Form der Stellungnahme: Mitteilung oder persönliche Gegenwart.

In den meisten Fällen wünschten die Streikenden, daß ich zu ihnen kam. Ich benachrichtigte den entsprechenden Bischof im letzten Moment. Ich bat nicht um seine Erlaubnis, er hätte sie mir verweigert. Ich informierte ihn nur. Selbstverständlich kritisierte man meine Stellungnahmen nach dem Motto «Wisch vor deiner eigenen Tür», das ist berechtigt; ich wiederum wehrte mich mit dem Argument, daß es nicht um religiöse Probleme im eigentlichen Sinn ging.

Sind Sie nie mit einem anderen Bischof aneinandergeraten, weil er vor Ihnen zur Stelle war?
Leider nein. Aber das hängt sicher damit zusammen, daß ich klein bin. Ich konnte ihn mitten unter den Manifestanten nicht sehen ...

Das Verhalten des nicht kontrollierbaren Bischofs von Evreux machte seit einigen Jahren sowohl den Vatikan als auch die französischen Bischöfe nervös. Die ersten Ermahnungen, die Sie erhielten: Auf was bezogen sie sich, und aus welcher Zeit stammen sie?
Die ersten Vorwürfe der Bischöfe kamen wegen meiner Opposition zu ihrem Text «Gagner la paix». Der Chefredaktor des Textes lud mich in sein bischöfliches Haus zum Essen ein, um gemeinsam die Affäre noch einmal durchzugehen. Im Anschluß an das Essen wanderten wir gemeinsam durch den Wald. Auf dem Weg klärten wir unsere jeweilige Sicht, es kam zu keinen gegenseitigen Zugeständnissen.

Im folgenden Jahr dann meine Verweigerung, an den großen Veranstaltungen zugunsten der Privatschulen teilzunehmen. Die Angriffe von *Le Figaro*, die die ganze «Affäre» übermäßig aufbauschten, hatten Signalwirkung; sie führten in der Diözese zu starken Unruhen. Man behandelte mich als «Totengräber der katholischen Schule». Von verbitterten Eltern erhielt ich Briefe: «Wir haben alles hergegeben, um die

Kinder in die katholische Schule schicken zu können, und Sie, Sie zerstören sie ...» Seitdem bin ich in gewissen Schulen meiner Diözese nicht mehr empfangen worden. Wenn ich an Sonntagen in Pfarreien die Eucharistie feierte, gab es Christen, die es vorzogen, mich nicht zu sehen und anderswohin zu gehen. Diese Angelegenheit hatte schlecht begonnen und schadete mir bei vielen Katholiken. Ich war zum Feind, zum schwarzen Schaf geworden.

Ich wurde nach Paris eingeladen, um auf die Bitte des Präsidenten der Bischofskonferenz hin den für die katholischen Schulen in Frankreich Verantwortlichen zu treffen. Der Generalsekretär empfing mich in seinen Salons, es gab einen Aperitif, und gemeinsam besprach man die beste Möglichkeit, um die Krise in den Griff zu bekommen. Die Atmosphäre war herzlich, aber die Begegnung als solche beeinflußte mich nicht besonders, und in meinen Augen hat sie nicht den Stellenwert einer Ermahnung.

Gleichzeitig zu den Sorgen, die sich die Bischöfe meinetwegen machten, meldete sich bei mir auch Kardinal Gantin. Zum erstenmal machte er mir 1987 Vorwürfe, als ich für den zweiten Besuch ad limina in Rom weilte.

Was ist das, ein Besuch ad limina?
Ad limina apostolorum (an der Schwelle der Apostel) heißt: Man kommt, um am Grab der Apostel zu beten. Alle fünf Jahre gehen die Bischöfe für eine Woche in den Vatikan, berichten über den realen Zustand ihrer Diözesen. Jeder von uns bringt einen detaillierten Bericht über das Leben in der Diözese mit, bespricht seine Projekte und die Probleme, denen er begegnet.

Dabei suchen wir auch die verschiedenen Kongregationen auf, selbstverständlich auch die Kongregation für die Bischöfe, deren Präsident eben Kardinal Bernardin Gantin aus Benin ist. Es ist so eingerichtet, daß wir im Rahmen dieser Pilgerfahrt dem Papst viermal begegnen: einmal in aller Frühe, wenn wir in seiner Privatkapelle mit ihm konzelebrieren, dann hat jeder von uns die unvorstellbare Ehre, im Arbeitszimmer des Heiligen Vaters empfangen zu werden; er gewährt zudem der ganzen Gruppe der Bischöfe, z. B. den Bischöfen eines Landes, eine päpstliche Audienz; schließlich treffen wir den Papst noch einmal für eine gemeinsame Mahlzeit.

Als ich 1987 den Papst sprach, beschrieb ich ihm einen gesellschaftlichen Konflikt in meiner Diözese und erzählte ihm, daß man mich in diesem Zusammenhang als roten Bischof behandelt hatte ... Er lächelte, sagte aber nichts. Am folgenden Tag fand das gemeinsame Essen statt. Und der Papst, der uns Gästen gegenüber sehr aufmerksam war, schaute zu mir hin – er saß am oberen Ende des Tisches –, sah den leeren Teller und rief meinen beiden Nachbarn zu, die halb belustigt, halb verdutzt dreinschauten: «Bedient bitte den roten Bischof ...»

Mein Ruf stand fest ...

Kardinal Gantin sprach in einem anderen Stil mit mir. Er empfing mich in seinem salonartigen Büro, ließ mich neben ihm Platz nehmen, redete mir lange zu, und plötzlich neigte er sich zu mir hin und sagte irritiert: «Wenn ich alle gegen Sie gerichteten Klagebriefe sehe und höre, was über Sie gesagt wird, frage ich mich, wie es Ihnen gelingt, als Bischof zu leben. Seien Sie klug, seien Sie vorsichtig. Bewahren Sie die Verbindung zu den Bischöfen. Viele von ihnen haben kein Verständnis für Sie ...»

Anläßlich des Papstbesuchs in Nancy im Oktober 1988 wünschte Kardinal Gantin, mich nochmals zu treffen. Wir trafen uns im Bischofspalais und setzten uns gegen Ende der Mahlzeit in einem kleinen Salon mit Hochglanzparkett zusammen, beide in einem Lehnsessel. Er gab sich hartnäckiger und eindringlicher als beim vorangegangenen Gespräch.

Er erinnerte mich an meine Verpflichtung zur Einheit gegenüber den anderen Bischöfen und warf mir vor, ich würde sie bei meinen zu häufigen Stellungnahmen in den Medien übergehen. Er sprach wiederum von den Klagen, die er immer noch erhalten würde, und machte mir schließlich Vorhaltungen, weil ich für meine Reisen in die anderen Diözesen Frankreichs nicht die Erlaubnis der Bischöfe einholen würde.

Er sprach viel, ich hörte ihm auch viel zu, aber ausgetauscht haben wir wenig.

Sie standen wiederum im Mittelpunkt der bischöflichen Klatschspalte, als Sie die Sache der Homosexuellen verteidigten.

Die Homosexuellen werden weder in der Gesellschaft noch in der Kirche anerkannt. Im Evangelium drängt Jesus niemanden an den Rand, er schließt niemanden aus. Er geht problemlos auf jene zu, die die Gesellschaft aufgegeben hat. Deshalb sind es auch die Ausgeschlossenen aller Schattierungen, die das befreiende Wort Jesu verstanden und mit Freude aufgenommen haben, während sich die Gesetzeslehrer seiner Botschaft verschlossen haben. Die christlichen Gemeinden würden unrecht handeln, wenn sie von den Homosexuellen nichts wissen wollten. Ohne sie könnten sie den ganzen Reichtum des Evangeliums gar nicht verstehen. Wenn sie versuchen, sie auszuschließen, nehmen sie ihrem eigenen Zeugnis die Kraft. Es ist wichtig, daß Homosexuelle, die sich als Katholiken bezeichnen, auch ganz in die Gemeinden integriert werden, und zwar auch der Tatkraft der Gemeinden zuliebe.

Vielleicht können die Homosexuellen die Botschaft der Barmherzigkeit besser verstehen als wir. Die Kirche steht vor der Frage: Ist eine Institution, die sich auf das Evangelium gründet, fähig, ihnen das Wort und den Entfaltungsraum zuzugestehen? Nochmals: aufnehmen bedeutet nicht gutheißen. Wer sie nicht aufnimmt, kann sich nicht auf das Evangelium berufen. Wie sollen sie erleben können, daß Gott sie liebt und daß sie gleichrangig zur Kirche gehören, wenn diese sie weiterhin wie Parias behandelt?

Sie antworten auf eine Umfrage in Lui, *dann schreiben Sie für* Gai-Pied. *Warum gehen Sie das Wagnis ein, sich in diesen beiden für kirchliche Gemüter anrüchigen Zeitschriften zu exponieren?*
Warum sollte ein Kirchenmann einen Fragebogen oder Untersuchungen oder Anfragen zurückweisen? Warum sollte er kneifen, wenn er herausgefordert wird oder etwas riskieren muß? Ich verweigere mich nie, wenn es darum geht, Fragen unserer Zeit zu diskutieren.

Ihre Verteidigung der Homosexuellen hat dazu geführt, daß Sie selber verdächtigt wurden, homosexuell zu sein ...
Was ich nicht bin. Wer hat ein Interesse daran, ein solches Gerücht zu verbreiten? Als ich die Würde der Aidskranken verteidigte, hat man mir vorgeworfen, ich würde mich nur engagieren, weil ich selber krank sei ... Man hat auch erzählt, ich hätte Freundinnen. Was soll ich antworten? Es ist besser, man reagiert nicht und geht nicht auf dieses Spiel ein. Man will mich schlecht machen. Aber die Wahrheit wird sich durchsetzen ...

Auch Ihre Freundschaft mit Roland Plaisance, dem kommunistischen Bürgermeister von Evreux, hat zu vielen Reaktionen geführt.
Viele haben diese Freundschaft mit einem Kommunisten nicht verstanden. – Mich interessiert es, zu einem Menschen zu stehen, unabhängig von seiner Zugehörigkeit zu einer be-

stimmten Gruppierung. Zudem müssen wir auch anerkennen, daß gerade in den sozialen Auseinandersetzungen die militanten Kommunisten oft an vorderster Front stehen.

Ich lernte Roland Plaisance im Zusammenhang mit der Affäre Pierre-André Albertini näher kennen. Als dieser Entwicklungshelfer aus Evreux in Südafrika inhaftiert wurde, wurde ein Komitee gegründet, übrigens ein sehr offenes und gar nicht den Kommunisten vorbehaltenes Komitee, wie das oft behauptet wurde.

Da die Botschaft Südafrikas den Eltern ein Einreisevisum verweigerte, wandte sich das Komitee an den Bischof von Evreux, überzeugt, daß mir die Diplomaten ein Visum nicht verweigern würden.

Ein Mitglied des Komitees kam mit der Bitte, die entsprechenden Schritte zu unternehmen: «Pierre-André ist wegen seines Engagements gegen die Apartheid im Gefängnis. Und wir wissen, daß auch Sie in dieser Auseinandersetzung sehr engagiert sind. Das Komitee wünscht, daß Sie versuchen, was wir selber nicht mehr erreichen können, nämlich ein Visum zu erhalten.»

«Jemand aus Evreux ist im Gefängnis; wenn ich etwas machen kann, werde ich es tun.» Ich kannte die Eltern nicht, ich wußte nicht einmal, daß sie Kommunisten waren.

Ich reichte bei der Botschaft mein Gesuch ein. Es kam in Evreux zu verschiedenen Aktionen. Bei einer der Demonstrationen versammelten sich rund tausend Personen. Das Fernsehen kam, sogar die staatlichen Fernsehsender interessierten sich für die Affäre.

Roland Plaisance, der Bürgermeister von Evreux, war mit der Angelegenheit auch insofern verbunden, als Frau Albertini Mitglied des Stadtrates war, aber er engagierte sich auch persönlich. Und bei dieser Gelegenheit habe ich ihn öfters gesehen. Er ist ein guter Mensch.

Dem Papst gegenüber haben Sie erwähnt, daß man Sie als «roten Bischof» taxiert hat. Ist es nicht ärgerlich: Wenn man sich im Namen des Glaubens und des Evangeliums einsetzt, wird man noch lächerlich gemacht?
Ganz am Anfang, in den ersten Jahren, fand ich es eigen, von allen Seiten angegriffen zu werden. Das war für mich eine neue Art von Spiegel. Andere kann ich besser schützen als mich selber. Man wirft mir oft vor, vielleicht mit Grund, daß ich nur nach meinen Ideen handle, daß ich mich wie ein ungebundenes Elektron verhalte. Jene, die mit mir zusammenarbeiten, können bezeugen, daß ich von keiner Struktur abhängig bin. Meine Konflikte mit der Kirche sollten auch jene zum Schweigen bringen, die mir Übles nachsagen. Denn die Bestrafung durch den Vatikan kann ja auch als Anerkennung gesehen werden – eine etwas spezielle, aber nachdrückliche Anerkennung –, und zwar jener Freiheit, die mir immer am meisten galt. Ich habe sie mir genommen und, wenn ich bestimmten Leuten glauben soll, sie auch mißbraucht ...

Waren Sie auf alle diese Angriffe vorbereitet?
Nein, überhaupt nicht. Seit ich Bischof bin, mache ich die Erfahrung, daß ich mit einem schlechten Image leben muß. Als ich noch Priester war, war ich einen guten Ruf gewöhnt sowohl beim Klerus als auch bei den Leuten; ich konnte über Vertrauen verfügen. Nun haben mich Kritik und Ablehnung eingeholt; ich habe meine Feinde, und zwar Feinde, die mich vernichten wollen.

Diese im tiefsten segensreiche Erfahrung hat mich aus der gönnerhaften Haltung herausgeholt, in der ich, umgeben von Einverständnis und Zugeständnis, früher lebte. Ich war von zuviel Liebe umgeben. Ich ahnte damals noch nicht, daß mir die Erfahrung der Gegnerschaft fehlte, damit ich aus dieser Sanftmut herausfand und die mir an mir selber unbekannten Seiten entdecken konnte.

Bei jedem Treffen in der Diözese Evreux begegnete ich nun auch Gläubigen, die anderer Meinung waren, mich verurteilten oder, schlimmer, mich beleidigten. Ich habe gelernt, den Leuten zum Fraß vorgeworfen zu werden: in den Medien, bei Banketten in der Stadt, im Gespräch der ärmeren Menschen. Man hat von mir schon alles gesagt, und ich mußte es akzeptieren.

Die einen erhoben mich in den Himmel, die andern stellten mich an den Pranger. Die Post brachte mir Reaktionen voller Haß, wie ich es mir nicht vorstellen konnte: «Monsignore Arafat», «Ben Gaillot, Moschee von Evreux», «Kommunistenschwein». Am Telefon hagelte es Drohungen. Ich ertrug ganze Flutwellen von Beleidigungen. Gewalt, Sex, Verurteilung: Alle Varianten von Verachtung ergossen sich über mich. Ich ahnte nicht, daß es ein solches Ausmaß, eine solche Brandung voller Haß geben könnte, und schon gar nicht gegen mich ...

Und als ob all diese Prüfungen nicht genügen würden, wurde mir durch meine eigene Institution der Todesstoß versetzt. Ich habe nun mit dem wenig beneidenswerten Ruf des Ausgestoßenen zu leben. Von jener Autorität, die mich ernannt hat, nicht mehr anerkannt zu werden, erlebe ich als ein ganz persönliches Scheitern. Ich muß lernen, mich selber wiederzuerkennen, wenn ich zum Beispiel in den Zeitungen lese: «der abberufene Bischof», «der abgesetzte Bischof», «der verbannte Bischof», «der gemaßregelte Bischof» oder, ganz einfach, «der Ex-Bischof von Evreux». Und dabei hatte es am Tag meiner Bischofsweihe in der Kathedrale in meinem Herzen für die Leute von Evreux ganz große Träume gegeben ...

4. Kapitel

Eine fromme Kindheit

Wie würden Sie Ihre Kindheit charakterisieren?
Als Bilderbuch. Ich war in meiner Kindheit glücklich und behütet; diese Zeit erschien mir immer als die problemlose Zeit meines Lebens. Ich wurde in Saint-Dizier (Haute-Marne) geboren, und zwar am 11. September 1935. Drei Jahre früher war meine Schwester Liliane zur Welt gekommen.

Ich bin eigentlich nie aus Saint-Dizier weggefahren, ausgenommen die paar Aufenthalte in den Bergen, in einer Familienpension in den Vogesen, da meine Gesundheit angeschlagen war. Ich litt unter einer Entzündung der Bronchien. Ich war immer leicht kränklich und deswegen oft vom Sport dispensiert. Die Ärzte machten sich Sorgen. Ich mußte wegen einer Lungenentzündung, die mich einen großen Teil des Schuljahres lahmgelegt hatte, sogar die fünfte Klasse wiederholen. Mit der Zeit verbesserte sich dann meine Gesundheit.

In Saint-Dizier, diesem friedlichen Provinzstädtchen, wurde auch meine Berufung geboren. In der Nähe unseres Hauses befand sich das Kloster einer kontemplativen Schwesterngemeinschaft. Jeden Morgen um sieben Uhr, bevor ich zur Schule ging, ministrierte ich bei der Messe. Meine Frömmigkeit war liturgisch geprägt. Ich war fasziniert von der Schönheit des gregorianischen Gesangs, vom gemeinsamen Beten, von der Musik, den Blumen, den Lampen, den Kerzen... Ich wurde angezogen vom Allerheiligsten, das Tag und Nacht zur Anbetung ausgesetzt war. Diese Kirche gab meiner Kindheit ihren Zauber.

Was zog Sie am meisten an?
Die Eucharistie. Die Gegenwart Jesu, das eucharistische Mahl. Ich fand das sehr schön.

Und die Rolle des Priesters, des Verantwortlichen der Eucharistie. Ich war Meßdiener mit dem Wunsch tief in mir: «Warum sollte ich eines Tages nicht auch Priester sein, mitten im Herzen dieser Liturgie?» Der Ruf, Gott zu folgen, erreichte mich an diesem Ort voller Bedeutung und Geheimnis. Die Schwestern nannten mich «das Kind des Klosters»; sie hatten mich adoptiert.

Meine Familie war fest zusammengeschweißt; und ich hielt mich wenig außerhalb der Familie auf. Bis zur sechsten Klasse blieb ich in der Staatsschule Jean-Macé. Für die Oberschule ging ich als externer Schüler zu den Salesianern.

Gibt es für Sie Erinnerungen an diese Vorkriegsjahre?
Ich erinnere mich an die Flucht 1940. Ich war damals fünf. Mein Vater war im Krieg. Wir fuhren gemeinsam mit Nachbarn in einem Lieferwagen Richtung Maine-et-Loire. Das war zum einen Abenteuer, zum andern aber auch Panik.

Ein Abenteuer oder ein Bruch?
Bruch, das glaube ich nicht. Die Leute hatten zwar Angst, ich selbst war aber nicht in Panik. Mit fünf Jahren erkennt man das Ausmaß einer Situation noch nicht. Wir wurden zudem von Leuten in May-sur-Evre auf wundervolle Art aufgenommen.

Mir sind noch andere Bilder geblieben; sie stammen aus der Zeit gegen Ende des Krieges 1944. Wir waren wieder nach Saint-Dizier zurückgekehrt. Wenn mitten in der Nacht die Sirene losheulte, suchten meine Familie und die Nachbarn Schutz im riesengroßen Keller, wo mein Vater, als Weinhändler, seine Fässer untergebracht hatte. Während der Bombardierungen beteten alle, die Gläubigen und die Nichtgläubigen, sogar jene, die nie einen Fuß in die Kirche setzten. Im Angesicht der Angst wandten sich die Leute Gott zu.

In den Tagen der Befreiung sah ich Frauen, die kahlgeschoren waren. Ich war damals neun. Man führte sie weg und machte anzügliche Bemerkungen, man spuckte ihnen ins Gesicht, man beschimpfte sie. Die Menge, die sich zusammengefunden hatte, lachte und grölte. Ich verstand die Zusammenhänge dieser kollektiven Entladung, so voller Haß und Ungestüm, damals nicht. Und niemand erklärte sie mir. Ich denke, das kommt aus dieser Zeit, daß ich es nicht ertragen kann, wenn die Würde eines anderen Menschen angegriffen wird.

Was war Ihr Vater für ein Mensch?
Er war gütig, umgänglich, verständnisvoll, offen, gastfreundlich. Meine Mutter war ganz und gar Hausfrau: Sie sorgte für uns, kochte, wachte über ihre kleine Familie.

Mein Vater unterstützte Pétain. Ich erinnere mich an die Durchfahrt von Marschall Pétain durch Saint-Dizier und an sein Bild, das uns überall verfolgte. Ich war natürlich auf der Seite meines Vaters.

Haben Sie Ihre Großeltern gekannt?
Meine Großväter nicht. Aber meine Großmütter habe ich gekannt. Die Mutter meines Vaters lebte im Haus gegenüber, auf der anderen Seite des Hofes. Sie war gelähmt und konnte nicht mehr gehen. Die Großmutter mütterlicherseits lebte in Tunesien. Mein Vater stammte aus Saint-Dizier und hatte das Geschäft seines Vaters übernommen. Meine Mutter stammte aus Biserta und war in Tunesien geboren worden. Ihre Vorfahren, ursprünglich aus der Auvergne, hatten sich am Ende des letzten Jahrhunderts auf einem großen Landgut in Biserta niedergelassen. Sie verbrachten ihre Ferien in Frankreich und hatten ein französisches Hausmädchen ein-

gestellt. Als meine Mutter das Hausmädchen bei der Rückkehr in die Nähe von Saint-Dizier begleitete, lernte sie meinen Vater kennen. Zufall.

Simone Deligny und Albert Gaillot heirateten in Tunesien und ließen sich in Saint-Dizier nieder.

Hat Ihre Mutter nicht darunter gelitten, als sie von Tunesien in eine so karge Landschaft wechseln mußte?
Doch, sie hat schon gelitten. Da sie aus Tunesien kam, erwartete man, daß diese Simone, die nun eben mit Albert geheiratet hatte, eine Farbige war, eine Araberin. Dann die Überraschung: Sie war weiß, wie die andern. Doch sie blieb für die Familie ihres Mannes noch lange Zeit eine Fremde; man ließ sie spüren, daß sie nicht vom selben sozialen Stand war.

Gingen Ihre Eltern in die Kirche?
Vor allem meine Mutter. Ich erinnere mich auch an gemeinsame Abendgebete in der Familie. Mein Vater schätzte die Kirche hoch ein, aber er brachte nur selten den Mut auf, eine Kirche zu betreten. Um der sozialen Verpflichtung des Gottesdienstbesuchs zu entkommen, fand er immer einen Vorwand: Er jagte, arbeitete im Garten, bastelte, rollte die Fässer in eine andere Ecke, räumte seinen Keller auf. Doch wenn es um die großen Prozessionen von Fronleichnam ging, nahm er an der Gestaltung des Parks teil. Und er lud gern die Priester zu uns nach Hause ein. Alles in allem sprach man in unserer Familie wenig von Religion ...

Was haben Sie als Kind gelesen?
Detektivgeschichten, Abenteuerbücher, Jules Verne, *Zwanzigtausend Meilen unter dem Meer, Michel Strogoff, Tintin* ... Und natürlich die großen, illustrierten Heiligenbiographien, die voll waren mit religiösen, triefend frommen Bildern. Die Erinnerung an Franz von Assisi ist noch sehr lebendig. Ich

mochte ihn schon sehr früh wegen seines Sinns für Brüderlichkeit und seiner inneren Verbundenheit mit der Schöpfung. Er war ein Mann des Friedens, überwand Spaltungen und Mauern, er war allen ein Bruder und lebte das Evangelium in aller Einfachheit. Ich mochte auch den heiligen Don Bosco, der im 19. Jahrhundert die Salesianer gegründet hatte. Er war der Mann der Tat, fröhlich und humorvoll. Er engagierte sich leidenschaftlich für die armen Kinder und hatte eine Gabe, aus allen Schwierigkeiten herauszufinden.

Dafür mochte ich den Katechismusunterricht überhaupt nicht. Er fand auf einem alten Dachboden mit trostlosen Mauern statt, in einem schlecht zurechtgemachten Pfadfinderraum. Ein altes und frommes «Fräulein» brachte uns eine Lebenseinstellung bei, die ohne Kraft, aber voller Verbote war. Wir mußten eine kleine Holztreppe hinauf, die unter unseren Schritten knarrte. Oft froren wir. Ich schwänzte den Unterricht gern, denn diese Art von Unterricht bot mir keine Nahrung.

Wenn ich betete, etwa am Abend vor meinem Bett oder tagsüber, auf dem Weg, während meiner Streifzüge, betete ich zu Jesus; das war ein niedlicher Jesus, ein gütiges Kind mit einem süßen Gesicht, brav, nichts von Widerstand oder Revolution.

War der kleine Jacques Gaillot ein guter Schüler?
Ja, interessiert; ein guter Schüler, aber auch nicht mehr. Vor allem in Mathe und Religionsgeschichte. Mit Literatur hatte ich es weniger; ich mochte weder die Aufsätze noch die Vorträge. Nach der Oberschule verließ ich meine Familie, Saint-Dizier, meine Freunde und trat ins Große Seminar von Langres ein. Ich selbst war mir unsicher: Sollte ich nicht eher weiterstudieren? Aber der Pfarrer eiferte sich: «Wenn du, Jacques, nicht ins Seminar gehst, wer soll dann überhaupt noch gehen?»

Wie alt waren Sie, als Sie Saint-Dizier verließen?
Neunzehn. Ein neuer Lebensraum, eine neue Umgebung. Zum erstenmal habe ich es nun mit dem Leben in Gemeinschaft zu tun. Das ist eine geschützte, aber auch harte Welt. Alles ist vorgegeben, vom Morgen bis zum Abend, wie auf Schienen. Und die Phantasie gehört nicht zum Stil des Hauses.

Im Seminar war es Pflicht, daß jeder von uns einen geistlichen Leiter hatte. Mit ihm sprachen wir über unser Leben, unsere Entwicklung, die innere Suche, unsere Wünsche. Man bezeichnete das als «Erschließung der Seele». Ich war damals verschlossen, schüchtern und zurückhaltend. Daß ich nun unter dem Blick eines erfahrenen Menschen mein Leben neu betrachten konnte, gab mir einen Zugang zu mir selber.

In diesem engen, geregelten, fast klösterlichen Lebensraum entdeckte ich auch eine gehaltvolle Art der Bibellektüre und das tiefere Beten.

Ein Monat nach meinem Eintritt ins Seminar kam es zu einem weiteren schweren Bruch in meinem Leben: Mein Vater starb an Lungenkrebs, noch nicht ganz fünfzig Jahre alt.

Gibt es in Ihrer Jugend keine Krise: daß Sie etwa Ihre Berufung ablehnen würden, zum Beispiel weil Sie sich verlieben?
Nein. Ich wußte ja, daß ich nicht heiraten durfte, wenn ich Priester werden wollte. Bei mir führte das zu einer Zurückhaltung im Kontakt mit den Mädchen. Ich wollte bewußt darauf verzichten, eine Familie zu gründen. Ich hatte allerdings ein großes Herz für Kinder. Wenn ich jeweils sah, wie allein ein Priester lebte, fragte ich mich: «Werde ich eine solche Einsamkeit ertragen können?» Ich vertraute aber auf Gott.

Sprachen Sie untereinander über die Frage des Zölibats?
Ehrlich gesagt: nein.

War das für Sie etwas Schmerzvolles oder einfach ein Dilemma?
Die Frage des Zölibats beschäftigte mich: «Du wirst wählen müssen.» Und ich zögerte den Entscheid hinaus. Ich sprach mit meinem geistlichen Leiter, der meinte: «Sie werden sehen, wie sich Ihre Berufung entwickelt.»

Einerseits wünschte ich, Jesus zu folgen und seinen Lebensstil zu übernehmen, andererseits fragte ich mich: «Werde ich würdig sein, ihm zu dienen?»

Nach mehreren Jahren Seminar gaben einige von uns wegen dieses Verzichts, den die Kirche von uns verlangte, das Studium auf; aber ihr Weggang verunsicherte uns nicht im eigentlichen Sinn. Im Gegenteil: Er bestärkte unseren Willen, den Weg zu gehen, auf den wir uns eingelassen hatten.

Welche Einflüsse haben Sie während den beiden Jahren im Seminar längerfristig am meisten geprägt?
Ich habe die großen Mystiker und Mystikerinnen entdeckt: Theresia von Avila, Johannes vom Kreuz, Bernhard, Theresia von Lisieux, Charles de Foucauld. Ich begann auch Freud zu lesen: die Fehlleistungen, der Traum, Psychopathologie des Alltagslebens, das Bewußte und das Unbewußte ... alle diese ungeahnten Horizonte der Psychoanalyse.

In den fünfziger Jahren wurden die theologischen Arbeiten von Chenu, Congar und de Lubac durch den Vatikan verurteilt. Haben Sie solche Sanktionen berührt?
Ganz ehrlich: nein. 1950 war ich fünfzehn Jahre alt, und das Leben der Kirche ging mich nichts an. Ich lebte mit meiner

Familie in der kleinen Welt von Saint-Dizier. Als ich ins Seminar kam, erzählte man mir natürlich viel über das sehr schöne Buch «Méditation sur l'Eglise» von Pater de Lubac. Man lobte diesen Mann, der seine Verurteilung mit Gleichmut ertrug und trotz der Strafmaßnahmen sein Vertrauen in die Kirche bewahrt hatte.

Alle drei besaßen einen Sinn für die moderne Welt. Aber ihr Mut wurde durch die Institution, die eine Öffnung nicht akzeptierte, bestraft. Ein typisches Beispiel für den kirchlichen Dialog mit der heutigen Welt: Er gilt als kompromittierend.

Ich nahm das Faktum wahr, daß die drei nicht mehr das Recht hatten, als Professoren zu lehren. Die persönliche Seite der Strafe machte mir mehr zu schaffen als die theologische Herausforderung.

Damals, im Seminar, konnte ich die Bedeutung dieser Verurteilungen noch nicht ermessen. Ich kannte das Leben der Kirche noch nicht. Ich war auf der Ebene des Katechismus stehengeblieben, und meine Sicht von Kirche beschränkte sich auf den Horizont, den der Kirchturm von Saint-Dizier bot. Damals stellte ich mir noch nicht solche Fragen, sie kamen erst viel später ...

Führte diese Verurteilung zu einem frostigen Klima im Seminar?

Eine Institution will ihre Leute zusammenhalten. Sie lobt deshalb den Gehorsam jener, die sich unterwerfen. Ich erinnere mich nicht mehr, ob man uns die Gründe dieser Verurteilungen erklärt hat. Diese Vorgänge erreichten mich nicht groß. In der ersten Zeit des Seminars kümmert man sich vor allem um die eigene Zukunft.

Alle diese Verurteilungen: die Arbeiterpriester, die JEC (Jeunesse étudiante chrétienne), die JOC (Jeunesse

ouvrière chrétienne), *die JAC, die drei Theologen: Haben diese Ereignisse Sie nie beunruhigt?*
Nein, im tiefsten nicht. Ich sah natürlich, daß die Kirche streng war; für mich war aber das Wesentliche das Evangelium, Christus. Mit dem Rest konnte ich leben, mich arrangieren. Die Liebe zu Christus mußte stärker sein als die Risiken, die Spannungen und Meinungswechsel innerhalb einer Institution.

Ich wollte Jesus nachahmen und mich denselben Risiken und Prüfungen aussetzen wie er. Die Bibel begleitete mich überall hin. Ich konnte keinen Tag sein, ohne sie zu öffnen. Jesus selber hat nichts geschrieben. Er hat anderen die Sorge überlassen, die Fakten und Aktionen weiterzuvermitteln und das Wort auszusäen. Das Staunen, das mich in den Jahren der Ausbildung ergriffen hat, hat mich seitdem nicht mehr verlassen. Es ist wie ein Licht auf meinem Weg. Ich wuchs über die oberflächliche und nur gefühlvolle Lektüre der Bibel, wie ich sie aus der Kindheit kannte, hinaus und drang in ein tieferes Verständnis und in eine ernsthafte Interpretation der Bibel ein.

Vorher kannte ich nur eine fromme, fraglose Lesart der Evangelien. Im Seminar entdeckte ich nun auch die Unebenheiten. Und ich bewunderte den unerschöpflichen Reichtum dieser Texte. Die Vorlesungen in Exegese wurden mir eigentlich zur Nahrung: Die einzelnen Seiten des Evangeliums gewannen ein packendes Profil und sprachen zu meinem Herzen. Ich fühlte mich sehr privilegiert und hätte gern auch anderen den Weg zu diesem Wissen geebnet. Ich wünschte, daß auch meine Familie an diesen Entdeckungen teilnehmen könnte.

Ich wußte damals nicht, ob ich eines Tages Priester sein würde. Aber was ich wünschte, war, eine Antwort auf die beiden Fragen zu finden: Wie kann ich heute das Evangelium leben? Wie kann ich bei Jesus sein?

Sie traten 1954 ins Seminar ein, im Jahr also, als die Arbeiterpriester verurteilt wurden. Waren Sie diesmal betroffen?

Nicht mehr als bei den vorangegangenen Verurteilungen. Ich nahm weder die Schwere dieses Schrittes noch den Bruch, den er bedeutete, wahr. Ich gebe das zu. Die Arbeiterpriester waren mir kein Begriff. Warum arbeiteten sie? Gehörte das zu ihrem Amt? So dachte ich damals.

Mein geistlicher Leiter (P. Jean Vilnet, heute Bischof von Lille ...) ausgenommen, verkörperten die Priester rund um mich weder jene menschliche Güte noch jene Offenheit, nach denen ich suchte. Der Obere des Seminars ertrug keinerlei Abweichen von der Ordnung. Die Seminaristen wünschten eigentlich den Seminarbetrieb zu verändern, aber die verantwortlichen Priester verweigerten jegliche Veränderung. Wir lebten wie in einem abgeschlossenen Raum und erhielten keinerlei Informationen von außen: kein Radio, kein Fernsehen, höchstens ein paar Artikel aus *La Croix*, die der Obere auswählte und die bei Tisch vorgelesen wurden. Während der Fastenzeit durften wir uns im Radio die Ansprachen des Predigers von Notre-Dame anhören.

Ich wünschte mir damals vor allem die neuesten Nachrichten über Algerien. Außer durch die Briefe jener Seminaristen, die uns erzählten, wie sie als Soldaten die «Ereignisse» an Ort und Stelle erlebten, erfuhren wir nicht viel. Ich war besorgt und wollte wissen, was sich da unten zutrug, was wirklich auf uns wartete. Der Algerienkrieg beschäftigte uns, und die seltenen Neuigkeiten klangen nicht gut. Wir waren unruhig und fragten uns: «Das wird zwei Jahre dauern, drei Jahre ... Werden wir überhaupt zurückkehren?» Ich erfuhr die Neuigkeiten, wenn ich an Weihnachten oder Ostern nach Hause kam. Im Seminar selber mußte ich zufrieden sein mit den vorgelesenen Neuigkeiten über die Vorgänge in der Kirche ...

Das Reglement für die Institution Priesterseminar wurde beim Konzil von Trient (1545–1563) festgelegt und hatte sich seitdem nicht groß verändert. Dieses eine Reglement wurde auf die immer gleiche Art durchgespielt, und zwar nicht nur in Frankreich, sondern in der Mehrzahl der Seminarien auf der ganzen Welt. Überall das gleiche Reglement, die gleichen Handbücher, die gleichen Veranstaltungen. Immer derselbe Tagesrhythmus vom Morgen bis zum Abend. Um 21 Uhr Lichterlöschen. Um 6 Uhr Wecken: Einer von uns – jener, der an der Reihe war – ging von Zelle zu Zelle und sang: *Benedicamus Domino* (Loben wir den Herrn). Und jeder von uns murmelte im Halbschlaf mit einer etwas teigigen Stimme: *Deo gratias* (Dank sei Gott). Morgengebet, dann eine halbe Stunde Meditation im Schweigen. Frühstück. Drei Stunden Vorlesungen. Außer der Exegese begeisterte mich wenig. Am Ende des Vormittags Gebet, Gewissenserforschung, Engel des Herrn. Am Nachmittag Spaziergang und persönliches Studium. Am Abend die Mahlzeit, Komplet, dann ins Bett ... Die Dusche: einmal die Woche, am Samstag, man mußte sich schriftlich anmelden. Und sich beeilen ... Wer es schnell machte, machte es gut!

Im zweiten Seminarjahr, am 21. November, am Fest der Darstellung Jesu im Tempel, Tonsur und Einkleidung mit der Soutane. Das war ein spiritueller Schritt mit einer beträchtlichen psychischen Wirkung. Denn dieser Ritus markierte unsere Aufnahme in den Klerikerstand. Dieses Kleid unterschied uns vom Rest der Gesellschaft, trennte uns von den Leuten und isolierte uns. Auf der Straße waren wir schnell ausgemacht.

Ich habe die Begegnung mit anderen schon immer hoch eingeschätzt; da wurde mir die Soutane zum Hindernis. Unter uns sprachen wir auch über dieses Problem. Und die Älteren sagten uns: «Aber nein, die Soutane schafft Vertrauen.»

Ich muß auch zugeben, daß der Autostopp damals mit der Soutane besser gelang ...

Die Soutane zu tragen bedeutet auch die soziale Anerkennung Ihrer Berufung.

Ja, sie gab Identität. Nach dem Tod meines Vaters wohnte meine Mutter gemeinsam mit meiner Schwester in einer einfachen Blockwohnung. In diesen Neubauquartieren von Saint-Dizier kam ich mir in der Soutane exotisch vor. Ich war den gewohnten Sprüchen über die «Schwarzen» ausgesetzt. Und in der Bahn erleichterte diese Uniform keineswegs den Austausch; oft stellte sich im Abteil ein betretenes Schweigen ein.

Bevor ich zur militärischen Ausbildung fuhr, machte ich in Nancy Exerzitien, und der Militärgeistliche ermahnte uns, in der Soutane in die Kaserne einzurücken. Ich war der Infanterie der Kolonialtruppe zugeteilt worden. Ich landete in Fréjus, in riesengroßen Militärlagern, deren einzelne Baracken im Gelände verstreut waren.

Wir waren zwei Dummköpfe in Soutane mitten unter dreitausend Soldaten. Wir blieben zwei Tage in Soutane, bevor wir unsere Ausrüstung erhielten, und waren damit ein für allemal als «Pfarrer» abgestempelt.

Mit was würden Sie das Leben in der Kolonialtruppe vergleichen?

Mit: Marschier oder krepier! Dabei war ich überhaupt nicht trainiert. Im Gleichschritt! Das war wirklich idiotisch! Auch hier: Vom Morgen bis zum Abend war alles vorgeschrieben, es gab keinerlei Freiraum. Um zwei Uhr in der Frühe weckte man uns: «Hopp, Kampfanzug!» Und es ging zu einem Marsch in den Wald, um uns abzuhärten. Dann zurück, Dusche, Waffenkontrolle usw. Jeder Willkür ausgeliefert. Eine extrem harte Disziplin: Kampfbahn, Exerzieren

usw. Vier Monate ging das so, eingeschlossen, nur unter Soldaten.
Man übte die Gewehrgriffe bis zum Gehtnichtmehr. Und die kleinste Unachtsamkeit wurde durch eine Reihe von «Zusatzübungen» bestraft. Und man war daran interessiert, diese zusätzlichen Übungen zu verteilen. Gymnastik bereits am Morgen, im Freien, in leichtem Tenue, und zwar im Rhythmus gebrüllter Sätze: «Sport tut gut, doch Frauen tun besser! Und zwar splitternackt!» Und das ständig: «Sport tut gut, doch Frauen tun besser! Und zwar splitternackt!» Das war unser Morgengebet ... samt Bewegung.

Und der Seminarist Gaillot singt mit in diesem Chor?
Mußte ich, sonst gab es die Zusatzübungen.
In der Kolonialtruppe habe ich den «Mann in der Freiheit» erlebt ... Er redet nur vom Sex. Das allein interessiert ihn. Je mehr er davon spricht, desto mehr ist er Mann. In der Nähe des Militärlagers hatte man ein Bordell eingerichtet. Jene, die das Bordell besuchten, erzählten natürlich, was sich abspielte. Und auch ich mußte vor dem Bordell Wache stehen. Welche Szene!

Wie bitte? Was machte der zukünftige Bischof Gaillot?
Ja, auch ich mußte vor dem Bordell Wache stehen. Das spielte sich alles in diesen riesigen Militärlagern außerhalb der Stadt ab, in der Nähe eines Waldes – zur Befriedigung von Tausenden von Soldaten.

Ein Bordell, das bedeutet auch ein Angriff auf die Würde der Frau. Wie fühlte sich die Schildwache Gaillot?
Ich erlebte tatsächlich Frauen, die zu Sklavinnen wurden, weil sie versuchten, ihren Lebensunterhalt zu verdienen. Von ihnen ging auch keinerlei Lebensfreude aus. Und jene,

die sie besuchten, kamen auch nicht sehr glücklich zurück. Und doch mußten sie gehen: aus Stolz und um sich vor den Kameraden brüsten zu können. Manchmal riefen einzelne Männer aus dem Innern des Bordells heraus: «Stopp jetzt! Da draußen steht doch ein Pfarrer!» – «Stopp, Kollegen, sonst beginnt Gaillot zu beten!»

Ich hatte da nicht allzuoft Wache zu schieben ... Die Soldaten blieben bis um drei Uhr in der Frühe. Das hatte etwas Tristes an sich, diese Sexualität ohne Liebe, diese Frauen als Objekte, ein wenig ehrenhaftes Bild des menschlichen Verhaltens. Es herrschte die Atmosphäre der oberflächlichen Vergnügen. Auch das gehört zum Stil des Militärs.

Zudem war ich der Vertrauensmann jener, die nicht lesen und schreiben konnten. Ich las ihnen die Briefe ihrer Verlobten vor und schrieb ihre Liebesbriefe – nach Diktat. Gelegentlich besserte ich ihre bildhafte Sprache etwas auf ...

Da haben also Frauen von ihren Verlobten Liebesbriefe erhalten ... geschrieben von jenem Mann, der später der Bischof von Evreux sein wird?

Ja, natürlich!

Ging es in diesen vier Monaten um Sex, Disziplin und Gewalt?

Ja. Wir waren wegen Algerien in einer starken Spannung. Und man schürte diese Spannung: «Ihr werdet schon sehen, was euch im Djebel passiert.» Wir waren ohne Mut; und wir sagten uns: «Wir müssen Krieg führen. Hier macht es schon nicht viel Spaß, aber da unten erst ...»

Man machte mich zum Obergefreiten. Ich war für eine Belegschaft von fünfundsechzig Soldaten verantwortlich. Man servierte mir den Kaffee. Mein Gebet verrichtete ich nun vor dem Bett auf den Knien. Die Kerle brachten mir ziemlich Respekt entgegen.

Am Ende der vier Monate schlug man mir vor, die Offiziersschule zu absolvieren. Soll ich, soll ich nicht? Ich fand die Männer der oberen Dienstgrade, die von Indochina zurückkamen, so etwas von geisttötend, daß ich mir sagte: «Wenn man von solchen Leuten herumkommandiert wird, ist es besser, gleich selber Offizier zu werden. Und ich werde die Leute nicht auf dieselbe Art schikanieren.»

Und dann, eines Tages, das Schiff. Richtung Algier.

Als Seminarist waren Sie nicht besonders gut informiert, was wußten Sie über diesen Krieg, der Sie erwartete?

Daß Algerien zu Frankreich gehört und ein Teil Frankreichs bleiben muß. Mit dieser Gesinnung bin ich losgefahren, allerdings mit Blei an den Füßen. Der Militärdienst schien mir verlorene Zeit zu sein. Ich konnte mir nicht vorstellen, Waffen zu tragen. Ich schiffte mich gezwungenermaßen ein, trotz der Ansprachen der Militärgeistlichen, die beteuerten: «Wir sind gesellschaftlich gesehen nicht eine Kategorie für sich. Wir sind mitten unter den anderen. Wir müssen mitten in der Welt Zeugnis ablegen.» Solche Aussagen hatten ihre Wurzeln in der Zeit des ersten Weltkriegs; damals hatte die Kirche die Chance, nach einer harten Periode des Antiklerikalismus wieder mit den verschiedenen Schichten der Bevölkerung zusammenzuwachsen. Daß auch die Kirche in den Schützengräben gegenwärtig gewesen war, hatte ihr einen gewissen Sinn für Solidarität gegeben.

Was waren Ihre ersten Bilder von Algerien?

Das erste Bild, das schönste? Die Ankunft im Hafen von Algier. Das weiße Algier, diese Häuser mit den farbigen Markisen, die treppenartig dem Mittelmeer zugewandt sind, dieser wirre Aufbau, der von Lärm und Gerüchen überflutet wird, kommt langsam auf mich zu. Ein unvergeßlicher Anblick.

Man brachte uns direkt nach Cherchell, die Route war einmalig, die Meeresküste, Tipasa ...

Aber wenn Krieg herrscht, ist nichts schön. Man kann nicht spazierengehen, man kann nicht ausgehen, man sitzt gefangen. Und ich merkte, nachträglich, daß wir falsch informiert und überhaupt nicht auf die Situation vorbereitet worden waren, der wir uns nun als einzelne stellen mußten.

Nun die Offiziersschule von Cherchell: eine andere Disziplin, eine andere Welt. Glücklicherweise kam ich zu intelligenten Instruktoren. Es zeigte sich, daß ich treffsicher schoß, aber nach wie vor konnte ich mir nicht vorstellen, Männer auf den Djebel vorzubereiten. Von Anfang an hatte ich den Eindruck: Du fährst auf der Autobahn und hast deine Ausfahrt verpaßt. Nun mußt du mit dem Verkehrsstrom weiterfahren.

Am Ende der Ausbildungszeit suchte man Freiwillige für die SAS (Sections administratives spécialisées); diese speziellen Verwaltungseinheiten waren mit der «Befriedung» beauftragt und arbeiteten unter der Aufsicht des jeweiligen Präfekten. Ich nützte die Gelegenheit, und es ging zurück nach Algier. Intensivkurse in Arabisch, schriftlich und mündlich, Kurse über die islamische Kultur, Einführung in die Geschichte der arabischen Welt, die Grundkenntnisse über die Kabylei.

Ich wurde ins Département Sétif beordert und gehörte zur SAS von Maoklane, in der Nähe von Lafayette, auf der Hochebene, auf tausend Metern über Meer. Kurz nach meiner Ankunft wurde der für die SAS verantwortliche Leutnant durch eine Minenexplosion schwer verletzt, und ich trug nun an seiner Stelle Verantwortung. Es war das erste Mal in meinem Leben, daß man mir eine echte Aufgabe anvertraute.

In Maoklane begann für mich ein Abenteuer, das mich faszinierte. Der Kontakt mit den Leuten der Dörfer nahm mich ganz in Beschlag. Ich war gelegentlich mit dem Jeep unterwegs, sehr oft zu Fuß oder auf dem Rücken eines Maultiers. Ich trank die Kawa oder den Tee mit dem Pfefferminzgeschmack, hörte auf die Beanstandungen, registrierte die Notsituationen: der Vater im Gefängnis, das Kind erkrankt, der Wassermangel, die ewig gleichen «chicaïas» (Streitfälle), etwa wenn jemand die Erlaubnis verlangte, auf den Markt gehen zu können. Gemeinsam mit dem Bürgermeister, der oft weder lesen noch schreiben konnte, versuchte ich die Situation des Dorfes zu verbessern: Wasser mußte herangeführt, ein Klassenzimmer eröffnet, ärztliche Hilfe gesichert werden. Und rings um mich lärmende, fröhliche Kinder.

Wenn es dunkel wurde, kehrte ich im Schutz von ein paar «moghaznis» (bewaffnete Begleiter) nach Maoklane zurück. Ich war auf diesen Dienstreisen immer der einzige Franzose; die Algerier hätten mit mir machen können, was sie wollten. Denn ich war ihnen ausgeliefert. Doch ich vertraute ihnen. Dank ihnen lernte ich den Lebensstil der Moslems kennen: ihre Rituale, ihre Sitten, ihren Sinn für Gott und das Gebet.

Die Situation war selbstverständlich alles andere als idyllisch. Denn zur gleichen Zeit bekam ich auch das Drama des Krieges zu spüren: die Hinterhalte, die in Brand gesteckten Dörfer, die Folter – man wollte zu Informationen kommen –, die Gefangenen, die bei voller Hitze auf den Straßen die Steine zerhämmern mußten. In den Dörfern, die ich am Tag aufsuchte, kamen in der Nacht die Aufständischen vorbei. Die Familien lebten ständig in der Unsicherheit und mußten jederzeit Repressalien befürchten.

Nach ein paar Monaten war mir klar, daß Algerien auf keinen Fall französisch bleiben konnte. Man hatte uns belogen. Und der Krieg konnte das Problem nicht lösen. Damals stellte sich mir die Frage nach der Gewaltlosigkeit. In dieser Situation hörte ich von seiten der Kirche keine einzige Stimme, ausgenommen das abgeschwächte Echo der mutigen Worte von Monsignore Léon Etienne Duval, dem Erzbischof von Algier. Angesichts der Schandtaten, der Unterdrückung, der Folter wünschte ich mir, daß sich in der Kirche hörbar Stimmen melden würden.

Ich habe von der arabischen Bevölkerung viel gelernt, ihre Gastfreundschaft, ihren Glauben an Gott. Die Moslems respektierten mich ihrerseits, weil ich an Gott glaubte. Sie stellten mir hinsichtlich meines Glaubens keine Fragen, für sie war ich einfach ein Marabut. Das reichte ihnen. Ich trug immer die kleine Jerusalemer Bibel auf mir: in der linken Beintasche meiner Drillichhose.

In den Augen der Leute war ich kein Ungläubiger. Sie luden mich gern zu ihren vergnügten religiösen Festen ein. Das war unter den damaligen Umständen kein kleines Geschenk: wohlschmeckende und reichliche Hammelbraten; ihren Geschmack und ihren Duft habe ich nirgendwo sonst mehr gefunden. Im Kontakt mit diesen Leuten habe ich begriffen, daß es für die große Familie der Menschen nur einen einzigen Gott gibt.

Als meine Dienstzeit zu Ende ging, habe ich diese Leute nur ungern verlassen. Ich hatte den Eindruck, ich würde diese Männer und Frauen zerrissen zurücklassen, zerrissen zwischen ihrer Bindung an Frankreich und ihrem notwendigen Wunsch, unabhängig zu werden. Als ich sie verließ, fragte ich mich: «Können sie diese bedrohliche Spannung noch lange Zeit ertragen? Zu welchem Preis?» Ich ahnte ihre blutige Zukunft.

Am 17. August 1959 nahm ich wieder das Schiff. Das weiße Algier, den Händen von Extremisten aller Schattierungen und der Sonne in ihrem Höchststand ausgeliefert, verschwand langsam im Dunst. Ich kehrte nach Frankreich zurück.

5. Kapitel

Ein Priester, der keine Probleme macht

Hatte sich Frankreich inzwischen stark verändert?
Ich kam mir vor wie in einer anderen Welt. Die wichtigste Überraschung war wohl: frei zu sein. Keine Unsicherheit mehr, keine Waffen mehr, keine Ausgangssperre mehr. Ich konnte ausgehen, wann ich wollte, sogar nachts. Und ich konnte endlich die Zeitungen lesen.

Im September kehrte ich ins Seminar zurück. Da es zu wenig Interessenten gab, hatte man inzwischen die Seminare von Langres und Châlons-sur-Marne neu organisiert, und ich hatte mich in Châlons einzufinden. Im Seminar selbst hatte sich rein gar nichts geändert. Auch wenn der Algerienkrieg viel durcheinandergebracht hatte: Im Seminar ging es weiter, als ob nichts geschehen wäre.

Gab das Kraft, oder machte das unruhig?
Es machte eher unruhig: Man akzeptierte zwar deine Person, aber nicht deine Erfahrungen. Ein guter Seminarist hatte sich der Ordnung zu fügen und sich anzupassen. – Ich träumte damals davon, Missionar zu werden, und zwar im Fernen Osten, in der Ferne ein Abenteuerleben zu führen und das Evangelium zu verkünden, wenn möglich in einem Land, wo ich alles neu erlernen mußte. Doch der Bischof von Langres gab mir zur Antwort: «Ich fordere Sie bei Ihrem Gewissen auf, in der Diözese zu bleiben. Man wird Sie brauchen.»

Wegen – oder dank – des Bischofs ging ich nicht in die Missionen. Man schickte mich schließlich nach Rom, damit ich dort meine Ausbildung fortsetzte. Eine Erfahrung, die mich sehr bereichert hat: Italien, die Universität, die Begegnung mit den Menschen aus allen Ländern. Ich wohnte im Französischen Seminar und besuchte die Gregoriana, die große Jesuitenuniversität. Die freien Tage rund um Weihnachten und Ostern benützte ich, um per Autostopp zu reisen: nach Assisi, Siena, Florenz, Venedig, Neapel, Sizilien. Ich genoß die Landschaften und das Licht in vollen Zügen.

In der Kirche erhob sich so etwas wie ein Frühlingswind. Rom lebte im Rhythmus des neuen Papstes Johannes XXIII. Die Medien berichteten über alles, was er unternahm. Das Fernsehen kommentierte seine Sprüche. Es herrschte das Klima einer großen Offenheit und Toleranz; die bedrückende Untergangsstimmung, die für die letzte Zeit des Pontifikats von Pius XII. typisch geworden war, war vorbei. Man atmete wieder. Das Glück, das über dem Vatikan schwebte, gab allgemein den Ton an.

Dafür waren die Vorlesungen überhaupt nicht interessant: im klassischen Stil, lateinisch, entlang den Fragen des Konzils von Trient, ohne Bezug zu den Themen der heutigen Zeit. Ich lernte die großen Strömungen der Kirche besser kennen, ihre Entwicklung im Lauf der Jahrhunderte, ihre allmähliche Veränderung. Und ich nahm am Abschluß einer Geschichte teil, die dann mit dem Zweiten Vatikanischen Konzil ihr Ende finden sollte. Übrigens: Nach dem Konzil habe ich alle Vorlesungsskripta verbrannt ...

Am Samstag, den 19. März 1961, wurde ich in Langres zum Priester geweiht.

Die Primiz beeindruckte mich: Ich vollzog jene Handlungen, von denen ich während Jahren geträumt hatte, daß ich sie vollziehen würde. Die Kirche war voll, als ob die Gläubigen mir zeigen wollten, daß die Eucharistie und das versammelte Volk zusammengehören. Die ersten Beichten berührten mich durch ihre Schlichtheit, Einfachheit und die

Klarheit, mit der die Leute sich selber sahen. Durch das Abnehmen der Beichte lernte ich, selber zu beichten.

Ich erlebte mich als klein, ja fast als hilflos, gegenüber all diesen Menschen, die mir ihr Vertrauen schenkten, mir, dem erst Fünfundzwanzigjährigen und Unerfahrenen. Ich hatte oft das Bedürfnis, ihnen für all das, was sie mir beibrachten, zu danken. Bei gewissen Beichten hätte ich mich am liebsten vor sie hingekniet, so tief und richtig empfand ich ihre Haltung.

Nach einer lichtvollen Osterwoche, in der ich einen eben verstorbenen Priester ersetzte, fuhr ich wieder nach Rom.

An den Sonntagen las ich die Messe in der Kapelle der Petites Sœurs de l'Assomption. Ich predigte auf italienisch, hörte Beichte, ging mit der Krankenkommunion in Familien, und gelegentlich rief man mich für eine Krankensalbung.

August 1961: Schiffsreise ins Heilige Land. Meine ersten Schritte auf den Spuren Jesu. Gerührt entdeckte ich die Orte, an denen er selber gelebt hatte: Nazareth, Bethlehem, Kapharnaum, den See von Tiberias und vor allem Jerusalem, diese packende Stadt. Ich ermaß, was zu seiner Zeit die Inkarnation Jesu bedeutet haben mochte: die Gegenwart des Sohnes Gottes in diesem Land, in dem sich die Religionen vermischen und sich in einem Klima des gegenseitigen Unverständnisses zerreißen, ein Klima, das der Botschaft, die die Religionen den Menschen zu bringen haben, entgegensteht.

Nach dem Lizentiat in Theologie verließ ich Rom, gerade zu dem Zeitpunkt, da das Zweite Vatikanische Konzil begann – von dem die Christen voller Ungeduld erwarteten, daß es die Kirche endlich wachrütteln würde.

Der alte Bischof von Langres ernannte mich, zu meiner Überraschung, zum Leiter des Großen Seminars von

Châlons-sur-Marne und schickte mich zur Fortsetzung der Studien nach Paris. Von nun an war mein Leben aufgeteilt zwischen dem Seminar von Châlons-sur-Marne, dem Liturgieinstitut in Paris und der Pfarrei von Gigny in Saint-Dizier.

In Châlons wurde mir die spirituelle Begleitung der Seminaristen zur angenehmsten Aufgabe meines Amtes. Drei Tage pro Woche vertiefte ich mich in Paris in die Geschichte der Riten, der Liturgie, in die vergleichende Religionsgeschichte, in die Archäologie ... Diese neuen Kenntnisse erlaubten es mir, die Errungenschaften der Kirche zu relativieren und in eine neue Perspektive zu stellen. Am Donnerstag leitete ich jeweils in Saint-Dizier den Religionsunterricht.

1965 schickte mich der neue Bischof von Langres nach Reims, wo man die Seminarien der Umgebung anders aufbauen wollte. Diese neue Aufgabe beschäftigte mich nun ganz. Mein Leben bekam dadurch auch mehr Einheit. Monsignore François Marty, der Erzbischof von Reims, entfaltete seinen ganzen Eifer, um das Konzil in die Tat umzusetzen. Ich fand hier jenes Klima wieder, das ich in Rom erlebt hatte.

Am 8. Dezember 1965 wird das Zweite Vatikanische Konzil abgeschlossen. Welche Bedeutung besitzt dieses Konzil?

Die Bedeutung von Offenheit, Dialog, Toleranz, Hoffnung, Freiheit. Man lernt wieder neu, daß die Kirche aus den Christen besteht; das Volk Gottes, das ist die Kirche – mit anderen Worten: nicht einfach der Papst und die Bischöfe, sondern alle Christen. Und: Die Kirche muß eine dienende und arme Kirche sein. Man kann die Frohe Botschaft nicht verkünden, wenn man nicht mit den Menschen geht, wenn man nicht einverstanden ist, auch von ihnen zu empfangen. Das Konzil ist ein Ausgangspunkt, um nun der Welt entgegenzugehen, ganz ohne Hintergedanken.

Von einer Kirche, die sich ganz massiv auf die Priester abstützte, geht man nun über zu einer Kirche, die mit der Gesamtheit der Getauften rechnet. Die Kirche steht im Dienst der Menschen. Das Leben der Leute muß uns wichtiger sein als das Überleben der Institution. Das alles ist eine ganz große Veränderung, nicht nur in den Strukturen, sondern auch in der Mentalität.

Die Verantwortung aller Getauften anzuerkennen und zu respektieren, ihnen nicht ständig vorzusagen, was sie zu tun oder zu wiederholen haben, sie zu sich selber und zu ihrer Verantwortung zu führen, das heißt: Für die Laien, die bisher nur den Katechismusunterricht gekannt hatten, beginnt nun eine Zeit der ständigen Aus- und Weiterbildung.

Das Zweite Vatikanische Konzil ermöglicht befreiende Perspektiven. Es schreibt niemandem mehr den Glauben vor. Endlich wird nun anerkannt: «Das Gewissen ist die verborgenste Mitte und das Heiligtum im Menschen, wo er allein ist mit Gott, dessen Stimme in diesem seinem Innersten zu hören ist.»

1965 geschieht auch etwas anderes: Die Arbeiterpriester werden wieder erlaubt, müssen sich nun aber als «Priester im Arbeitsbereich» bezeichnen. Hat nun wenigstens dieses Mal die Auseinandersetzung Sie betroffen gemacht?

Diesmal betrifft es mich mehr als früher. Ich kannte inzwischen Arbeiterpriester und wußte die missionarische Qualität dieser Männer an Ort und Stelle zu schätzen. Zudem hatte ich den Auftrag, vier Seminaristen zu begleiten, die «Priester im Arbeitsbereich» werden wollten und eine entsprechende Ausbildung absolvierten.

Als diese jungen Männer geweiht wurden, weigerten sich die Bischöfe, sie sogleich in die Welt zu schicken, und zügelten ihre Ungeduld: Denn es ist nicht selbstverständlich, daß sich ein Priester sofort in der Realität der Arbeitswelt zurechtfindet.

Ich hatte den Auftrag, diesen Übergang durch meine Begleitung der jungen Priester zu unterstützen. Ich verstand innerlich die missionarische Bedeutung dieses Schrittes. Ich wußte, wie sehr man sie als authentische Zeugen des Evangeliums anerkennen würde. Und dieses Vertrauen würde sich nicht einstellen, wenn sie nicht wirklich auf die Arbeitswelt zugehen würden. In Saint-Dizier selber waren die Arbeitgeber gegen die Arbeiterpriester eingestellt. Die jungen Priester konnten nur mit Mühe eine Anstellung finden, sogar wenn ihr handwerkliches Können auf dem Markt gefragt war.

Manche sagten nicht, daß sie Priester waren, um sich leichter eingliedern und in den Bedingungen der Arbeitswelt aufgehen zu können. Damals kannte ich auch Arbeiterpriester, die 1954 die Verurteilung selber erlebt hatten. Ich wußte, wie sie gelitten hatten, gerade sie, die ein anderes Gesicht der Kirche vermittelten: Teilnahme am Leben der andern, Solidarität.

Diese Seelsorger, die mit den Arbeitern leben, ertragen dieselben Schikanen wie sie. Dank ihnen ist der Graben zur Kirche weniger breit. Sie lernen auch eine andere Sprache, ein anderes Benehmen. Und unter den Arbeitern fallen die Vorurteile weg: Der Priester ist nicht mehr dieser fremdartige Mensch: weit entfernt, eingesperrt in seine Kirche, spezialisiert auf die Sakramente.

Sie selber sind durch die Institution geformt worden, perfekt der Ordnung und der traditionellen Lehre der Kirche angepaßt. Fiel es Ihnen schwer, sich auf das Konzil einzustellen?

Nein, es fiel mir leicht. Ich öffnete mich Schritt für Schritt, im gleichen Rhythmus wie die Kirche. Meine persönliche

Entwicklung übernahm die Formen des Aggiornamento der Kirche und traf sich mit den neuen Formen ihres Zeugnisses. Der neue Wind, der die alten Segel der Kirche wieder aufblähte, weckte in mir einen missionarischen Eifer.

Der plötzliche Aufbruch im Mai 68 enthüllte die Distanz zwischen uns und der Gesellschaft, eine Distanz, die wir noch nicht zu überbrücken wußten. Der Mai 68 strafte unsere Euphorie Lügen: Der Weg zur Welt der Gegenwart würde viel länger sein, als wir es uns ausgemalt hatten. Auch mitten in unserer Seminargemeinschaft zeigten sich viele Widerstände. Die einen begrüßten das Ereignis, die anderen hatten Angst ...

Wie würden Sie den Unterschied beschreiben, der zwischen einem Seminar im Jahre 1954, einem Modell der Strenge, Abgeschiedenheit, Disziplin und Härte, und einem Seminar im Jahre 1968 besteht?
Die Seminare hatten sich zwar zu dieser Zeit bereits stark gewandelt. Aber sie wurden nun durch die grundsätzlichen Veränderungen des Jahres 1968 stark auf die Probe gestellt. Die einen Studenten fanden durch dieses Ereignis zu sich selber, die anderen verschanzten sich noch stärker in sich selber. Die Meinungen waren geteilt: Es kam unter uns zu starken Spannungen, sogar unter den Professoren des Seminars. Was sich zeigte, war vorerst ein Gemisch von Angst und Forderungen nach Dialog. Was sollte geschehen? Das Seminar kochte über: Alle redeten und bezogen Standpunkte. Es passierte etwas Außerordentliches ...

Das Seminar konnte nun nicht mehr nur für sich existieren. Wir fühlten den Ruf, uns auf die Außenwelt einzulassen. Als Studentendemonstrationen in den Straßen von Reims angekündigt wurden, erhoben sich gewisse Seminaristen: «Nicht ohne uns, wir sind Studenten, wir sind mit allen Studenten solidarisch.» Es entstanden neue Verbindungen, und das Seminar war nicht mehr eine Welt für sich. Die jungen Leute trafen sich, sei es an der Universität, sei es im Seminar, in derselben Aufbruchstimmung. Alles geriet aus den Fugen.

Alle wollten «die Ereignisse» beeinflussen. Die Zusammenkünfte der Seminargemeinschaft, oft spontan beschlossen, traten an die Stelle der Vorlesungen und brachten durcheinander, was vorgesehen war. Die Hausordnung konnte nicht mehr durchgehalten werden. Es gab Seminarien, die bereits geschlossen waren. Auf dem Höhepunkt der Krise beschloß der Hausobere, die Seminaristen nach Hause zu schicken.

Das Wort befreite sich: Es war eine eigentliche Revolution. Alle wollten zu Wort kommen und mitreden in der Gestaltung des Gemeinschaftslebens, der Vorlesungen, der Liturgie. Man eignete sich alles auf neue Art an. Gewisse Leute, von denen es niemand vermutet hätte, entpuppten sich als echte Führerfiguren. Und die offiziellen Autoritäten fühlten sich bedroht. Alle redeten miteinander, die Eltern, die Jungen, die Priester ... Ich hatte so etwas noch nie erlebt.

Ich ging überall hin, ich nahm auch Stellung, aber ich war keine Führerfigur. Im Mai 68 in einer Kirche zu predigen war etwas für sich! Da gab es für viele eine Art von Furcht; die Gläubigen hatten oft Angst, daß sich die Situation zum Schlechten wenden könnte. Viele befürchteten, daß eine Revolution bevorstand ...

Kannte Ihr Team diese Angst auch?
Ja. Es gab sogar Momente der Panik. Der Ökonom des Seminars zum Beispiel warnte mich einmal: «Ich habe die Türen verriegelt.» Man hatte Angst vor einem Aufstand.

Sie sagen, daß gewisse Seminaristen zu sich selber gefunden haben. Wie war es bei Ihnen?

Das war bei mir immer noch nicht der Fall. Aber ich habe wenigstens gelernt, daß man nur jemand Eigenständiger wird, wenn man mit anderen spricht. Leben heißt: Kommunikation, Befreiung des Wortes. Aber ich bin immer schon langsam gewesen, wenn es darum ging, zu starten. Ich brauche immer viel Zeit, bevor ich den ersten Schritt tue ...

Als das Seminar wieder aufging, versuchten wir diese neue Freiheit in die Art und Weise unseres Unterrichtens zu integrieren.

Wie lange wird diese Schönwetterzeit dauern, von der Sie noch heute mit Enthusiasmus sprechen?
Zwei Jahre. Das Seminar profitierte von dieser Schönwetterzeit des Dialogs und des befreiten Wortes ... Doch die aktive Beteiligung und die Arbeit in Gruppen rauben Kräfte. Seit dem Mai 68 haben sich die Seminarien in Frankreich wieder stark verändert.

1968 wird Martin Luther King ermordet. Was hat er Ihnen bedeutet?
Eine Quelle der Inspiration und des Friedens. Sein Tod war für mich ein Schock, es war der Tod eines Gerechten.

Martin Luther King wußte, daß er bedroht war; er opferte sein Leben für sein Volk. Warum mußte man diesen Apostel der Gewaltlosigkeit vernichten? Welche Gefahr bedeutete er denn, daß gewisse Leute zu dieser Gewaltlösung griffen? Diese Art zu sterben gab seinem Leben einen speziellen Glanz, eine Signatur der Tragik.

Ich erwartete damals, daß seine Ermordung nun seine Wirksamkeit verzehnfachen, daß nichts mehr sie aufhalten würde.

Man kann nur bedauern, daß niemand anderer weitergemacht hat; leider hat sich niemand mit derselben Kraft erhoben.

Hat Martin Luther King Sie inspiriert?
Ja, vor allem seine Ansprachen. Ich habe alle seine Bücher verschlungen. Ich bewunderte den Mut und die Waghalsigkeit dieses jungen Pastors, den nichts stoppte, weder die Verfolgungen noch das Gefängnis.

Martin Luther King bringt uns in Erinnerung, daß die Kirche ein Interesse daran hat, im Namen des Evangeliums den Stellenwert des gewaltlosen Kampfes wieder zu entdecken. Denn Gewaltlosigkeit ist ja nicht gleich Passivität, im Gegenteil: ein mutiger Kampf, der sich auf die Kraft der Wahrheit und der Liebe abstützt. Man sollte nie die Waffen des Gegners aufgreifen, sondern seine Würde respektieren.

Martin Luther King stand zu seinem Glauben. Anhand von ganz konkreten Situationen (zum Beispiel wenn einer Schwarzen der Einstieg in den Bus verwehrt wird) entwickelte er Strategien der Gewaltlosigkeit. Er entdeckte an Ort und Stelle die Wirksamkeit der gewaltlosen Methoden.

«Ich hatte einen Traum», diese berühmte Rede vom 28. August 1963, bleibt für mich eine überraschende Offenbarung. Ich lese sie immer wieder und verschenke sie an Freunde. Dieser Traum wird sich eines Tages erfüllen, auch wenn er jetzt noch auf viele Hindernisse stößt. Der Frieden wird kommen, weil er der Sehnsucht Gottes und der Sehnsucht der Menschen entspricht. Dieser Traum klingt für mich wie eine Vorwegnahme jener «neuen Himmel», von denen die Apokalypse spricht. Dieser Traum gibt mir Kraft für den jeweiligen Tag.

Gandhi hatte mir mit seinen Schriften bereits den spirituellen Weg der Gewaltlosigkeit gezeigt. Martin Luther King gab mir Ideen im Hinblick auf die Strategie und die Aktionen: nie zurückweichen, sein Leben wagen, sprechen und handeln. Von der inneren Einstellung her war ich damals bereits gewaltlos, aber im konkreten Leben?

1968–1972 ist eine große Zeit der Linksradikalen. Inwieweit nehmen Sie an diesen ideologiegeprägten Jahren teil?
Gar nicht. Ich bleibe im Sicheren. Ich beobachte zwar von weitem die politischen Grüppchen, und ich interessiere mich für die gesellschaftlichen Tendenzen, aber auch nicht mehr. Ich habe keinen Kontakt mit der proletarischen Linken oder irgendeiner trotzkistischen oder maoistischen Gruppierung. Ich habe auch nie an Demonstrationen teilgenommen, an denen ich militanten Linken hätte begegnen können.

Damals sind verschiedene Utopien lebendig. Hat Sie keine angezogen?
Nein, mich hat keine der Utopien dieser Jahre angezogen.

Damals gibt es auch die Protestbewegung, die von Bernard Besret und der Abtei Boquen angeführt wird. Fühlten Sie sich mit ihr verbunden?
Ich verfolgte diese ganze Affäre, die Aktion des jungen Priors der Abtei Boquen, aus der Nähe. Er suchte nach neuen Möglichkeiten der Verkündigung und versuchte einen Freiraum zu erobern, wie er der damaligen Zeit entsprach. Boquen besaß eine große Ausstrahlung. Und Bernard Besret war sehr mutig: Er schlug neue Formen des religiösen Zusammenlebens vor. Es war ihm sehr wichtig, die Anliegen seiner Zeit zu erfassen und eine Liturgie zu feiern, die dem entsprach. Ich selber war glücklich darüber, daß es einem Kloster gelang, eine solche Ausstrahlung zu erlangen und das Leben der Gegenwart so zu erfassen. Besret weckte bei den Leuten Lust, an das Evangelium zu glauben und es zu leben.

Doch seine Ideen wurden von der Institution als gefährlich und nicht akzeptabel eingestuft. Die Strafe, die ihn traf, bekümmerte mich sehr. Und sein Experiment wurde zerschlagen.

Damals habe ich begriffen: Sobald jemand in der Kirche Freiräume zu schaffen versucht, gilt er als Außenseiter und als gefährlich. Die Institution pfeift Menschen, die in der Kirche einen neuen Wind aufkommen lassen, zurück und erledigt sie ...

Haben Sie sich auch anderen Orten der Suche und des Aufbruchs nahe gefühlt?
Auch die Veröffentlichungen von Marcel Légaut haben mich sehr inspiriert. Laie, ehemals Student an der pädagogischen Hochschule, Mathematiker, Universitätsprofessor, verheiratet, Vater von sechs Kindern: Im Alter von vierzig Jahren gab er die Universität auf, um in den Bergen des Haut-Diois Schäfer zu werden. Er zog sich aufs Land zurück, kaufte einen Bauernhof und züchtete Schafe. Und er meditierte viel. Er hat verschiedene Gruppen in ihrem Suchen angeregt und geleitet. Er hat etwa zwanzig Bücher über das spirituelle Leben und das Christentum geschrieben; sie fanden ein großes Echo, obwohl sie vom Stil her schwierig sind. Marcel Légaut starb im November 1990.

Er stellt uns in Frage, indem er betont, daß Jesus uns einlädt, unseren ganz persönlichen Weg zu finden. Gegenüber der Kirche, der Institution, den Kirchenfunktionären ist er kritisch: Niemand, sagt er, ist davon ausgenommen, jenen Weg zu gehen, den Jesus vorzeigt: diesen Weg der Menschenfreundlichkeit, den Jesus gegangen ist. Es geht ihm um den Menschen aus Nazareth, den die Jünger ja auch als erstes entdeckt haben. An sich selber zu glauben widerspricht nicht dem religiösen Glauben. Was machen wir aus dem Wort Jesu? Er legt zudem Gewicht darauf, daß Jesus auch bei seinen Jüngern in die Lehre gegangen ist. Er stellt verschiedene Dinge auf den Kopf. Marcel Légaut lädt uns ein, Realisten zu sein. Er hat mich in der Idee bestärkt, daß jeder von uns seinen eigenen Weg, die Menschen zu lieben, finden muß.

Jeder muß zu seinem eigenen Ich finden. Und der Glaube ist eine Hilfe, damit wir zum eigenen Ich finden. Gehorsam darf nie Unterwerfung bedeuten.

In all diesen Ereignissen und Begegnungen tanzen Sie nie aus der Reihe. Ich habe nicht den Eindruck, daß es Ihnen darum geht, Ihre eigene Person zu betonen oder sie zu verteidigen ...
Nein, dieser Gedanke, aus der Reihe zu tanzen, kommt mir nie.

Die siebziger Jahre bedeuten für die Kirche einen großen «Blutverlust». Viele treten aus. Stellen Sie selber Ihre Kirchentreue in Frage?
Nein. Ich lebte ohne Schwierigkeiten in der Kirche. In den Reihen der Priester gab es große Verluste. Sie ergriffen das Wort und protestierten gegen den Apparat der Kirche. Die Bischöfe ihrerseits versuchten, eine Initiative zu starten, und setzten eine große Umfrage in Gang, um herauszubekommen, wie die Beziehungen innerhalb der Kirche verbessert werden könnten. In unserer Diözese war ich mit der Untersuchung beauftragt. Vielen Priestern wurde, nicht ohne Verbitterung und Aggressivität gegen die Autorität der Bischöfe, bewußt, was sie bisher verdrängt hatten. Es war für mich nicht leicht, dem Bischof die entsprechenden Aussagen zu übersetzen ...
 Viele Priester fühlten sich unverstanden, ungeliebt, unbeachtet. In der Überzeugung, daß sich die Kirche sowieso nicht ändern würde, verließen gewisse Priester die Institution und heirateten. Es gab vermehrt Priesterräte. Als Folge dieser «Operation Wahrheit» gab es Diözesen, die einen eigentlichen Aderlaß erlitten: Viele Priester sind weggegangen. Persönlich hat mich dieser Schritt nie angezogen.

Wie schaffen Sie es, durch all diese Krisen hindurchzugehen, ohne selber vom Zweifel erfaßt zu werden?
Ich lebte geschützt. Im Rahmen des Seminars war meine Stellung angenehm, ich lebte zudem mitten in einer Gruppe von sehr wertvollen Priestern. Verglichen mit andern, die isoliert oder in einer schwierigen Situation oder ohne Gesprächsmöglichkeiten lebten, war ich in einer bevorzugten Lage. Ich brauchte nur auf meine Aufgabe zu achten, und es gab für mich keinen Grund mehr, meinen Glauben oder meine Zugehörigkeit zur Kirche in Frage zu stellen ...

Sogar dieser Aderlaß berührte Sie nicht?
Selbstverständlich berührte er mich. Denn ich kannte einige dieser Priester; und sogar aus meinem Freundeskreis gaben mehrere alles auf. Die Zölibatsfrage, die gesellschaftliche Stellung des Priesters, die Frage, ob Heirat oder nicht, das alles wurde damals in mir wieder lebendig. Mich beschäftigten sehr viele Fragen im Hinblick auf die Kirche und unseren Platz in der Gesellschaft. Und es war mir auch klar, daß dieses Fragenpaket nicht einfach durch Disziplin oder die Erinnerung an die Ordnung geregelt werden konnte ...

Was denken Sie: Sind in diesem Moment jene zukünftigen Antworten entstanden, die Sie später auf diese Fragen bereit halten?
Jetzt, aus zeitlicher Distanz, sehe ich einen Zusammenhang. Ich selber tendierte damals zu stark zur Annahme, daß es keinen Grund gab, die Lebensweise des Priesters in Frage zu stellen. 1968 wurde sie aber in Frage gestellt: die Ehe, das Recht auf die Liebe eines anderen Menschen, auf die Sexualität, das Recht auf die Gründung einer Familie, Kinder zu haben ... Es gab Priester, die wollten Priester bleiben, auch wenn sie heirateten. Eine ganz wichtige Forderung ... Ich blieb der Lebensweise, die ich gewählt hatte, treu. Aber die

Forderung war gestellt worden, und zwar durch die Priester selbst, ganz allgemein.

> *Geschichtlich gesehen ist das der Moment, da sich die Gesellschaft von der Kirche löst: Sie hört nicht mehr auf die Kirche. Es gibt den Blutverlust im Klerus, es gibt aber auch den Blutverlust im Volk Gottes, das nun plötzlich Fragen stellt, die Sie von der Seite der Kirchenleitung nicht mehr steuern können: Meinungsfreiheit, Freiheit in der Wahl der Lebensweise, sexuelle Befreiung, Abtreibung.*

1969 wirkte die Enzyklika *Humanae vitae* von Paul VI. wie eine eiserne Absage an diese große Öffnung: ein Nein zur Pille, ein Nein zur Empfängnisverhütung. Diese Enzyklika wurde übel aufgenommen, nicht nur durch die Katholiken, sondern durch die ganze Gesellschaft. Man erlebt es selten, daß ein Schreiben des Papstes eine solche Ablehnung erfährt. Sofort manifestierte sich ein gewaltiger Bruch: im Vertrauen der Menschen allgemein gegenüber der Kirche, aber auch im Vertrauen der Christen gegenüber der Kirche. Das zeigte sich in einem Vertrauensverlust gegenüber dem Lehramt.

Wenn das Jahr 1968 die Strukturen der Kirche erschüttert hat, so markiert das Jahr 1969 einen Bruch. Tatsächlich löste sich die Gesellschaft von der Kirche, die es nicht versteht, das Gespräch wieder aufzunehmen. Die Aufarbeitung der modernen Fragen, die sich der Kirche seit dem Anfang des Jahrhunderts immer wieder gestellt hatte und von ihr regelmäßig durch Verurteilungen verunmöglicht worden war, stellte sich in aller Schärfe von neuem. Die Gesellschaft verlangte ihre Freiheiten und stellte sich gegen die Kirche, die sie ihr verwehrte. – Vielleicht hat sich die Kirche zu stark den eigenen Problemen zuwenden wollen und hat die Grundbewegung, die die Welt erschütterte, zu wenig wahrgenommen.

Was behandelt diese Enzyklika?
Humanae vitae schwimmt gegen den Strom. Es ist bekannt, daß in Rom über diese Fragen heftig diskutiert wurde, daß die Gegner der Pille und der Empfängnisverhütung in der Minderzahl waren und daß Papst Paul VI. die Diskussionen sehr aufmerksam verfolgte. Schließlich traf er die Entscheidung: Ablehnung der Empfängnisverhütung, Ablehnung der Pille und Bejahung der sogenannten natürlichen Methode. Ich wußte, daß Christen bereits jene Mittel der Empfängnisverhütung einsetzten, die sie nützlich fanden, und nicht mit dem Verbot der Kirche rechneten. Trotz ihrer ausschließlichen Haltung kann ich diese Enzyklika auch ernst nehmen: Sie enthält sehr schöne Aussagen über die Liebe und die Ehe.

In diesen Jahren kommt es zu militanten politischen Auseinandersetzungen, die kommunistische Partei ist stark. Hat in diesen Jahren auch die Kirche eine Botschaft an die Arbeiter?
Ja, denn in Reims waren die Bewegungen der katholischen Aktion, der Jeunesse ouvrière chrétienne JOC (Christliche Arbeiterjugend) und der Arbeitermission recht stark. Diese Tradition wurde durch Monsignore François Marty und Monsignore Bejot, der sich der JOC ganz verpflichtet fühlte, sehr unterstützt. All diese Gruppierungen waren in den sozialen Auseinandersetzungen aktiv. Ich machte mich damals damit vertraut.

Die Kirche ist letztlich nicht eine Konkurrenz zur kommunistischen Partei oder zu den Gewerkschaften. Auch sie läßt an der Seite der Arbeiter ihre Stimme hören. Sie ist mit den Arbeitern, ihren Forderungen und Rechten solidarisch. Bei wichtigen sozialen Konflikten stellt sich die katholische Aktion auf die Seite der Streikenden. Es gab immer wieder Leute, die der Kirche von Reims und den katholischen Aktivisten vorwarfen, sie würden sich engagieren. Auch heute noch gibt es Christen, die kein Verständnis dafür haben, daß sich die Kirche in gesellschaftliche Auseinandersetzungen einläßt ...

Wie erklären Sie es sich, daß sich diese Tradition nun verloren hat?

Ähnlich wie in der Gesellschaft ist auch in der Kirche der aktive Kampfgeist zusammengebrochen. Die Aussicht auf Arbeitslosigkeit, die Tatsache, daß es immer mehr unsichere Stellen gibt, das ermutigt nicht zum Kampf. Es gibt nur wenige junge Arbeiter, es gibt vor allem Arbeitslose!

Worin bestand der Einfluß von Bischof Marty?

Er hat in eine Diözese, die eine Eiszeit erlebt hatte, den Frühlingswind gebracht. Für mich war er beispielhaft der gute Hirt. Er beeindruckte mich vor allem durch die Art und Weise, wie er anderen begegnete. Wenn er mit anderen zusammen war, spürte man, daß sie für ihn wichtig waren. Vom Evangelium sprach er auf einfache Art. Zu jener Zeit war er einer jener seltenen Bischöfe, die man verstand. Wenn er zu den Leuten redete mit seinem leicht singenden Tonfall und der etwas harten Stimme, hörte man ihm gern zu. Er hat mir einen einfachen Stil und eine ungezwungene Sprache beigebracht. Er hatte immer Zeit, wenn Leute ihn aufsuchten. Er war kein Mann der Verwaltung, sondern ein Mann der Begegnung.

Was wurde aus Ihnen in der Zeit nach 1968?

Ich blieb sieben Jahre in Reims. Doch ich hatte den Wunsch, nicht mein ganzes Leben in Seminarien zu verbringen: drei Jahre in Châlons, sieben Jahre in Reims. Ich hatte das dem Bischof auch mitgeteilt. Ich wollte zurück in eine Pfarrei. Ich wurde deshalb in die Neubauzone von Saint-Dizier, meiner Heimatstadt, berufen: in ein Team von fünf Priestern. Ich war auch Mitglied des Kirchenrates und war verantwortlich für die Weiterbildung. Ich war glücklich, endlich Fuß fassen zu können.

Diese Situation dauerte allerdings nicht lange. Noch während des ersten Jahres wurde ich von Kardinal Marty, dem neuen Erzbischof von Paris, dringend gebeten, die Stelle des Vizerektors des *Institut catholique* in Paris anzutreten. Ich bat um eine Woche Bedenkzeit. Rektor war damals niemand anderer als der spätere Kardinal Poupard. Dieser hatte mich für das Ende der Bedenkzeit zu einem Essen eingeladen. Doch schon nach zwei Tagen Beratungsgesprächen mit einigen Freunden merkte ich, daß ich die Aufgabe ablehnen mußte. Ich schrieb deshalb an Monsignore Poupard, ohne das Gespräch mit ihm abzuwarten, und erklärte ihm, daß ich sein Angebot nicht annehmen würde. Durch einen Boten ließ er mir postwendend eine kleine Karte zukommen: «Ich bin sehr überrascht und enttäuscht. In diesem Fall gibt es keinen Anlaß mehr für unser Essen ...»

Ich habe den Eindruck, daß er es mir immer noch übelnimmt.

Vizerektor des *Institut catholique* in Paris: Das sollte mir Ehre machen. Ich habe diese Entscheidung aber nie bereut. Es tat mir lediglich leid, daß ich das Vertrauen enttäuschte, das Kardinal Marty in mich gesetzt hatte.

Am Ende des Jahres bat man mich, in Paris für drei Jahre die Verantwortung für jenes Institut zu übernehmen, das die Leiter der Seminarien heranbildete: Ausbildung der Ausbildner, eine Vertrauensaufgabe, die das Herz der Kirche berührte.

Als 1977 dieser Auftrag zu Ende ging, bat mich der neue Bischof von Langres, wieder ganz in seine Diözese zu kommen, und zwar als Generalvikar.

Sie waren vierzig Jahre alt, als P. Lucien Dalloz Bischof von Langres wurde. Was hat er Ihnen bedeutet?

Bischof im Sinn von Hirte, ideal für eine Diözese wie die von Langres. Die nicht mehr zeitgemäße Ausbildung und der aristokratische Stil seines Vorgängers vertrugen sich nicht mehr mit den neuen Vorstellungen, die das Zweite Vatikanische Konzil hervorgebracht hatte. Er war der Diözese keine Hilfe mehr gewesen. Er litt selber und machte andere leiden.

Das ist der Kontext, in dem Lucien Dalloz begann, ein einfacher Mann, der dialogfähig war und zuhören konnte. Er eroberte sofort das Herz der Bevölkerung und des Klerus.

Was haben Sie aus dem Kontakt mit Bischof Dalloz gelernt?
Er hat mir beigebracht, den Leuten nahe zu sein, geduldig zuzuhören und eine realistische Seelsorge zu betreiben. Er verstand es auch, die Freuden des Essens zu teilen, ein Fondue zuzubereiten oder um fünf Uhr morgens aufzustehen und wegzufahren, um im Wald das Röhren der Hirsche zu hören.

Ich arbeitete eng mit ihm zusammen, in einem totalen Vertrauen. Wir hatten es nicht nötig, miteinander zu sprechen, wir verstanden uns.

Zum ersten Mal war ich ausschließlich in der Diözese von Langres tätig, beauftragt, das Diakonat aufzubauen, die Ausbildung für Laien, die in der Kirche Verantwortung trugen, in Gang zu bringen (eine Schule der Dienste), die Zukunft vorzubereiten. Das waren reiche Jahre, reich an vertrauensvoller Zusammenarbeit.

Was heißt das: Schule der Dienste?
Das war eine Grundausbildung für die Laien, die in der Kirche Verantwortung übernehmen – in Langres waren das damals etwa dreißig eher jüngere Personen (ungefähr dreißig bis fünfunddreißig Jahre). Die Schule war eine bemerkenswerte Neuheit: Der Lehrgang richtete sich an Laien, die in

den Pfarreien und Bewegungen engagiert waren. Damit sie nicht nach Paris gehen mußten und wir sie an Ort und Stelle einführen konnten, mitten in ihrer eigentlichen Umgebung, fand die Ausbildung an verschiedenen Wochenenden statt, und zwar im Zeitraum von zwei Jahren.

Das Konzil forderte von der Kirche, sie solle dienen und arm sein. Damit sie sich, nach dem Beispiel Christi, in den selbstlosen Dienst an den Menschen stellen konnte, brauchte sie Diakone.

Diese verheirateten oder zölibatär lebenden Männer können die Nähe der Kirche bezeugen: in den Spitälern, Gefängnissen, an Orten der Ungewißheit, gerade dort, wo der Bischof ihnen aufträgt, sich hinzubegeben. Die Diakone erinnern die Christen daran, daß jeder in der Kirche den Auftrag hat, nach dem Beispiel Christi zu dienen: die Getauften ebenso wie der Bischof, die Ordensleute und die Priester. Da die Diakone weder ihre Arbeit noch ihre Familie aufgeben, bleiben sie den Leuten nahe, und diese kennen sie persönlich. Ihre Präsenz bringt die Kirche wieder in Lebensbereiche, die sie verloren hat.

Lucien Dalloz begriff sehr schnell, daß das Diakonat der Kirche neues Blut brachte; und er zögerte nicht, mutig die Wege zu beschreiten, die das Zweite Vatikanum eröffnet hatte. Tatsächlich sind dann unsere Hoffnungen noch übertroffen worden. Die Kandidaten aufzusuchen und eine Leitungsgruppe heranzuziehen, das war für mich eine Arbeit, die mich begeisterte. Daß es nun diesen Dienst an der Schwelle der Kirche gab, geleistet durch Männer, die wie alle anderen arbeiteten, hatte auf die Priester eine gewaltige Wirkung.

Im März 1982 kehrten Sie mit etwa dreißig Laien aus der Schule der Dienste von einer Reise nach Rom zurück, und bei Ihrer Rückkehr erwartete Sie der Brief des

Nuntius, der Sie zum Bischof von Evreux ernannte. Stimmt es, daß Sie das nicht glauben konnten?

Das stimmt. Der Brief befand sich unter den Postsachen. Man hatte mir oft gesagt: «Sie werden noch Bischof.» Gute Leute schrieben mir das jedes Jahr. Ich dachte, man wolle mich versetzen ...

Übrigens: Als ich den Brief las, dachte ich sofort an einen Streich: «Die haben es ausgenützt, daß ich nicht da war ...»

Evreux: Ich wußte nicht genau, wo diese Stadt hingehörte. Ich schlug deshalb im Lexikon nach.

6. Kapitel

Frankreichs jüngster Bischof

Wissen Sie, was den Ausschlag gab, daß Sie zum Bischof ernannt wurden?
Lucien Dalloz hatte mich informiert, daß er mich den Bischöfen der Region vorschlagen würde. Diese wiederum legten dem Nuntius in Paris eine Liste mit Namen vor. Und dieser wählte dann, nach einer gründlichen Umfrage und beratenden Gesprächen, gewisse Namen aus, die Rom vorgelegt wurden.

Warum gerade ich? Warum nicht ein anderer? Ich weiß es nicht.

Welche Qualitäten muß jemand mitbringen, damit er Bischof werden kann?
Er muß gläubig und wegen seinen menschlichen und intellektuellen Qualitäten anerkannt sein, dann auch Urteilskraft, seelsorgerliches Verhalten, Treue zur Kirche; man sollte auch nicht zu alt sein.

Man kann sich um dieses Amt nicht bewerben, das Auswahlverfahren bleibt geheim. Man kann annehmen, daß gewisse Priester gern Bischöfe würden; das sind legitime Ambitionen, aber das gibt natürlich niemand zu.

Einige stellen sich wohl vor, daß es eine beneidenswerte, ehrenvolle Position ist. Doch die Realität sieht anders aus. Man führt ein sehr ausgesetztes Leben und erhält Hiebe und Tritte. Ich habe sehr viele erhalten. Aber ich war ja auch kein Bischof wie viele andere ...

Konnte sich damals jemand vorstellen, daß sich der jüngste Bischof Frankreichs als der unruhigste Bischof erweisen würde?
Niemand, nicht einmal ich selbst. Ich hatte nicht einmal die Zeit, auf meine Ernennung zu reagieren. Noch am Abend mußte ich mit der Leitung der Exerzitien von Seminaristen aus dem Norden Frankreichs beginnen. Ich kam aus Rom, packte den Koffer um, zog mir ein neues Hemd an und fuhr wieder los.

Der Nuntius hatte mir geschrieben: «Wenn Sie mich aufsuchen wollen, bin ich gern bereit, mit Ihnen zu sprechen.» Ich suchte ihn auch auf, um mit ihm über meine Zweifel und mein Zögern zu sprechen. Er führte mich in seine Kapelle zu einem kurzen Gebet: «Es ist der Heilige Vater, der Sie ernennt. Es gibt nichts zu zögern. Man wartet auf Sie.»

Ich setzte wieder an: «Hören Sie ... Ich weiß nicht, ob ...»

«Nein, nein. Das sagt man stets. Sie sind durch den Papst ernannt worden. Sie müssen dorthin gehen.»

Keine Ratschläge, nichts weiter?
Ja, doch, ein Ratschlag, der einzige, den er mir gegeben hat: «Monsignore, tragen Sie die Priesterkleidung samt dem römischen Kragen, und vergessen Sie das Brustkreuz nicht ... Sie sind von nun an Bischof ...» Ich hatte mich nicht an die richtige Kleidung gehalten, schon damals! Ich denke, ich muß ein Polohemd getragen haben.

Meine Ankunft in der Diözese Evreux am 20. Juni 1982 war ein berührender, herzlicher Moment. Die Diözese hatte seit neun Monaten auf einen Bischof gewartet. Leute aus Langres begleiteten mich: «Da habt ihr unseren Sohn. Geht gut mit ihm um, wir vertrauen ihn euch an.» Einer der Diakone aus dem Haute-Marne, ein Fabrikarbeiter, hat die Christen des Eure vorgewarnt: «Mit eurer Ruhe ist es jetzt vorbei.» Es gab in der Kathedrale eine würdige Feier. Und schon am Abend war ich dann allein.

Es war nicht einfach, Beziehungen zu schaffen, ich mußte zuerst Wurzeln schlagen. Die Vorstellung «Der da ist ein Bischof» schüchterte alle ein, sowohl die Priester als auch die Laien. Man beobachtete sehr genau, was ich sagte und machte. Es brauchte Zeit, um diese Distanz aufzulösen. Obwohl ich viel Zuversicht mitgebracht hatte, waren die ersten beiden Jahre für mich die schwersten.

Ich habe gelesen, daß Sie den Wunsch hatten, sich nicht im Bischofshaus einzurichten.
Tatsächlich, dieser bürgerliche Wohnsitz aus dem 19. Jahrhundert stand leer, und ich wollte in diesem großen Haus nicht allein leben. Während meines ganzen Priesterlebens lebte ich immer in Gemeinschaften, und jetzt als Bischof sollte ich allein sein. Ich bin gemacht, um mit anderen zusammenzuleben. Ich wollte dort nicht bleiben. Und wenn schon an einem ungewohnten Ort wohnen, dann mitten unter der Bevölkerung, etwa im Neubaugebiet La Madeleine oberhalb von Evreux, von dem man mir erzählt hatte. Große Überraschung bei den Leuten, denen ich mein Projekt vorlegte: «Aber was denken Sie! Ein Bischof wohnt doch im Bischofshaus.» Die Hauptverantwortliche einer Schwesternkongregation in Vernon stellte dann drei Schwestern zur Verfügung; ohne sie wäre ich nicht im Haus geblieben.

Das Bischofshaus von Evreux ist ein großes Gebäude. Wie viele Zimmer hat es denn?
Elf Zimmer. Es gibt Gemeinschaftsräume (Speisezimmer, Salon) und, im zweiten Stock, kleine Zimmer für die Schwestern. Gemeinsam mit den drei Schwestern wünschte ich, daß das Bischofshaus allen offen stand. Es war mir sehr wichtig, daß immer etwas zu essen da war, daß man auch im

letzten Moment jemanden einladen konnte und Leute bei uns übernachten konnten. Das haben wir auch durchgesetzt. Wir nahmen Gefangene auf, die freigelassen wurden, kranke oder überarbeitete Priester, junge Familien, auch Immigranten, deren Situation ungeklärt war ...

Wie sahen Ihre Ziele, ihre Modellvorstellungen aus, als Sie nach Evreux kamen?

Ich kam nach Evreux mit der Erinnerung an die Bischöfe, die ich kennengelernt hatte, besonders mit der Erinnerung an Lucien Dalloz, den Bischof von Langres, und an François Marty ... Ich wollte ihre sehr schlichte Art übernehmen, ihren Sinn für die Realitäten, die Liebe, die sie andern spontan entgegenbrachten. Ich möchte auch das Beispiel von P. Maury anführen, den ich in Reims kennengelernt hatte: Er war ein Mann von missionarischem Eifer, der nie Angst hatte, sich einzusetzen.

Ich wollte kein Präfekt und kein Verwalter sein. Ich wollte vielmehr ein guter Hirte sein, allen gegenüber aufmerksam, besonders aber gegenüber den benachteiligten und den sozial schwachen Menschen. So etwas wie ein Wächter, ein Fährmann.

Im ersten Jahr begab ich mich immer wieder auf Pilgerfahrt, um die Diözese zu entdecken und mit allen in Kontakt zu kommen, mit den Priestern und Ortschaften. Ich reiste überall hin und machte viele Pastoralbesuche. Dabei redete ich wenig, aber hörte zu. Durch die verschiedenen Hinweise und Mitteilungen lernte ich die Geschichte der Diözese kennen.

Es gehört für mich zu den Selbstverständlichkeiten, daß ein Bischof die Priester, die Diakone, die Mitglieder der religiösen Gemeinschaften und die in der Seelsorge verantwortlichen Laien mit Namen und Vornamen kennt. Evreux ist eine Diözese mit noch menschlichem Maß, hat kein großes Zentrum und nur wenige Priester, aber das alles brauchte doch Zeit, viel Zeit.

Im zweiten Jahr begann ich zu sprechen. Von diesem Moment an war es meine Aufgabe als Bischof, voranzugehen. Und ich war in Eile, ich hatte keine Zeit zu verlieren. Wie ein Flugzeug in voller Geschwindigkeit auf der Startpiste ...

Von wem waren Sie als Bischof abhängig?
Ein Bischof ist autonom. Aber ich stand regelmäßig in Verbindung mit dem Erzbischof von Rouen und dem Bischof von Le Havre. Zudem beschließt die Bischofskonferenz jedes Jahr neue Richtlinien; man stimmt geheim darüber ab, sie werden bei einem Zweidrittelmehr angenommen; und die angenommenen Richtlinien sollte jeder Bischof in seiner Diözese in die Tat umsetzen.

Diözese: Was bedeutet dieses Wort genau?
Die Diözesen sind im kirchlichen Bereich, was die Verwaltungsbezirke im Staat. Sie werden nach Regionen zusammengefaßt. Als Bischof von Evreux gehörte ich zu den Bischöfen der Region Nord, die dreimal im Jahr in Paris zusammenkamen. Ich nahm zudem an den Sitzungen der bischöflichen Kommission für den Klerus und die Seminarien teil. Und durch die Bischöfe wurde ich auch in die Kommission der Glaubenslehre gewählt, die sich alle zwei Monate traf.

Ein Bischof ist von verschiedenen Gremien umgeben, die ihn beraten. Der Bischofsrat plant die Ernennungen im Rahmen der Diözese, beschäftigt sich mit einzelnen Personen und garantiert, daß die Entscheidungen, die durch die verschiedenen Instanzen beschlossen worden sind, auch zur Ausführung kommen. Der Priesterrat vertritt die Priester der Diözese. Der Rat der Ordensleute besteht aus den gewählten Vertretern der verschiedenen Orden und Kongregationen. Der diözesane Pastoralrat vereint alle Kräfte, die in der

Diözese aktiv wirken (Laien, Diakone, Ordensleute, Priester). Und der Finanzrat.

Ich wiederhole: Ein Bischof ist nicht allein. Oft denken die Leute, er würde allein entscheiden, in Wirklichkeit bezieht er sich auf die Vorarbeiten, die durch all diese Instanzen geleistet werden. Die Entscheidungen werden in den Gremien vorbereitet, am Bischof ist es dann, sie zu verantworten.

Ist der Bischof in der Kirche eine Art Präfekt?
Nein. Ein Präfekt setzt den Kurs der Regierung durch. Ein Bischof hingegen ist – in seinem Gewissen, vor Gott – selbst für seine Kirche verantwortlich. Er ist Bischof, um das Evangelium zu verkünden, und nicht, um den römischen Transmissionsriemen zu spielen.

Zugleich gilt aber: Er handelt nicht auf eigene Rechnung; er steht in Gemeinschaft mit den anderen Bischöfen und mit dem Bischof von Rom.

Wie funktionieren die Finanzen einer Diözese?
Jede Diözese ist finanziell selbständig und versucht zu überleben. Die Einnahmen hängen vor allem von der Spendefreudigkeit der Christen ab. Einmal pro Jahr, bei der Kirchenspende (der frühere Meßbeitrag), werden die Christen gebeten zu spenden: für die Priester, die Angestellten im pastoralen Dienst, die Ordensleute. Dieses Geld kommt in eine gemeinsame Kasse. Das Budget wird der Diözesanversammlung vorgelegt, die über die Verteilung der Gelder abstimmt. Der Diözesanökonom, ein Laie, verwaltet das Geld. Die Spendefreudigkeit der Christen ist unterschiedlich. 1994 waren wir, bei den fünfundneunzig Diözesen in Frankreich, auf Platz fünfundachtzig ...

Die zweite Geldquelle besteht in den Geschenken und Legaten, die aber immer weniger zahlreich werden.

Dann wird auch Geld angelegt, möglichst ohne Risiko, das bringt Zinsen ein. Die Geldsumme, die jedes Jahr gesammelt wird, kann auf einer Bank angelegt werden, wir müssen wie ein Familienvater vorgehen.

Die dritte Geldquelle, der große Kirchenschatz von einst: die Häuser, die Kirchengüter – heute verschlingen sie mehr, als sie einbringen, und zwar wegen den Steuern. Wir haben übrigens alles verkauft, was nicht für die Seelsorge notwendig war, zum Beispiel viele Pfarrhäuser. Ehrlich gesagt, besaßen wir nicht mehr viel.

Die Diözese Evreux verfügt über ein mittleres Budget, vergleichbar dem Budget einer Gemeinde von etwa zehntausend Einwohnern. Der Geldhaushalt geht gegen zehn Millionen Francs. Evreux ist eine arme Diözese.

Wieviel verdient ein Bischof?
Als Bischof von Evreux erhielt ich denselben Lohn wie die Priester der Diözese: zweitausendfünfhundert Francs im Monat. Aber ich hatte keinen Grund zur Klage. Wie alle Priester brauchte ich weder Miete, Heizung, Elektrizität noch die Beiträge zu zahlen. Das übernahm die Diözese. Zudem erhielt ich Spesenvergütung für meinen Wagen.

Für die unauffindbare Diözese Partenia zahlen mir die französischen Bischöfe zur Zeit viertausendsiebenhundert Francs plus achthundert Francs für die Wohnung.

Und wenn Sie aus der Diözese wegfuhren?
Dann zahlte mir die Diözese nichts. Wenn ich zum Beispiel nach Paris fuhr, habe ich mir nie etwas zurückerstatten lassen. Ich kaufte eine Fahrkarte zum halben Preis auf eigene Rechnung. Wenn ich irgendwohin eingeladen wurde, bezahlte man mir die Reisekosten. Die einzige Ausnahme bildete das Fernsehen: Es hat mich zwar oft eingeladen, aber noch nie etwas an meine Reisekosten bezahlt …

Was die Diözese übernahm, waren meine Reisen nach Lourdes zur Vollversammlung der Bischöfe und die Romreisen ad limina zum Treffen mit dem Papst.

Wegen des Pomps und des vielen Goldes im Vatikan, wegen des Prunks der Kirche stellt man sich gerne vor, daß ein Bischof über einen Dienstwagen verfügt, über einen Chauffeur, eine Köchin, einen Gärtner ...
Nein, ich verfügte weder über einen Dienstwagen noch über einen Chauffeur. Ich hatte einen Peugeot 205, aber kein Bankkonto. Ich hatte etwas Geld bei der Sparkasse, damit ich den Wagen ersetzen konnte.

Ich gab wenig Geld aus. Bücher kaufte ich nicht, ich bekam viele geschenkt. Dann zahlte ich weder Telefon noch Briefmarken. Ich hatte einige Zeitschriften abonniert. Und in den Ferien ging ich zu meinen Angehörigen.

Meinen Gegnern möchte ich versichern: Ich habe Evreux verlassen, ohne mich bereichert zu haben ...

Und Ihre zahlreichen Autorenhonorare?
Was ich als Autor verdiente, ging an die Diözese Evreux, an die Handelsgesellschaft der Diözese, die einzige Verwaltungsinstanz, die der Staat anerkennt.

Und jetzt, nach Evreux?
Ich lasse sie verschiedenen Vereinigungen zukommen.

Wie viele Priester und wie viele Laien gab es in der Diözese Evreux?
Für die fünfhunderttausend Einwohner der Diözese gab es noch etwa hundert aktive Priester; ihr Altersdurchschnitt lag ungefähr bei fünfundsechzig Jahren. Ich war beeindruckt durch die Zahl der Priester, die in den letzten zehn Jahren starben und die ich bestattete oder die pensioniert wurden.

Betroffen sah ich, wie schnell die Zahl der Priester abnahm. Das war auch der Hintergrund meiner Interventionen bei den Bischofskonferenzen und in Rom. Gleichzeitig nahmen allerdings auch immer mehr Laien ihre Verantwortung wahr. Und es ließen sich religiöse Gemeinschaften nieder: die Lazaristen, die Fils de la Charité, die Jesuiten, die Franziskaner.

Wie viele Laien waren in dieser Diözese wirklich in das aktive Leben der Kirche einbezogen?
Mehrere tausend, dank der Bedeutung und der Qualität der Weiterbildung. Die kirchliche Landschaft hatte sich in den zehn Jahren stark verändert: Der Grad der Verantwortlichkeit der Laien war gestiegen, das Diakonat war entstanden und hatte in dieser neuen Zusammensetzung seinen eigenständigen Platz gefunden.

Welchen Platz nimmt denn eigentlich ein Laie in der Kirche ein?
Die Laien tragen nicht einfach *in* der Kirche Verantwortung, sie tragen Verantwortung *für* die Kirche. Die Taufe gibt Zutritt zum Wesentlichen, durch den Glauben an Christus und durch die Liebe, die in unseren Herzen ausgegossen ist. Ein ganzes Leben reicht nicht aus, um zu verstehen, was wir alle bekommen haben. Alle Getauften sind verantwortlich für die Verkündigung des Evangeliums, sind Sauerteig mitten in der Welt. Und die Priester sind im Einsatz, damit den Christen gelingt, was ihnen bei der Taufe übertragen worden ist.

Diese Veränderungen haben auch Widerstände wachgerufen, Spannungen, vor allem bei den Priestern. Ich kann sie verstehen: Jetzt, da sie seltener werden, führen die Laien ihre Aufgaben weiter, und die Diakone haben unabhängig von ihnen ihren festen Platz bekommen. Das auszuhalten ist nicht leicht. Früher waren sie für alles zuständig, waren besser anerkannt und mehr geschätzt. Heute, auch wenn die älteren Leute noch in die Kirche gehen, wenden sich die Jungen von der Kirche ab. Es gibt recht viele Priester, die entwurzelt sind, einsam alt werden oder aus der Gemeinde wegfahren und ihre letzten Tage, von allen abgeschnitten, in einem Altersheim verbringen. Diese Lage erklärt die Härte, die gelegentlich bei den Priestern anzutreffen ist, die schon das Zölibat verbittert hat. Ich erlebe bei den Diakonen, die mehrheitlich verheiratet sind, ein viel stärkeres Verständnis für die moderne Welt. Zu allen Problemen kommt noch der Alkoholismus hinzu: Er verschont die Priester nicht. Oft kompensieren sie so ihre Einsamkeit oder das Fehlen des sexuellen Kontakts. Man kann sich kaum vorstellen, was gewisse Priester in aller Stille leiden ...

Sind die Priester heute die Stillen, Schweigsamen, die übergangen werden?
Wer so etwas sagt, vergißt zu schnell, daß es auch Gruppierungen wie «Jonas» gibt, in denen sich Priester treffen, mit dem Wunsch, die Veränderung ihrer Situation ohne Aggressivität ins Rollen zu bringen. Aber man hört zu wenig auf sie.

Gab es Priester, die Ihnen anvertraut haben, daß sie nicht mehr allein leben wollten?
Jene, die sich entschieden, die Kirche zu verlassen, kamen meistens erst, wenn ihre Entscheidung schon gefallen war. Wir sprachen immer in aller Brüderlichkeit und Ehrlichkeit. Und mit einigen treffe ich mich immer noch. Von mir aus breche ich die Beziehungen nicht ab. Ich sah die Schwierigkeiten, die sie durchmachten, wenn sie den kirchlichen Dienst aufgaben, um zu heiraten.
   Ich war oft auch überrascht, wie in anderen Ländern als Frankreich, zum Beispiel in Afrika, in den Missionsgebieten, sexuelle Beziehungen weniger tabuisiert sind.

Es kommt ein Priester zu Ihnen und erklärt: «Ich liebe eine Frau, wir treffen uns regelmäßig im geheimen. Was raten Sie mir?» Was antworten Sie ihm?

«Kennen Sie jemanden, mit dem Sie im Vertrauen über dieses Problem sprechen können. Das ist unbedingt notwendig.» Ich konnte nicht an seiner Stelle Entscheidungen fällen. Ich sagte ihm auch, daß er nichts entscheiden sollte, solange er sich unsicher fühlte und sich nicht zurechtfand. Ein anderer verkannter Schmerz: der Schmerz der homosexuellen Priester. Auch sie führen oft ein heimliches Leben. Im Moment akzeptiert man es nicht, daß Homosexuelle in der Kirche Verantwortung übernehmen. Der Widerstand gegen die Homosexuellen bleibt stark. Eine Änderung würde voraussetzen, daß die Vorurteile verschwinden und die Homosexuellen nicht mehr die Parias sind. Wenn in der Kirche ähnlich wie im sozialen Leben sich die Bedingungen veränderten, würden auch die Homosexuellen ihren Platz finden. Heute einen Homosexuellen zu weihen heißt, ihn an die Front zu schicken, ihn zu zwingen, mit der Lüge zu leben. Ich mutete mir dieses Recht nicht zu.

Wenn Sie von diesen Gegebenheiten sprechen, was sagt dann die Institution dazu?

Sie ändert ihre Ordnung nicht. Auch wenn Menschen leiden ... Soziologisch gesehen, leistet sie sich eine Selbstmordtaktik. Ich habe 1988 bei der Vollversammlung der Bischöfe das Problem zur Sprache gebracht:

«Die Abnahme der Zahl der Priester und die Überalterung der Priester stellen ein schweres pastorales Problem dar. Viele Christen beweisen ihre Glaubensreife und übernehmen vielfach Aufgaben in der Verkündigung, aber es fehlt an Priestern, die auf ihre Erwartung und ihre Bedürfnisse antworten können. Ebenso bewirkt das Fehlen der Priester, daß im Bewußtsein der Gläubigen die symbolische und strukturelle Bedeutung des geweihten Amtes für den Glauben der Kirche verschwindet.»

Und 1993 erinnerte ich die Bischöfe Frankreichs in einem Artikel in *Le Monde*:

«Die Forderungen der Diözesansynoden und der christlichen Gemeinden sind nicht gehört worden. Die Interventionen der Kirchenautoritäten, die Bekräftigung des Zölibats und die Anstrengungen, neue Berufungen zu finden, reichen nicht aus, die Situation zu verbessern. Wie bei einem alten Schmerz, dem man sich schließlich anpaßt, gewöhnen sich viele Katholiken daran, daß sich der Verlust immer weiter vergrößert. Weil es keine Priester gibt, zerbröckeln christliche Gemeinden und sterben.»

Und ich fügte hinzu:

«Die Priester schließen sich in Gruppen zusammen und ergreifen das Wort, als Gemeinschaft und ohne Aggressivität, um zu alarmieren und den Autoritäten zu sagen, daß es ihnen nicht möglich ist, zu den Verpflichtungen, denen sie schon nachkommen, noch mehr Verpflichtungen hinzuzufügen und noch mehr Verantwortung zu übernehmen. Sie drücken vor allem ihre Beunruhigung im Hinblick auf die Zukunft der christlichen Gemeinden aus. Doch wer hört auf sie?

In aller Offenheit äußern sich verschiedene Gruppierungen und verlangen neue Dienste, damit auf die Bedürfnisse der Gemeinden eingegangen werden kann und das Evangelium auch an Orten verkündet wird, die der Kirche fremd sind. Wer hört auf sie? Wann wird es in unserer Kirche endlich das Gespräch über all diese Fragen geben? Wer hört auf den Ruf der Christen, der Gemeinden, der Priester? Wer wird den Bedürfnissen des Volkes Gottes gerecht werden und seine Fähigkeiten in die Tat umsetzen? Wer hat den Mut zur Zukunft?»

Ich wußte sehr genau, daß diese öffentliche Initiative nichts ändern würde, aber ich hatte wenigstens mein Gewissen beruhigt. Für den Moment findet die Kirche immer noch Priester und schwört aufs Löcherstopfen. Sie rechnet mit einem Zustrom von fremden Priestern und mit den religiösen Gemeinschaften, die noch Mitglieder haben (wie mit den «kleinen Grauen» der Gemeinschaft Saint-Jean). Die Bischöfe öffnen die Schieber und machen in Ersatzlösungen, was nicht lange hält. In meiner Diözese zum Beispiel wollte ich mich nicht auf solche Spiele einlassen.

Was hat Sie daran gestört?
Weil es wichtig ist, daß die Priester eine Einheit bilden, und aus Respekt vor der Diözese wollte ich nicht Priester aus anderen Ländern. Sie integrieren sich in der Diözese meistens nicht und vertreten oft Ansichten, die von denen des Zweiten Vatikanums abweichen.

Ist das ein gewichtiger Trend, fremde Priester zu übernehmen?
Die Bedeutung liegt weniger in der Anzahl der Priester als in diesem Willen der Bischöfe, um jeden Preis Priester zu finden. Die Bischöfe sind zu allem bereit. Es gibt Gemeinschaften in der Schweiz, in Italien, in Deutschland; ich denke vor allem an die Petrus-Gemeinschaften; sie stehen den Integristen rund um Lefebvre nahe, wollten sich aber nicht von Rom trennen. Es gibt immer noch Priester auf dem Markt. Aber in welche Richtung führen sie die Kirche?

Konservative Gruppierungen bilden heute Priester aus, in der Sicherheit, daß die Bischöfe in diesem Fischteich angeln werden. Aber diese Art, für Ersatz zu sorgen, löst die Frage nicht. Vermutlich wird sich die Kirche erst bewegen, wenn sie merkt, daß sie am Ende einer Sackgasse steht, wenn es keine Priester mehr gibt ...

Was macht es der Kirche unmöglich, dieses Problem wirklich anzugehen?

Es würde bedeuten, die Kirche auf den Kopf zu stellen. Wer an die Priesterschaft rührt, stellt alles in Frage; denn es geht um die Existenz einer spezialisierten Körperschaft, die geformt wurde, die eigentliche Basis der Kirche zu bilden. Diese Veränderung hätte auch finanzielle Folgen, die nicht übersehen werden dürfen. Verheiratete Priester zu ernennen würde auch heißen: die Mobilität ihrer Familie, die Arbeit der Frau, den Schulbesuch der Kinder zu berücksichtigen und zu garantieren. Der Bischof müßte mit einem Klerus arbeiten, der nicht mehr wie früher in den Seminarien geformt worden ist.

Und wenn man mit Veränderungen beginnt, bis wohin soll man gehen? Denn dann kommt die Weihe der Frauen, dann ... Wenn man das Tor öffnet, dringt das Wasser ein, und man kann es nicht mehr schließen. Wenn ein Land beginnt, wird eine andere Kirche folgen ... Heute ist das die Hauptfrage für die Zukunft der Kirche, es geht um einen wichtigen Teil der Institution. Ich kann verstehen, daß die Kirche Angst hat.

Wenn Rom spricht, halten die Bischöfe das Maul. Viele Bischöfe sagen sich: «Bleiben wir realistisch. Warten wir auf den nächsten Papst.» Mit dieser Taktik der Verzögerung hat die Kirche die Gelegenheit verspielt, jene Priester zu finden, die sie heute braucht. Sie hat eine Generation verloren und ihre eigene Erneuerung verpaßt. Heute ist es schon reichlich spät, und die christlichen Gemeinden leiden darunter.

Die Einstellungen der Leute haben sich schnell gewandelt. Wenn heute ein Priester heiratet, ist das für niemanden mehr ein Skandal. Früher mußte er die Diözese verlassen ... Man denkt zuwenig an das Gewicht der öffentlichen Meinung. Bei der Synode von Evreux wie auch bei den meisten Synoden in Frankreich kam klar die Forderung, daß Verheiratete zu Priestern geweiht werden; und daß die Geschiedenen, die wieder geheiratet haben, Zutritt zur Kommunion haben sollten, ist mit Mehrheitsbeschluß angenommen worden.

Eine persönliche Frage: Wie widerstehen Sie der Liebe? Ich nehme an, daß im Lauf eines Lebens diese Versuchungen nicht ausbleiben ...
Das stimmt: Es gibt gewisse Momente, da sehnt man sich nach der zärtlichen Nähe einer Frau. Das ist menschlich. Es gab auch Frauen, die in mich verliebt waren. Ich gebe zu, daß ich mich in einem solchen Fall schwach fühle und manchmal auch Angst habe, nachzugeben. Und eine Frau ahnt diese Nachgiebigkeit ...

Da ich um meine Schwäche weiß, ergreife ich alle Möglichkeiten der Verteidigung: Ich ziehe die Zugbrücke hoch, sichere die Bolzen und begegne dem Ansturm! Wenn mir Frauen schreiben, antworte ich nicht; andernfalls wäre ich verloren.

Kommt Ihr Keuschheitsgelübde mit jenem Jacques Gaillot gut zurecht, der von der Psychoanalyse begeistert ist und weiß, daß die Sexualität der Schlüssel zu vielen Verhaltensweisen ist?
Ich nehme tatsächlich alle Formen von Verdrängung, die die Psychoanalyse beschreibt, ernst. Was mir bei andern häufig auffällt, regt mich an, mich selber in diesem Punkt zu überprüfen. Ich spreche auch offen zu meinem geistlichen Berater, einem Jesuitenpater. Ich frage mich auch, ob nicht mein ständiges Engagement eine Art Flucht nach vorne ist, also auf eine Blockierung oder einen Mangel hinweist. Es sei denn, daß ich darin eine große innere Freiheit entfalte, die mich menschlicher macht.

Die Kirche spricht vom Charisma des Zölibats, was der überwiegende Teil der Leute nicht versteht.
Genau. Auf der Ebene der alltäglichen Kultur gesehen, haben die meisten Mühe, eine solche Formulierung zu begreifen. Heute versteht man nicht mehr, daß eine Institution von Menschen, die eine bestimmte Aufgabe zu erfüllen haben, verlangt, daß sie ehelos leben. In unserer heutigen Gesellschaft überläßt man eine solche Entscheidung dem betroffenen Einzelnen. Warum steht den Priestern nicht dieselbe Freiheit zu wie den Diakonen?

Welche Gründe rechtfertigen den Zölibat?
Für mich hat die Ehelosigkeit etwas von einer Liebesgeschichte. Das heißt: Der Zölibat braucht keine Rechtfertigung, er spielt auf der Ebene der Zwecklosigkeit wie alles, was mit der Liebe zu tun hat.

Können nun aber all jene, die den Zölibat gewählt haben, auch schon dieses «Charisma» leben? Der Ausdruck ist zwar sehr schön, garantiert aber nicht, daß es gelingt. Wie es ja auch nicht genügt, in der Kirche zu heiraten, damit dann eine Ehe gelingt. Keine Formulierung schützt uns vor den Wagnissen des Lebens.

Ich achte oft darauf, was nach einigen Jahren aus denen wird, die den Zölibat auf sich genommen haben. Sind sie menschlicher geworden, verfügbarer, offener, verständnisvoller? Oder haben sie sich in alte Junggesellen verwandelt und sind autoritär und egozentrisch? Was wird aus uns zehn, dreißig Jahre später?

Verurteilt der Zölibat nicht dazu, eine etwas eigene Sexualität zu leben und das Gelübde der Keuschheit zu verdrehen?
Selbstverständlich stellt sich den Priestern in gewissen Momenten ihres Lebens die Frage, ob sie eine Beziehung einge-

hen sollen oder nicht. Ich habe Priester kennengelernt, die zwischen der Liebe zu einer Frau und der Bindung an ihren Dienst hin- und hergerissen waren. Da sie oft weder das eine noch das andere aufgeben wollen, entsteht eine innere Qual, ein Ringen um Schuld, das sie oft allein austragen müssen. Sie führen ein Doppelleben. Denn sie wissen: Wenn sie ihr Priestertum aufgeben, zerstören sie das Engagement, dem sie ihr ganzes Leben treu bleiben wollten.

Man trifft ja die Wahl für den Zölibat mit Eifer, Kraft und Liebe und denkt nicht unbedingt an alle Konsequenzen, die das für die Zukunft hat. Das ist wie bei jungen Leuten, die heiraten, sie sind ganz Feuer, ganz Hingabe. Man bindet sich in guter Absicht, ohne sich auszumalen, daß sich eines Tages auch andere Wege melden oder daß dieses Engagement zur Last wird.

Ich hatte Glück. Ich mußte nie die Einsamkeit erfahren wie gewisse Priester, die ich leiden sah. Ich lebte immer in Gemeinschaften. Die Kirche verlangt zwar von den Priestern den Zölibat, bietet aber nicht jene Lebensbedingungen, die es erlauben würden, dieses Engagement auch voll und ganz zu leben. Das Leben in Gemeinschaft zum Beispiel gibt es nicht mehr. Zu viele Priester leben allein.

Wie kann man ein ganzes Leben lang der Versuchung widerstehen?

Auf diese Frage antworte ich gern, daß ich von vielen Frauen geliebt worden bin. Glücklicherweise nicht von einer allein, sondern von vielen. Das hat mich gerettet! Ich pflege auch bewußt den Kontakt mit ganzen Familien, mit Kindern ... Ich halte durch, weil ich ein ganzes Volk liebe: Die reiche Vielfalt der menschlichen Beziehungen hat mir geholfen durchzuhalten.

Das Vertrauen zu Gott und die Liebe zu Jesus erfüllen zudem mein Herz stärker als meine Sehnsüchte.

Wenn die Kirche nun dazu gebracht werden könnte, daß sie ihre Kirchenordnung ändern würde, was würden Sie tun?
Ich würde meinem Versprechen treu bleiben, nämlich so zu leben wie Jesus, der nicht verheiratet war. Die Treue gegenüber der Zölibatsverpflichtung erlaubt es mir zudem, mich für die Weihe von verheirateten Männern einzusetzen, ohne daß jemand auf den Gedanken kommt, ich würde es für mich selber tun.

Ich nehme an, daß Ihnen in Sachen Zölibat die allgemeine Skepsis bekannt ist.
Selbstverständlich ist sie mir bekannt.
Was mich selber betrifft, so habe ich mir nie sexuelle Abenteuer geleistet, ich hatte auch keine sexuelle Beziehung zu irgendeiner Frau. Aber das ist in meinen Augen auch gar nicht das Wesentliche.

«Das, was der Mensch von außen in sich aufnimmt, kann ihn nicht unrein machen, weil es nicht in sein Herz gelangt. [...] Aber das, was aus dem Menschen selbst kommt, macht ihn unrein. Denn aus ihm selbst, aus seinem Herzen, kommen die bösen Gedanken, und mit ihnen Unzucht, Diebstahl, Mord, Ehebruch, Habsucht und andere schlimme Dinge wie Betrug, Lüsternheit, Neid, Verleumdung, Überheblichkeit und Unvernunft. All das kommt aus dem Innern des Menschen und macht ihn unrein.» (Mk 7,18–23)

Das sind Worte Jesu, die auf die Seligpreisung hinweisen: «Selig, die reinen Herzens sind.»
Ich lese nicht x-beliebige Bücher und gehe nicht in x-beliebige Filme, keine erotischen Bücher, keine Pornos. Ich versuche, mir ein reines Herz zu bewahren, eine Keuschheit des Herzens zu leben. Ich organisiere mir auch die entsprechenden Hilfen.

Was sagen Sie zu den heute üblichen Darstellungen der Erotik, zur Pornographie?

Sie mißachten die Würde des Menschen. Ich will keinen moralischen Feldzug unternehmen oder mich als Tugendwächter aufspielen, aber dieser allgemeine Exhibitionismus ist nun wirklich nicht das große Glück. Warum rufen wir uns nicht in Erinnerung, daß es auch noch andere Abenteuer gibt als den Sex?

Die Überflutung durch den Sex gibt uns ein einseitiges Bild der Gesellschaft. Ich denke an den Islam, der mit der Abbildung der dekadenten Seite der Gesellschaft strenger umgeht, vor allem im Hinblick auf die Jugend. Wenn wir die Sexualität von der Liebe trennen, sind wir auf dem falschen Weg, die beiden gehören zusammen. In moralischer Hinsicht herrscht heute sicher die Dekadenz.

Wir sollten das sinnvolle Leben, den Stellenwert der Liebe in den Vordergrund stellen, auch wenn uns die Leute dabei nicht folgen. Was mir Licht gibt und hilft, sind jene Familien, die Liebe und Sexualität harmonisch verbinden; sie leisten in der Gesellschaft einen wichtigen Dienst.

Ist ein Priester nicht der letzte, dem man von der Sexualität erzählt?

Sicher, man erzählt ihm eher vom Versagen, von der Scheidung, von den persönlichen Dramen oder von der Harmonie, aber nicht von der Sexualität im eigentlichen Sinn.

Weshalb machen Sie sich für die Wiederaufnahme der verheirateten Priester stark?

Weil die Kirche sie abgewiesen hat. Mir macht folgendes Mühe: Auf der einen Seite nimmt man resigniert zur Kenntnis, daß Priester allein deshalb, weil sie ihr Zölibatsversprechen gebrochen haben, gehen müssen, auf der anderen Seite unternimmt man alles, um vor den Integristen den roten

Teppich aufzurollen. Warum gewährt man – aus Sorge um die Einheit der Kirche – den Priestern, die darum bitten, nicht die Dispens vom Zölibat? Warum verschließt man die Augen vor den pastoralen Notsituationen, die nach Hilfe schreien – und zwar in einem Ausmaß, daß man sich fragt, ob die Verantwortlichen wirklich auf das Volk Gottes hören?

Die Priester werden mit Vergessen bestraft, sobald sie heiraten; dabei besitzen sie eine Ausbildung und menschliche und spirituelle Erfahrung.

Sie sprechen nie von den «Ehemaligen» oder von «denen, die gegangen sind», Sie sprechen immer von den «verheirateten Priestern». Warum ist es Ihnen wichtig, ihnen den Status anzuerkennen, auf den sie ja verzichtet haben?

Ich brauche meinen Ausdruck, weil sie immer noch Priester sind, sie bleiben unsere Brüder.

Sie haben aber diesen Stand aufgegeben.

Ja. Sie üben den Dienst nicht mehr aus, weil die Kirchenordnung es ihnen verbietet, aber sie bleiben Priester.

Sie vertreten auch die Toleranz gegenüber den wiederverheirateten Geschiedenen, im Gegensatz zur Kirche, die ihnen nach wie vor den Zugang zu den Sakramenten verweigert.

Es genügt nicht, einfach die Grundsätze der Kirche in Erinnerung zu rufen, man muß auch die Realitäten betrachten: In unserem Land werden drei von fünf Ehen geschieden ... Ein soziales Faktum, das neu ist. Und in der Kirche hat man noch nie soviel Wert auf die Kommunion gelegt wie heute. Nie. Also: Zu einem Zeitpunkt, in dem die Zahl der Scheidungen zunimmt, besteht die Kirchenordnung weiterhin darauf, die Geschiedenen von der Kommunion auszuschließen. Wir müssen die Entwicklungen ernst nehmen. Wenn die Kirche die Scheidung nicht akzeptieren will, wird sie niemand kritisieren. Aber wie könnte sie nun vorgehen, damit aus dem Nicht-Akzeptieren nicht ein Ausschließen wird? Die Geschiedenen, die wieder verheiratet sind, haben das Scheitern ihrer ersten Ehe erlebt, die Gründe gehen uns nichts an. Die zweite Ehe nun wird meistens unter besseren Voraussetzungen eingegangen. Sie starten wieder, bestärkt gerade auch durch die Erfahrung des Mißlingens. Wenn solche Menschen es wünschen, warum sollten sie in ihrer neuen Erfahrung nicht durch eine Feier begleitet werden, warum sollten ihnen die Sakramente nicht offenstehen? Die Bedingungen könnten noch geklärt werden. Jesus sagt im Evangelium:

«Ihr dürft euch nicht nach den Handlungen der Gesetzeslehrer und Pharisäer richten, denn sie selber tun gar nicht, was sie lehren. Sie schnüren schwere Lasten zusammen und laden sie den Menschen auf die Schultern, aber sie selbst machen keinen Finger krumm, um sie zu tragen.» (Mt 23,3-4)

Wir sollten nicht jemand anderem eine Last zumuten, die wir selbst nicht auf uns nehmen können.

Wie lautet die genaue Lehre der Kirche in diesem Punkt?

Die Lehre ist kürzlich durch Kardinal Joseph Ratzinger, den Präfekten der römischen Kongregation für die Glaubenslehre, folgendermaßen festgehalten worden: «Wenn Geschiedene zivilrechtlich wieder heiraten, befinden sie sich in einer Situation, die mit den objektiven Gesetzen Gottes in Widerspruch steht. Aus diesem Grund dürfen sie, solange diese Situation besteht, die Kommunion nicht empfangen.» Wenn «die beiden Partner aus schwerwiegenden Gründen – zum Beispiel wegen der Erziehung der Kinder – der Pflicht, sich zu trennen, nicht nachkommen können», aber sich verpflichten, von nun an «eine vollständige Enthaltsamkeit zu leben, das heißt von Handlungen, die Eheleuten vorbehalten sind, abzusehen», dann «ist es ihnen erlaubt, die heilige Kommunion zu empfangen; zudem sind sie verpflichtet, jegliches Ärgernis zu vermeiden.»

Weshalb bereitet es der Kirche so große Mühe, sich auf die Probleme der heutigen Zeit einzulassen?
Weil es immer ein Risiko ist, auf jene zuzugehen, die die Welt im Stich läßt. Solange man ihnen einfach hilft, sind alle einverstanden. Aber wenn man ihnen hilft, wieder auf den eigenen Beinen zu stehen und Verantwortung zu übernehmen, auch im Rahmen der Kirche, haben alle Angst. Im Normalfall sind jene, die in der Kirche das Sagen haben und verantwortlich sind, noch nie von einem Ausschluß betroffen gewesen. Ich habe deshalb in der Diözese Evreux angeregt, daß auch Ausgeschlossene Verantwortung übernehmen, von den Ausbildungsmöglichkeiten profitieren und Priester oder Diakon werden können.

Aber das war ein Angebot, das sich nur an Personen richtete, die gewohnt waren zu studieren, die Kurse besuchen konnten, die schon ein Stück Bildung mitbrachten, die in der Gesellschaft eine sichere Stellung besaßen, die es reizte, auch einen theologischen Lehrgang zu absolvieren, weil sie bereits naturwissenschaftliche, literarische oder soziologische Kenntnisse hatten.

Aber auch die Armen, auch sie, haben das Recht, das Evangelium zu verkünden. Es war mein Wunsch, daß auch sie das Wort ergriffen und über mehr Wissen verfügten. Wir stellten eine Schule mit einer speziellen pädagogischen Ausrichtung auf die Beine, die für sie gedacht war; ich ernannte Männer, die aus sehr armen Verhältnissen kamen, sogar zu Diakonen. Aber bis jetzt habe ich nur wenige Reaktionen bekommen, diese «Leute da» haben halt doch kein Einfamilienhäuschen vorzuweisen ... Es ist auch gefährlich, Menschen aus anderen Ländern, aus anderen Kulturen, in der Kirche Verantwortung anzuvertrauen ... Das gibt Unruhe. In welchen Händen ist denn eigentlich der Katechismus? Wem soll denn die Ausbildung dienen?

Wie reagiert die Kirche auf eine solche Öffnung?
Das macht ihr angst. Die Kirche ist zu stark mit einer bestimmten wohlhabenden Schicht verbunden. Die Armen werden zwar toleriert, aber in Sachen Verantwortung nicht beigezogen, denn sie haben keine Ausbildung, keine Diplome, nichts ...
Das ist auch der Grund für unsere Aktion, wenn wir im Zusammenhang mit der Rue du Dragon die Errichtung einer Volkshochschule anstreben. Solange man ihnen Unterkunft, Pflege, Nahrung zuhält, ist es gut; sobald diese Leute aber selber aus den Problemen herausfinden und zu Wort kommen wollen, ist es nicht mehr gut.

Auch in der Kirche?
Ja. Haben denn die Minderheiten in der Kirche wirklich Platz gefunden? Die verheirateten Priester, die Geschiedenen, die Homosexuellen werden nicht anerkannt. Auch von den Armen kann man nicht behaupten, daß sie es sind. Man ist zwar gern bereit, ihnen die Sakramente zu spenden, aber man vertraut ihnen nichts an, als ob sie Bürger zweiter Garnitur wären. Sie gehören zwar zum Volk Gottes, aber in den Augen vieler können sie die Kirche nicht vertreten ...

Woher kommt es Ihrer Meinung nach, daß die Mehrheit der Katholiken rechts wählt?
Es gibt Untersuchungen: Je mehr die Katholiken praktizieren, desto eher stehen sie rechts. Ich fand das immer erstaunlich: Je mehr man praktiziert, desto mehr steht man rechts. Dieses Liebäugeln mit der festen Ordnung macht mich mut-

los und hilflos. Die Sorge um die Gerechtigkeit und die Stimme der Armen scheinen der Kirche etwas zu Fremdes zu sein.

Wenn jemand in diesem Ausmaß an der Ordnung hängt, ist das nicht ein Stück weit auch Verrat an den Evangelien?
Es hat in meinen Augen tatsächlich wenig mit den Evangelien zu tun, wenn jemand seine Sicherheit auf eine Rechtsregierung aufbaut. Auch die Diplomatie verträgt sich mit dem Evangelium schlecht. Die Gunst der Mächtigen zu genießen ist kein gutes Zeichen, unabhängig davon, ob die Ordnungsmacht nun von rechts oder von links kommt. Die Kirche sollte sich ihre Freiheit bewahren, im Hinblick auf die jeweiligen Regierungen auf Distanz gehen, besonders bei Regierungen der Rechten oder der extremen Rechten: etwa bei der Regierung unter Pétain (Vichy), bei Pinochet in Chile, bei der argentinischen Militärjunta, bei den Putschisten in Haiti. Die Kirche arrangiert sich mit einer Ordnungsmacht immer besser, weniger gut mit progressistischen Bewegungen.

Weshalb scheint die Kirche zu oft – mit einem Goethe-Wort – die Ungerechtigkeit der Unordnung vorzuziehen? Sie verschließt auf jeden Fall ihre Augen vor den Ungerechtigkeiten, die im Namen der Ordnung begangen werden. Was sagen Sie zu dieser Haltung?
Die Unordnung stellt eine Institution, ihr Funktionieren, in Frage. Und die Antwort der Kirche auf jedes Verhalten, gegenüber jeder Untat: Verzeihen.

Das Evangelium selber macht uns für die Ungerechtigkeit sensibel. Aber leider hat man zu oft und auch heute noch ungerechte Situationen im Namen Gottes legitimiert; ich finde das unverständlich, einen Skandal. Ich möchte hinzufügen, was ich in *Paroles sans frontières* (dt. Ausgabe: «Keine Angst vor klaren Worten») festgehalten habe: «Die Kirche findet sich leichter mit jemandem ab, der gegen sie predigt, als mit jemandem, der sie in Frage stellt. Die Regeln der Institution zu übertreten ist das eine, sie in Frage zu stellen das andere, es weckt größere Befürchtungen.»

Hat nicht auch diese Art von pharisäischer Haltung die Leute aus den Kirchen getrieben?
Die Botschaft des Evangeliums gehört nicht nur den Christen, die zur Messe kommen. Man muß sie auf die öffentlichen Plätze bringen, nicht nur in die Predigt. Es gibt keine Bereiche, in die das Evangelium nicht kommen dürfte.

Man muß in den Häusern der anderen Menschen zu Hause sein, überallhin gehen, vorwärts gehen, auch in unbekannte Bereiche, auf das andere Ufer übersetzen, dorthin, wo die Menschen, Männer und Frauen, leben, lieben, arbeiten, leiden. Die Kirche muß dort gegenwärtig sein, wo sich das Schicksal der Menschen abspielt; sie muß Stellung beziehen in den wichtigen Fragen: Obdachlose, Flüchtlinge, Kranke ...

Aber warum bringt sie das nicht fertig?
Weil es riskant ist und die Armen immer quer stehen. Die Begegnung mit den Armen hat das Funktionieren der Kirche letztlich nicht verändert. Die Kirche verfügt immer über ein paar Christen, Priester, Ordensleute, die bereit sind, mit den Ärmsten zu leben und gemeinsam mit ihnen zu kämpfen. Die Kirche ist stolz, daß es unter ihren Leuten eine Schwester Emmanuelle gibt, einen Abbé Pierre, einen Guy Gilbert, eine Mutter Teresa. Man stellt diese besonderen Gestalten in den Vordergrund, ohne etwas zu verändern.

Und warum ist sie nicht zufrieden, einen Jacques Gaillot unter ihren Leuten zu haben?
Weil ich mich nicht einfach nur um die Armen und Obdachlosen kümmere ... Ich stelle eben genau die Frage nach der

Institution und dem Funktionieren der Kirche. Eine Kirche, die nicht von den Armen ausgeht, ist eine Kirche, deren Struktur nicht stimmt. Es reicht nicht, denen, die nichts haben, ein Haus zu verschaffen, zu essen zu geben, ihnen in der Not beizustehen. Mein Einsatz ist gewagter: Die Armen selber sollen sich ihrer Rechte, ihrer Würde und ihrer Zugehörigkeit bewußt werden, sie sollen sich die Kirche aneignen. Die Armen sollten eigentlich gar nicht nötig haben, daß jemand für sie eintritt.

Wie erklären Sie sich, daß die konservativen Strömungen auf Papst Johannes Paul II. eine solche Anziehungskraft ausüben?
Seine Erziehung und Ausbildung in Polen erklären die Zusammenhänge seiner Vorlieben und seiner Politik. Immer wieder hämmert er uns ein, daß die Kirche nicht nur wieder eine sichtbare Gestalt finden muß, sondern auch eine klare Identität. Er wiederholt sich dauernd.

Gegenüber den Kirchen in Europa ist er sehr kritisch, weil sie im Gegensatz zu den mutigen Kirchen der Dritten Welt die ursprüngliche Treue aufgegeben haben. Uns wirft er vor, daß wir vor den dämonischen Kräften der modernen Welt klein beigegeben haben. Seine Politik ist nicht ohne Logik und Größe, besonders im Hinblick auf die Botschaft der Menschenrechte. Aber genügt das, um das dritte Jahrtausend vorzubereiten?

Ich habe nichts gegen die Massenveranstaltungen, die rund um den Papst organisiert werden. Das hat mit der sichtbaren Gestalt zu tun ... Wer kann heute auf einmal so viele junge Leute versammeln, wenn nicht die Kirche? Aber was bringt das letztlich?

Die Kirche hat zuwenig Orte, wo Gemeinschaft gelebt wird. Viele Christen meinen, der einzige Ort, wo Gemeinschaft gelebt wird, sei der Sonntagsgottesdienst. Viele, die nicht mehr zur Kirche gehen, spüren das Bedürfnis nach einem Ort der Freiheit, wo sie ihre Fragen, ihre Zweifel, ihr Suchen mit anderen teilen können. Ich habe versucht, solche Orte entstehen zu lassen, an denen der Glaube atmen kann.

Ist die Zunahme der Sekten nicht auch eine Antwort auf dieses Bedürfnis?
Das ist – wegen der Abhängigkeit und des Gruppendrucks – vor allem ein Angriff auf die Menschenrechte. Daß die Sekten heute zunehmen, bedeutet natürlich auch, daß die Kirche die Offenheit, Brüderlichkeit, Kommunikation nicht mehr genügend lebt. Tatsächlich sind heute die Voraussetzungen für die Ausbreitung der Sekten günstig; ihre Mitglieder werben oft im eigenen Milieu und im richtigen Moment die neuen Leute. Die Sekten streben auf den großen Markt der religiösen Angebote. Wer einmal eingefangen wurde, findet kaum mehr heraus.

Was kann die Kirche dem Aufstieg der Sekten entgegenstellen und, parallel dazu, dem Aufstieg des Nihilismus?
«Kommt und schaut», heißt es im Evangelium. Wenn Männer und Frauen das Evangelium leben wollen, welche Vorstellung von Menschsein bringen sie dann mit? Und: Wie leben die Christen heute in dieser Welt? Sicher muß die Kirche gegen die Sekten, die in Gefahr sind, die Freiheit einzudämmen, die Menschenrechte verteidigen. Aber sie muß sich gleichzeitig die Frage stellen, warum so viele Christen zu den Sekten gehen.

Sie bieten an, was die Kirche nicht mehr in genügendem Maß bietet: offenen Empfang, Mitleid, Brüderlichkeit, gemeinsames Leben. Daß die Sekten so schnell um sich greifen, hängt zusammen mit dieser Suche nach dem Religiösen, nach einer Gruppe, die trägt, nach Nähe, nach sofortiger Hilfe – alles Dinge, die die Kirche, und nicht nur sie, aufgegeben hat.

Würden Sie denn von einer Krise der Religion sprechen?

Eher von einer Sinnkrise, die auch die sozialen Beziehungen angreift und deshalb auch die Politik berührt: von einer Krise des sozialen Dialogs und der Gewerkschaften, von einem Vertrauensverlust gegenüber den Abgeordneten, den verantwortlichen Politikern, den Organisationen.

Das soziale Netz ist zerrissen. Und man kann es nicht «mit etwas Vertrauen» wieder zusammenflicken, auch nicht mit Subventionen oder bloßen Versprechen. Wir sind alle gefordert. Ich denke oft an jene Gruppen, die auf der Straße leben und niemanden haben. Die Gesellschaft braucht diese Menschen letztlich nicht. Wer spricht denn mit ihnen, wer hört auf sie? Es gibt nicht mehr genug Erzieher. Die Familien wollen keine Ausgeschlossenen, und die Abgeordneten wollen nichts mit ihnen zu tun haben ... Wir leben zu stark voneinander getrennt. Diese von der Angst geprägte Gleichgültigkeit wird die soziale Explosion, die auf uns wartet, vorantreiben.

Diese ernüchternde Sicht der Welt bestätigt, daß wir moralische und spirituelle Werte brauchen. Es ist ja bekannt, daß der Mensch nicht nur vom Brot lebt. Aber was können wir nun tun für all jene, die Tag für Tag um ihr Überleben kämpfen, ohne Arbeit und ohne Perspektive, erschöpft durch den ständigen Frust, daß sie sich selber nicht mehr helfen können? Welches Abenteuer können wir ihnen vorschlagen? Ich bedaure es, daß die Kirche ebensowenig wie die staatlichen Institutionen diesem Notschrei nach Sinn zu antworten versteht. Da schüchtert sie die Leute ein mit ihren Dogmen, sturen Strukturen und Verboten, mit ihrer ganzen normativen Seite – statt daß sie die Arme offen hält.

7. Kapitel

Brennende Fragen

Seit mehreren Jahren signalisieren Sie, daß Sie mitten unter den Bischöfen anders denken. Sie nehmen zu aktuellen Themen Stellung, und zwar auf gewagte Art und Weise. Immer wieder haben Sie die Kirche auch aufgefordert, sich den Herausforderungen unserer Zeit klar zu stellen. Eine Ihrer Stellungnahmen hat zu vielen Kommentaren geführt und Ihnen von seiten der Institution Kritik eingetragen. Die französischen Bischöfe und der Papst selbst fanden, daß Sie gegen die gemeinsamen Beschlüsse, die die kirchliche Ordnung formulierten, verstoßen würden. Und was war der Grund dieser lautstarken Entrüstung? Ihre Toleranz gegenüber dem Kondom. Was können Sie zu Ihrer Verteidigung anführen?

Wir befinden uns doch in einer Notsituation. Die Aids-Epidemie breitet sich weiter aus und vernichtet die Menschen. Und das Leben eines Menschen ist unbezahlbar. Wenn das Kondom Menschenleben retten kann, sollte man es einsetzen. Das Kondom ist etwas Notwendiges geworden. Aus welchem Grund sollte man es verbieten? Wer die Hand eines jungen sterbenden Aidskranken gehalten hat, seinem Blick voller Schmerz begegnet ist und ihn bis in den Tod begleitet hat, behauptet nicht mehr: «Es gibt nur die Treue und die Enthaltsamkeit.» Die Verantwortlichen würden anders reden, wenn sie einen Aidskranken, wenigstens einmal, begleitet hätten.

Wie erklären Sie sich die Hartnäckigkeit der Kirche in dieser Frage?

Die Kirche will ihr Gewissen rein halten und bekräftigt deswegen, koste es, was es wolle, ihre Grundsätze. Dabei vergißt sie die menschlichen Kosten dieses Verhaltens, denn dies könnte in gewissen Fällen durchaus als «mangelnder Beistand gegenüber der Menschheit in Gefahr» eingestuft werden.

Es gibt Aussagen, die tödlich wirken. Auch wenn man es gut meint, kann man das Gewissen der Menschen mit Schuld überladen. Ich selber bin allerdings auch dagegen, daß man auf das Kondom allein zählt. Es ist nur ein Hilfsmittel und muß begleitet werden durch die Anstrengungen in der Erziehung, Aufklärung und Prävention.

Wie sehen Sie den sogenannten wissenschaftlichen «Fortschritt», etwa im Zusammenhang mit der künstlichen Befruchtung (In-vitro-Fertilisation)?

Ich weiß wenig über dieses Gebiet. Aber soweit ich aus Gesprächen mit Ehepaaren darüber weiß, scheint mir die künstliche Befruchtung nicht nur eine wünschbare, sondern auch eine gute Lösung. Denn sie kommt einem Mangel der Natur entgegen. Bei den Ehepaaren, die ich kenne, hat diese medizinische Lösung geholfen, ein Kind zu bekommen, das heute ihr Glück ausmacht.

Gibt es für Sie diesbezüglich keinen Gewissenskonflikt?

Nein, wenn es im Rahmen einer Ehe geschieht und das Ehepaar diese Lösung wünscht. Wenn ein Ehepaar kein Kind bekommen kann – es gibt ja verschiedene mögliche Ursachen –, warum sollte man ihm die künstliche Befruchtung vorenthalten? Die Sicht des Vatikans ist allerdings strenger als meine Sicht: Ein Kind darf nur aus der sexuellen Verbindung eines Ehepaares entstehen.

Und die Leihmütter?
Damit habe ich meine Mühe. Wenn man kein Kind austragen kann, warum adoptiert man nicht ein Kind? Es gibt so viele Kinder, die eine Familie brauchen. Die Lösung der Leihmutter verletzt die Rechte des Kindes, konkret: das Recht, eine wirkliche Mutter zu haben. Wer ist seine Mutter? Die Frau, die es ausgetragen hat, oder die rechtlich anerkannte Mutter? Das Geld bringt die menschlichen Beziehungen durcheinander. Daß es Frauen gibt, die für andere ein Kind austragen müssen, um damit zu Geld zu kommen, sagt viel über den Zustand unserer Gesellschaft aus.

Und die Italienerinnen, die jetzt mit sechzig Jahren noch schwanger werden können?
Die Vorstellung, daß sich Ärzte dafür hergeben, ihre Energie, das Geld – das empört mich. Die Gesellschaft ist wirklich verdreht. Und in gewissen Ländern ist die Kindersterblichkeit so groß ... So viele Kinder sterben in den Ländern der Dritten Welt, weil wir ihnen nicht die notwendige Pflege zukommen lassen.

Was halten Sie von der Abtreibung?
Ich bin gegen die Abtreibung. Ein Kind ist etwas so Kostbares ... Aber ich weiß auch um die Gefahren der heimlichen Abtreibung und um die Verzweiflung der Frauen. Ich finde es deshalb vernünftig, daß die Verantwortlichen ein Gesetz gutheißen, das die Mißstände verhindert. Ich gebe gern zu, daß man sich fein aus der Sache heraushalten kann, indem man sich hinter den Grundsätzen versteckt. Aber wie läßt sich das Problem wirklich anpacken? Die meisten Leute können sich die grausamen Konsequenzen der Abtreibung gar nicht vorstellen. Ich habe die Verletzung mitbekommen, die Frauen bei der Abtreibung erfahren, die Traumata, die ein solches Unglück zurückläßt. Ich habe die Frauen, die mir davon er-

zählten, nie verurteilt; ich habe versucht, ihnen beim Neuanfang zu helfen. Für diese Frauen offen zu sein bedeutet aber nicht: die Abtreibung als solche gutzuheißen.

Die ganze Problematik rund um die Abtreibung fordert unsere Solidarität heraus. Ich weiß um den Fall einer jungen Frau: Arbeitslos, ihr Freund hatte sie verlassen, und sie erwartete von ihm ein Kind. Zudem wurde ihr die Wohnung gekündigt. Sie sah keine andere Möglichkeit, aus ihrer Situation herauszukommen, als die Abtreibung. In ihrem Wohnquartier in Evreux ermutigten sie nun die Nachbarn, das Kind zu behalten; sie setzten sich für sie ein, so daß sie in der Wohnung bleiben konnte und wieder Arbeit fand. Heute sagt sie selber: «Es ist wirklich eine Freude, daß ich dieses Kind habe!» Ohne die Solidarität ihrer Umgebung hätte sie abgetrieben.

Die Frage der Abtreibung betrifft nicht nur die Mutter oder die Eltern des Kindes, sie betrifft auch die Verantwortung der Gesellschaft, sie hängt mit gewissen dramatischen Lebenssituationen zusammen. Ein arbeitsloses Ehepaar zum Beispiel fragt sich mit Grund, was aus einem Kind, das in eine solche Situation hineingeboren wird, werden soll. Da ist die Verantwortung von uns allen gefordert.

Was sagen Sie zur Euthanasie?
Auch da bin ich dagegen. Auf der Ebene der Prinzipien rücke ich nicht ab. Denken Sie an das, was der Apostel Paulus den Athenern sagt: «Durch Gott leben, handeln und sind wir.» (Apg 17,28) Wir kommen von jemand anderem her, wir leben dank ihm. Und da habe ich Mühe, wenn jemand über sein eigenes Leben verfügen will.

Aber ich muß auch zugeben, daß es mich beschäftigt, wenn bestimmte Leute das «Recht, in Würde zu sterben» einfordern. Ich besuche recht häufig Altenheime und bin jeweils erschüttert: diese Menschen, die nicht mehr hören, nicht mehr sehen, nicht mehr sie selber sind, sich dahinschleppen, sich an nichts mehr erinnern, Menschen, die nicht mehr wissen, wer sie sind.

Was mich am meisten aus der Fassung bringt: Man steht daneben und kann nichts tun ... Wie könnten diese Leiden durch die Fortschritte der Medizin erleichtert werden? Welche Solidarität, welche Art von Begleitung ist für die Menschen, die einsam sterben, die richtige? Die Gesellschaft ist heute zu stark absorbiert durch den Druck der wirtschaftlichen Rentabilität und der weit vorangetriebenen technischen Seite der Medizin. Wie könnte sie dem leidenden Menschen die verlorene Würde wieder zurückgeben? Die Begleitung der Kranken kann man ja nicht mit administrativen Maßnahmen regeln; sie betrifft auch und vor allem unser Herz, unsere Hingabe. Aus diesem Grund bewundere ich die Krankenschwestern.

Wenn jemand so starke Schmerzen hat, daß er sie nicht mehr erträgt und uns bittet, einzugreifen und sie zu lindern, muß man sich dem verweigern?
Das Sterben zu beschleunigen? Ich weiß, daß es öfter praktiziert wird, als man es sagt. Ich bin selber gespalten. Auf der einen Seite gibt es den moralischen Aspekt, auf der anderen Seite den gesellschaftlichen. Noch nie ist in der Geschichte die Erde von so vielen alten Menschen bevölkert gewesen, die nicht sterben können ... Von da aus gesehen, läßt sich die Euthanasie vertreten ... Es ist mir bewußt, daß ich im Moment nur einen kleinen Teil der Thematik ins Gespräch bringen kann; denn es handelt sich um eine äußerst heikle Frage, die kaum ein für allemal geregelt werden kann.

Ziehen Sie die «totale» Pflege vor?
Nein, das ist ein künstliches Überleben. Ich bin dagegen, daß man den Tod mit allen Mitteln hinauszögert; man verhindert

auf diese Weise, daß die Menschen in Würde sterben. Wichtig ist doch, wie wir sterben. Jeden Abend bete ich in der Komplet: «In deine Hände, Herr, empfehle ich meinen Geist.» In genau dieser Haltung möchte ich auch einmal mein Leben abschließen können.

Was halten Sie vom Selbstmord?
Ich bin gegen Selbstmord. Ich habe es ja schon gesagt: Wir verfügen nicht über unser Leben, es gehört nicht uns. Aber ich nehme die Menschen, die sich umgebracht haben, ernst, ich versuche sie zu verstehen: ihre Not, ihre Einsamkeit. – Vielleicht ganz einfach: Ich mache mich stark gegen alles, was das Leben zerstört: Selbstmord, Euthanasie, Abtreibung, unbefristeten Hungerstreik.

Sie engagieren sich für SOS Racisme. Sie waren in Evreux sogar Mitglied der lokalen Gruppe. Weshalb unterstützten Sie speziell diese Vereinigung?
Es gab damals in unserem Département viele antirassistische Aktionen. Und wir glaubten, daß die beste Art, dem aufflackernden Rassismus zu begegnen, eine große Feier in der Kathedrale wäre. Wir luden die Einwanderer ein, sich mit den Christen zusammenzutun. Die Propaganda von Mund zu Mund funktionierte; wir wollten eine zu große Publizität vermeiden, um ja nicht die Extremisten der nationalen Front zu reizen. Es wurde ein Erfolg: Die engagierten Christen, die in der Diözese lebendigen Kräfte, waren alle beim Treffen dabei.

Ich erinnere mich an eine farbige Feier. Sprecher von allen Nationalitäten ergriffen das Wort. Und die Lokalpresse berichtete mit Wohlwollen von diesem ungewohnten Ereignis.

Dann wurde in Evreux eine Zweigstelle von SOS Racisme eröffnet. Man nahm mit mir Kontakt auf, damit ich

Mitglied der Gruppe würde, womit ich einverstanden war. Beim Gericht in Paris wurde eine juristische Dienststelle eingerichtet, der betreffende Advokat war eine ausgezeichnete, engagierte Persönlichkeit; er investierte viel Zeit in diese Aufgabe.

Ich finde es normal, daß sich Christen in dieser Auseinandersetzung engagieren. Damals schrieb mir Le Pen in einem offenen Brief: «Wenn Sie nicht ein Kirchenmann wären, würde ich Sie vor Gericht bringen ...»

> *Wie beurteilen Sie jetzt, zehn Jahre später, die Resultate und das allmähliche Verschwinden dieser Gruppe?*

Durchhalten ist schwierig. Vielleicht war SOS Racisme auch zu stark mit der Linken liiert. Die Entwicklung hat dazu geführt, daß heute andere Aktionen durchgeführt werden. Es sieht aus, als ob andere Gruppierungen nun den Ton angeben würden.

Die Gruppe hatte auch nie das Monopol für diese Art von Kampf. In den ersten Jahren führten das Entstehen und der Einsatz von SOS Racisme zu gesunden Reaktionen und zu Wachsamkeit, was heute andere aufgenommen haben. Irgendwie ist auch die Zeit der großen Aufmärsche (fête de la Concorde, bois de Vincennes) vorbei ...

Die aktuellen Einsätze von SOS Racisme sind vielleicht nicht mehr so spektakulär und so umfassend. Aber, wie auch immer, der Einsatz geht weiter. Er gilt vor allem den Ausländern, die keine Papiere besitzen, und den Ausländern, die ausgewiesen werden. SOS Racisme hat allerdings nicht mehr die frühere Schlagkraft, und in einigen Départements hat sich die Gruppe auch aufgelöst.

> *Wie erklären Sie sich – nach der allgemeinen Euphorie am Anfang – die Enttäuschung von heute?*

Man hat die Schwierigkeiten der Integration sicher unterschätzt.

Sie ist im Zeitraum einer Generation nicht möglich. Und auch wenn man sie künstlich vorantreibt, muß man damit rechnen, daß sie ins Stocken kommt. Die Hilfsorganisationen funktionieren schlecht, und die Gesellschaft, in ihrer Wertkrise, tendiert heute eher zur Abschottung.

Die Pioniere und Gründer von SOS Racisme gelten heute gerade bei denen, die sie unterstützt haben, nicht mehr viel. Wo SOS Racisme bis vor kurzem noch im Einsatz war, hilft heute der Islam den jungen Leuten viel wirksamer. Aber im Gegensatz zu anderen will ich SOS Racisme nicht verurteilen.

Radikale Gruppierungen des Islam geben den jungen Leuten ein Gemeinschaftsgefühl, das sie sonst nicht finden, und offenbaren ein Versagen des Staates. Wenn diese Art von Islam bei den Jugendlichen in den Vorstädten auf Sympathie stößt, dann nur deshalb, weil er ihnen in genauer und straffer Form Ausbildung, Erziehung und Unterstützung bietet.

Hat das Ende jenes Antirassismus, der vermitteln wollte, nicht auch damit zu tun, daß er das Recht auf Verschiedenheit forderte und damit dem erstarkenden Selbstbewußtsein der einzelnen Nationalitäten diente? Ohne es zu wollen, förderte er, daß sich heute die einzelnen nationalen Gruppen ihrer Identität besinnen.

Ist das nicht notwendig gewesen? Man hat es vielleicht nicht vorhergesehen, aber es hat sich so entwickelt. Auf jeden Fall ist das Gespräch mit den einzelnen nationalen Gruppen notwendiger denn je. Und das Gespräch muß gelingen, wir haben keine andere Wahl ... Wir müssen den Kurs der Integration beibehalten und Verhärtungen vermeiden, jenen Rückzug auf sich selber, den die «lois Pasqua» fördern.

Wie verhalten Sie sich in der Kopftuch-Frage?
Der Ausschluß ist nie eine Lösung. Man hätte das Kopftuch nicht verbieten sollen. Gegenüber dem Rundschreiben von Bayrou habe ich einige Zweifel, vor allem im Hinblick darauf, ob es opportun ist. Die Schule bleibt doch eine Chance der Offenheit, Ausbildung und Veränderung. Wenn man nun junge Mädchen wegen des Kopftuchs ausschließt, bleiben sie ja erst recht in ihrem Milieu, man engt sie auf ihre Familien ein.

Der Ausschluß zeigt immer, daß eine Institution versagt hat. Vielleicht war das Ganze für das Gymnasium ein Erfolg, aber für die jungen Leute war es sicher eine verlorene Chance.

Zudem zeigt die Erfahrung, daß alles in allem nur wenige Mädchen den Schleier tragen.

Ich habe die Frage auch in Louviers gestellt, in einem Gymnasium, das von Schwestern geleitet wird: «Gibt es viele Mädchen, die den Schleier tragen?»

«Glücklicherweise nein. Weil wir Schwestern ja alle den Schleier tragen.»

Ich war von der Heftigkeit der Reaktionen überrascht. Diese ganze Geschichte ereifert die Leute zu stark. Mir hat man vorgeworfen, ich würde gar nichts kapieren: «Sie stellen sich gar nicht vor, was das bedeutet. Es besteht echt die Gefahr der Ansteckung. Der weltliche Charakter des Staates ist gefährdet.» Ich glaube nicht, daß der weltliche Charakter des Staates bedroht ist. Hingegen gibt man diesen jungen Mädchen nicht mehr die Möglichkeit, sich zu entfalten, zu verstehen, eine wirkliche Wahl zu treffen. Wenn man sie in ihre Familien zurückdrängt, ist das die schlechteste Lösung.

Inwiefern ist das Argument, der weltliche Charakter des Staates sei gefährdet, denn unzulässig?

Es ist nicht unzulässig, nur sehe ich immer noch nicht, weshalb das Kopftuch den weltlichen Charakter des Staates bedroht. Daß wir in einem weltlichen, offenen Staat leben, sollte es doch möglich machen, daß Leute aus ganz unterschiedlichen Kulturen zusammenleben. Mich beeindruckt, daß die jungen Leute viel toleranter sind; ich habe ihnen die Frage oft gestellt. Konflikte gibt es diesbezüglich bei den Lehrern und Eltern, in der öffentlichen Meinung, aber nicht bei den Jungen selber.

Unter den Mädchen, die das Kopftuch trugen, gab es einige, die bestimmte Schulstunden nicht besuchen wollten. Was sollte da gelten?
Noch einmal, ich wiederhole mich: Ein Ausschluß löst kein Problem. Wenn junge Menschen, mit oder ohne Kopftuch, sich weigern, an bestimmten Schulstunden teilzunehmen, muß die Schule hart bleiben. Ich habe von Leuten, die wie ich gegen einen Ausschluß sind, gehört, daß sie Angst haben, es könnten nun Koranschulen entstehen.

Es gibt ja auch katholische Schulen!
Heute sind die katholischen Schulen für Schüler aus allen Religionen und Kulturen offen. Zum Glück! Hinter den Koranschulen hingegen verbirgt sich etwas Bedrohliches, die rein und ausschließlich konfessionelle Schule, die sich der Toleranz und dem Dialog der modernen Gesellschaft verschließt.

Als Bischof von Evreux suchten Sie regelmäßig die Gefängnisse auf. Was haben Sie dort auf spiritueller Ebene entdeckt?
Daß der Mensch immer größer ist als sein Verbrechen. Die Gefangenen haben mir den Preis der Freiheit und den Sinn für Anteilnahme nahegebracht. Sie sind offen für spirituelle

Fragen. Im Gespräch kommen sie sofort auf das Wesentliche. Ihnen ist ja die Zukunft verschlossen, sie fühlen sich eingeengt, und sie haben Zeit, über den Sinn des Lebens nachzudenken, immer wieder die Fragen rund um den Tod, die Gerechtigkeit, die Liebe aufzurollen.

Ich denke an einen Gefangenen, den ich kenne und der aidskrank ist. Er weiß, daß für ihn der Countdown schon begonnen hat. Gelegentlich betont er mir gegenüber: «Wenn ich sehe, was ich aus meinem Leben gemacht habe, schäme ich mich; ich möchte, daß du mir hilfst, mich zu bessern; ich sehne mich nach einem guten Ende ...» Wenn ich jeweils aus einem Gefängnis zurückkomme und an Zusammenkünften teilnehme, bin ich erstaunt über die verschiedene Mentalität. Man beschäftigt sich wirklich mit zweitrangigen Problemen, verglichen mit den wesentlichen Fragen von Leben, Sterben, Überleben, den Fragen, die mir die Gefangenen stellen ...

Sie sehnen sich nach Würde. Was sie leben läßt, ist die Liebe zu ihren Kindern. Sie haben stets ein Foto ihrer Kinder über dem Bett. Beim Weihnachtsgottesdienst habe ich in ihren Augen oft Tränen gesehen; es ist doch das Fest der Kinder, und sie sind nicht bei ihren Kindern. Sie haben mir auch beigebracht, daß man, wie man auch gelebt hat, wieder neu starten kann – unter der Voraussetzung, daß man jemanden findet, der einem hilft. Einige entdecken auch das Gebet. Sowohl Moslems als auch Christen gehen auf die Suche nach ihrem Glauben. Ihre Frömmigkeit ist dabei oft sehr einfach. In Evreux haben sie den Gottesdienstraum mit Bildern aus den Evangelien dekoriert. Auch in ihren Zellen hängen sie gern fromme Bilder auf, neben die nackten Frauen ... Christus unter den Schönen der Nacht, sozusagen ...

Im Gefängnis von Evreux durfte ich den Hauptschlüssel nehmen, der alle Zellen öffnete. Normalerweise mußte ich den Riegel des Schlosses offenlassen, damit die Tür nicht von selbst ins Schloß fiel, aber oft vergaß ich es ...

Die Wärter hatten immer Angst, es würde mir etwas passieren. Wenn ich in eine Zelle kam, offerierten mir die Gefangenen Kaffee. Ich klopfte immer, bevor ich eintrat; dieses Zeichen, das die Gefangenen selbst schon verlernt hatten, überraschte und erfreute sie. Wenn ich jeweils hinausging, entschuldigte ich mich dafür, daß ich sie nun wieder einschloß.

Einmal schloß ich meinen Besuch im Gefängnis mit einem Gespräch bei François ab; er war überrascht, mich zu sehen, und glücklich, mit mir sprechen zu können. Das Gespräch verlief wirklich gut. In der folgenden Woche besuchte ihn seine Schwester und kam anschließend ins Bischofshaus: «Ich bin erstaunt, daß Sie meinen Bruder im Gefängnis besucht haben.»

«Und ich bin erstaunt, daß Sie erstaunt sind. Gibt es etwas Selbstverständlicheres, als daß ein Bischof ins Gefängnis geht?»

Aber die Realität, die Härte, die Gewalt in den Gefängnissen, warum sagen Sie nichts dazu ...
Ich weiß um die Härte, die Promiskuität, die Not, die Selbstmordversuche, aber ich ziehe es vor, das andere hervorzuheben: daß sie einander akzeptieren, sich solidarisieren, brüderlich miteinander umgehen. Die Härte kommt oft – wenn nicht überhaupt – von außen: Das Gefängnis raubt ihnen das Leben, eine bedingte Strafe wird nun doch angerechnet, ein Urlaub wird durch den Strafrichter abgewiesen. Dann bricht alles zusammen.

In den Zellen sind sie oft zu viele, zusammengepfercht. Die Hölle, das sind die andern. Man kann sich das gar nicht vorstellen, diese Gefängniswelt, die überbevölkerten Gefängnisse. Die Krankheiten, es ist schwierig, die entsprechende Pflege zu bekommen, die HIV-Positiven, die einen mit der Angst vor der Ansteckung, die andern, die bereits aidskrank sind. Und doch, trotz der Katastrophe, ist ihre Lebenskraft stark, auch ihre Hoffnung. In einem Gefängnis wird wenig gejammert.

Die heutige Gesellschaft will von der Kirche nichts mehr wissen. Beobachten Sie im Gefängnis dieselbe Haltung?
Nein. Wer von draußen kommt, wird problemlos aufgenommen. Denn er bringt frische Luft. Wenn jemand aus Fleisch und Blut in eine Zelle kommt, profitiert er von einem gewaltigen Vorteil. Zudem frage ich auch nie jemanden: «Was hast du angestellt?» Ich will nichts herausbekommen. Ich gehe nicht ins Gefängnis, um abzurechnen, Fehler herauszustreichen oder Schaden wiedergutzumachen. Aber oft haben die Gefangenen das Bedürfnis zu erzählen.

Wer zu ihnen kommt, bringt Hoffnung. Und es ist nicht alles verloren. Es gibt in ihnen immer irgend etwas Gutes, auf dem man aufbauen kann. Einmal bekamen sie durchs Fernsehen mit, daß ich eine Familie unterstützt hatte, die in einer Garage wohnte. Am Tag darauf organisierten sie eine Kollekte aus Solidarität mit dieser Famlie. Das war ein kompliziertes Unterfangen, das die Erlaubnis vieler Instanzen brauchte. Sie überreichten mir schließlich eine ansehnliche Summe. Ich informierte die Lokalpresse, daß ich selber dieser Familie das Geld überbringen würde, und zwar im Namen der Gefangenen ...

Sobald sie von einer Notsituation hören, werden sie aktiv. Es sind harte Kerle, aber sie haben ein Herz voller Zärtlichkeit. Wenn man ihren Lebenslauf betrachtet, kann man oft feststellen, daß sie nicht genügend Liebe bekamen ... Wie sollen sie dann lieben können? Nie hat ihnen jemand gesagt: Ich liebe dich. Sie lebten auf der Straße, schlugen sich durch, nahmen Drogen ... Ihre Laufbahn ist oft seit der Kindheit vorgezeichnet.

Sie kennen eine zusätzliche Angst: die Entlassung aus dem Gefängnis. Sie träumen davon, aber sie haben auch Angst davor. Was wird sie draußen erwarten? Die Entlassung ist stets ein ganz wichtiger Moment. Wenn sie entlassen werden, wartet jemand auf sie, um mit ihnen einen Kaffee zu trinken und sie nicht allein zu lassen. Sie müssen sich, Schritt für Schritt, wieder eingewöhnen und Orte finden, wo man sie aufnimmt. Nach zehn Jahren Gefängnis hat man die früheren Verhaltensweisen total verloren. Man hat den Eindruck, daß alle Leute auf der Straße einen beobachten, daß man wieder festgenommen wird ... Man muß sich das Leben wieder neu aneignen.

Hatten Sie den gleichen intensiven Kontakt auch zu den Wärtern?
Vielleicht weniger ausführlich, aber ebenfalls verständnisvoll. Die Wärter – zum grossen Teil junge Männer – bleiben nie lange Zeit. Einzelne luden mich zu sich nach Hause ein. Ich erinnere mich an einen Prediger, einen beeindruckenden Menschen; im Gefängnis wurde er sehr geschätzt, weil er die Gefangenen respektierte. Ein anderer Wärter gestand mir: «Ich wäre gern Priester.»

Kamen die Gefangenen, nach der Entlassung, auch zu Ihnen?
Nein, ausgenommen am Tag der Entlassung, da kamen ein paar zum Frühstück. Wenn ich sie nicht mehr zu sehen bekomme, ist das ein gutes Zeichen. Sie nehmen ihren eigenen Weg. Es kam schon vor, daß einer an der Kasse eines Einkaufszentrums mich grüßte, samt seiner Frau und seinen Kindern, und es stellte sich heraus, daß es ein ehemaliger Gefangener war, der mir seine Familie vorstellte. Wenn einer unversehens auftaucht, ist es meistens ein schlechtes Zeichen: Es läuft schlecht, und er braucht jemanden ...

Fühlen sich diese Menschen nicht von Gott verlassen?
Nein, im Gegenteil. Viele entdecken, daß Gott ihnen im Gefängnis nahe ist. Einmal ging ich in eine Zelle des Straftrakts. Ein junger Mann hockte auf seiner Matratze, im Halbdunkel: «Es berührt mich eigen, dich so sitzen zu sehen, ganz allein, in dieser Situation ...»

«Aber ich bin doch nicht allein. Das Wort Gottes ist bei mir.»

«Ach ja?»

«Ich lese die Bibel. Es ist das einzige Buch, das man mir zugestanden hat. Ich weiß, daß Gott bei mir ist, auch hier.»

Ich habe ihn noch einmal getroffen, und zwar an Weihnachten: «Erinnern Sie sich an mich? Ich war im Straftrakt. Das Wort Gottes hat mich nicht aufgegeben ...»

Ist es Ihnen nie passiert, daß Sie mutlos waren, daß Sie sich vor dieser nie endenden Not gefragt haben: Was soll ich hier? Was kann ich denn tun?
Persönlich nicht. Aber ich habe erlebt, daß das Gefängnis den Menschen verändert, verwundet und zerstört. Wie kann man unter solchen Bedingungen ins Leben zurückfinden? Die Gefängnisse sind übervoll, mehr als vernünftig ist. Heute stecken fünfzigtausend Gefangene in den Gefängnissen, die im besten Fall für vierzigtausend gedacht waren. Und es scheinen noch mehr zu werden. Wie werden Menschen, die gegen die Gesetze der Gesellschaft verstoßen haben, am besten bestraft? Welche Maßnahmen können getroffen werden? Gibt es andere Möglichkeiten der Bestrafung? Eine Gesellschaft, die ihre jungen Leute ins Gefängnis steckt, ist krank.

8. Kapitel

In der Wüste und im Gedränge der Menschen

Wie erklären Sie es sich, daß sogar in der Kirche gewisse Leute Sie eher mit einem militanten Politiker vergleichen als mit einem Mann des Glaubens, des Gebets und der Kirche?
Ich bin kein militanter Politiker. Man will mich einfach nicht verstehen, wenn man sich weigert, Christus und das Evangelium als die Quellen zu betrachten, die mein Tun bestimmen.

Welches sind die großen Vorbilder für Ihr Handeln?
Ich begegne immer wieder Männern und Frauen, bei denen Leben und Glauben eine Einheit bilden. Ihr Engagement bezeugt mir Gott. Ihre Art zu leben schmeckt nach der Frohen Botschaft. Sie ermöglicht eine Qualität des Menschlichen, von der ich mich gern inspirieren lasse. Überall, in Gruppierungen, an vorderster Front, aber auch im gewöhnlichen Alltag, bewundere ich die Christen, die in aller Einfachheit bezeugen, daß das menschliche Leben der Ort ist, wo der Glaube sich entscheidet. Leben und Glauben – wie zwei untrennbare Hände. Der Glaube ist bei ihnen nicht bloß ein Stück Tuch, das einem Kleid aufgenäht wurde.

Ich war immer schon fasziniert von dieser Zusage, daß Gott in uns gegenwärtig ist: «Wenn jemand mich liebt, werden wir zu ihm kommen und bei ihm wohnen.» (Joh

14,23) Das Einwohnen Gottes in uns. Alles, was die großen Mystiker über das Gebet, die Meditation und die Stille zu sagen wissen, hat mich schon immer begeistert. Sie sind so erfüllt von dieser Gegenwart: «Gott ist da.» Ich lese zum Beispiel die Bücher von Meister Eckhart, diesem großen rheinischen Mystiker, sehr gern; er verkündet die innere Loslösung und besingt den Trost, den Gott schenkt. Die Mystiker leben in dieser Welt, ganz sie selber und gleichzeitig im Bewußtsein der Gegenwart Gottes.

Ich liebe den heiligen Bernhard und Theresia von Avila, d. h. Menschen, die sowohl kontemplativ als auch aktiv, ganz in der Welt, waren. Ich habe Ihnen bereits davon erzählt, aber ich erwähne sie noch einmal, weil sie es sind, die mich geprägt haben. Eine spezielle Zuneigung habe ich zu Franz von Assisi, diesem Troubadour Gottes. Er hat auf ein reiches Erbe verzichtet, um die «Herrin Armut zu heiraten». Dank seiner poetischen Sprache hat er es verstanden, seinen Mitmenschen eine Lebensart schmackhaft zu machen, die auf Brüderlichkeit, Harmonie und Respekt vor der Schöpfung gegründet war. Wichtig ist auch Charles de Foucauld: Er lädt in die Wüste ein, damit man dort den absoluten Gott wahrnimmt. Und Madeleine Delbrêl, diese Sozialhelferin – Atheistin, dann zum Katholizismus konvertiert –, seit 1933 in den Quartieren von Ivry, eine große Mystikerin und lange Zeit mit den Kommunisten aktiv. Sie alle führen uns zu Gott als der Quelle.

Welches sind die Texte, aus denen Sie am meisten Inspiration schöpfen?

Im Alten Testament nehmen für mich die Propheten (Jesaja, Jeremia, Ezechiel) eine spezielle Stellung ein. Sie sprechen gewichtige Worte, die das Gewissen der Menschen in Bewegung und die Institutionen ins Schwanken bringen. Ich mag auch das Buch Exodus, das erzählt, wie die Israeliten befreit und von Mose ins Gelobte Land geführt werden. Im Laufe der Geschichte hat diese Erzählung immer wieder die Hoffnung der unterjochten Völker bestärkt.

«Nein, Fasten, wie ich es haben will, sieht anders aus! Löst die Fesseln eurer Brüder, nehmt das drückende Joch von ihrem Hals, macht jeder Unterdrückung ein Ende! Gebt den Hungrigen zu essen, nehmt Obdachlose in euer Haus, kleidet den, der nichts anzuziehen hat, und helft allen in eurem Volk, die Hilfe brauchen. Dann strahlt euer Glück auf wie die Sonne am Morgen, und eure Wunden heilen schnell; eure guten Taten gehen euch voran, und meine Herrlichkeit folgt euch als starker Schutz. Dann werdet ihr zu mir rufen, und ich werde euch antworten; wenn ihr um Hilfe schreit, werde ich sagen: 'Hier bin ich!'» (Jes 58,6–9)

Bei den Evangelien spricht mich das Markusevangelium besonders an. Es kommt sofort zum Wesentlichen. Die Knappheit und die Menschlichkeit seiner Geschichten schaffen ein sehr anziehendes Jesus-Bild. Dieses Evangelium läßt die Überarbeitung weniger spüren als die andern. Das erste Wunder, das Markus berichtet, ist die Heilung eines Besessenen: Jesus deckt unser Wesen auf, er gibt uns zurück an unsere Wahrheit, an unsere Freiheit als Männer und Frauen. Er gibt uns zurück an die andern als an unsere Brüder.

Es gibt doch so viele Menschen, die nicht bei sich sind, die nur irgendeinen Auftrag leben, einer Mode folgen, nachmachen, was man im Moment zu tun oder zu denken hat. Wer hilft ihnen, zu sich selber zu finden? Man kann doch nicht ein ganzes Leben mit einer Maske verbringen. Jesus versteht es, die Maske zu entfernen, er schaut auf den Menschen selber.

Ich versuche immer das wahre Wesen einer Person zu entdecken, das hinter der Aktion steckt und das sich noch nicht gezeigt hat. Oft suche ich auch hinter den Gesichtern von Erwachsenen, die in ihrer Boshaftigkeit und Aggressivität erstarrt oder hart geworden sind oder vom Schmerz verzehrt werden, das Gesicht des Kindes. Wenn ich eine Frage stellen könnte, wäre es jeweils die Frage: «Was hat man Ihnen getan, daß Sie so geworden sind? Durch welche Leiden mußten Sie hindurch?»

Es gibt so viele Menschen, die nur deshalb überleben, weil sie nicht mehr danach fragen, weshalb sie leben. Dabei ist es doch das Leben, das dem Tod einen Sinn geben kann, und nicht der Tod, der dem Leben einen Sinn geben kann.

Welches sind Ihre Lieblingsstellen? Welche Deutung geben Sie ihnen?
Der Blinde von Jericho (vgl. Mk 10,46–52). Jesus ist unterwegs mit seinen Jüngern und wird von der Menge begleitet. Ein blinder Bettler, der am Wegrand sitzt, hört, daß Jesus vorbeigeht. Und er beginnt zu rufen: «Jesus, Sohn Davids, hab Erbarmen mit mir!» Man bemüht sich, ihn zum Schweigen zu bringen, die Menge verdeckt ihn, der Durchzug Jesu soll nicht gestört werden. Wie könnte er Jesus erreichen? Der Blinde setzt nun einmal sein Vertrauen auf diesen Mann aus Nazareth, er will die gute Gelegenheit, die sich ihm bietet, nicht verpassen. So ruft er noch lauter: «Sohn Davids, habe Erbarmen mit mir!» Und seinem Rufen gelingt es, die Mauer der Umstehenden zu durchbrechen.

Jesus bleibt stehen. «Ruft ihn herbei!» Sie kommen auf den Blinden zu: «Hab Vertrauen, steh auf, er ruft dich.» Der Blinde läßt seinen Mantel liegen, und in einem Satz steht er bei Jesus. Jesus fragt ihn: «Was soll ich für dich tun?» Man kann über diese Frage erstaunt sein: Wer blind ist, will doch sehen, wer taub ist, will doch hören, und wer gelähmt ist, will doch gehen. Jesus ist es wichtig, daß man den eigenen Wunsch auch ausdrückt, daß man die eigene Schwäche auch bezeichnen kann.

«Rabbuni (aramäisch: Meister), ich möchte wieder sehen können!» Dann sagt ihm Jesus: «Geh nur, dein Vertrauen hat dich gerettet.» Im selben Augenblick sieht dieser Mann wieder und folgt Jesus auf dem Weg. Er saß am Rand des Weges und ist jetzt aus seinem Ausschluß herausgetreten. Der Blinde hatte keinen Kontakt zur Menge und zu Jesus, dieser Kontakt ist nun geschaffen worden: Er ist mit der Menge und mit Jesus zusammen. Er saß passiv da, und jetzt ist er auf dem Weg wie alle. Jesus ist derjenige, der uns wieder in die Gemeinschaft zurückführt.

Ich liebe auch das Lukasevangelium, dieses Evangelium der Zärtlichkeit und des Mitleids, das Evangelium der Armen. Zum Beispiel die Beschreibung, wie zehn Aussätzige geheilt werden (vgl. Lk 17,11–19). Gläubige und Nichtgläubige, Juden und Samaritaner, die Not hat sie zu einer Gruppe zusammengeführt. Und niemand könnte sie in dieser Gruppe von Geächteten voneinander unterscheiden. Von den Leuten getrennt und von einer unheilbaren Krankheit zerstört, kann diese Gruppe der zehn vom Fluch des Aussatzes Betroffenen letztlich nur dem Tod entgegengehen.

Bei einem Dorfeingang stehen Jesus und seine Jünger dieser Gruppe gegenüber. Die Aussätzigen rufen aus Hörweite: «Jesus, Meister, habe Erbarmen mit uns!» Und Jesus antwortet: «Geht und zeigt euch den Priestern!»

Ein Satz, der sie enttäuscht. Die Aussätzigen müssen sich benehmen, als ob sie geheilt worden wären, losziehen, um durch die Priester ihre Heilung bestätigen zu lassen und durch sie wieder in die Gemeinschaft des Volkes Israel aufgenommen zu werden. Gehen «als ob», dabei hat sich nichts verändert. Die zehn Aussätzigen haben nichts als den Satz, nichts als dieses Versprechen.

Sie ziehen voller Vertrauen los. Ein verrückter Marsch. Dann auf dem Weg werden sie geheilt. Die Heilung geschieht unterwegs, noch bevor sie am Bestimmungsort ankommen. Die zehn sind gerettet. Und sie richten sich im Geschenk ihrer Heilung ein. Einzig der zehnte kehrt um und geht den Weg zurück, ein Fremder, ein Samaritaner. Er anerkennt nicht nur die Heilung, sondern auch denjenigen, der ihn geheilt hat. Er wirft sich Jesus vor die Füße, das Gesicht auf dem Boden, und Jesus sagt ihm: «Steh auf und geh deinen Weg. Dein Vertrauen hat dich gerettet.»

Jesus kam nach Jericho und durchquerte die Stadt (vgl. Lk 19,1–10). Zachäus, ein sehr reicher Mann, Chef der Zolleinnehmer, wollte unbedingt sehen, wer dieser Jesus war, von dem die Leute erzählten. Weil ein Gedränge herrschte und Zachäus klein war, stieg er auf einen Maulbeerfeigenbaum. Er war in üble Geschäfte verwickelt und wurde deswegen auch verachtet, aber dieser Mann hatte einen Wunsch in seinem Herzen: Jesus sehen. Und mitten in der Menge hatte auch Jesus einen Wunsch: Zachäus begegnen. «Komm schnell herunter, ich muß heute dein Gast sein!»

Die beiden Wünsche begegnen sich. Zachäus ist außer sich vor Freude: Jesus baut ihm einen Zugang zu seiner besten Seite. «Ich werde die Hälfte meines Besitzes den Armen geben. Und wenn ich jemanden betrogen habe, will ich ihm das Vierfache zurückgeben.»

Es ist nicht die Angst, die jemanden zur Umkehr bringt, es ist die Liebe. Jesus ist über die Gerüchte hinausgegangen, die Zachäus umgaben. Die Menge ist erregt und kann nicht verstehen, daß Jesus bei einem Zolleinnehmer Gast sein kann. «Heute hast du mit deiner ganzen Familie die Rettung erfahren. Denn trotz allem bist auch du ein Nachkomme Abrahams. Der Menschensohn ist gekommen, um die Verlorenen zu suchen und zu retten.»

Die Evangelien zeigen, wie frei Jesus war: in seinem Handeln, seinen Entscheidungen, seinem Verhalten, seiner Art, Mensch zu sein, sich durchzusetzen, sein Leben zu gestalten. Auch wenn er unter der Ablehnung leidet: Er bewahrt seine liebevolle Art. Und wenn sich der Schraubstock um ihn zusammenzieht, weicht er nicht ab, weder von seinem Weg noch von seinem Auftrag. In seiner Liebe zu den Menschen geht er bis ans Ende. Die Eucharistie erscheint mir wie die Unterschrift unter sein Leben: «Er hatte die Menschen, die zu ihm gehörten, immer geliebt, und er liebte sie bis zum Ende.» (Joh 13,1)

> *Diese Liebe Christi und diesen Ruf Gottes haben Sie schon sehr früh wahrgenommen: im Alter von sechs Jahren.*

Ja, aber auch heute noch werde ich gerufen. Was wird in meinem Leben aus diesem Ruf Gottes? Ich habe nie aufgehört, mich darauf einzulassen und die Richtung dieses Rufes zu entdecken. Noch heute suche ich danach, wie Gott mich ruft und wie ich antworten soll. Ich bin ständig ein Gerufener, Berufener.

Manche Leute orientieren sich an der Vergangenheit, andere an der Zukunft ... Es geht um den gegenwärtigen Moment: Heute muß ich das Wort Gottes hören, heute muß ich mich engagieren, heute habe ich zu lieben.

> *Wie lesen Sie die Evangelien?*

Wenn ich die Evangelientexte betrachte, frage ich mich immer: «In welcher Person findest du dich wieder?» Meistens nehme ich die Person des Ausgeschlossenen an. Denn weder meine Vergangenheit noch mein Amt geben mir das Recht zu sagen: «Ich habe meine Verdienste. Gott muß das einberechnen.» Ich verlange kein Recht, kein Privileg, keine spezielle Stellung. Ich bekomme und gebe weiter. Ich besitze nichts. Auch heute versuche ich, wie ein Kind zu glauben und auf das Wort Gottes zu hören, als ob es das erstemal wäre. Wer glaubt, ihm würde die Kirche gehören, und Wert legt auf die ersten Plätze und die früheren Privilegien fordert, kann nichts erwarten. Denn Jesus antwortet ihm: «Die Letzten werden die Ersten sein, und die Ersten die Letzten.» (Mt 20,16)

Ich fühle mich dem Arbeiter der elften Stunde sehr verwandt. Und irgendwie sind wir das alle. Auch wenn es Anstoß erregt, so besitzt dieses Gleichnis im Matthäusevangelium (Mt 20,1–15) eine wundervolle Aktualität. Ich erzähle es kurz: «Wenn Gott sein Werk vollendet, wird es sein wie bei einem Weinbergbesitzer, der früh am Morgen einige Leute für die Arbeit in seinem Weinberg anstellte. Er einigte sich mit ihnen auf den üblichen Tageslohn von einem Silberstück, dann schickte er sie in den Weinberg.» (Mt 20,1–2) Zu verschiedenen Zeiten des Tages stellt er auch noch andere Arbeiter ein. Am Abend ruft er alle zusammen, die im Weinberg gearbeitet haben, und beginnt mit den Letzten, d. h. mit den Arbeitern der elften Stunde, die ihr Silberstück erhalten. Die Ersten, die seit dem Morgen gearbeitet haben, sagen sich, daß sie mehr erhalten werden, aber – Überraschung – sie erhalten denselben Lohn. Ist das nicht ungerecht?

Wenn ich das Gleichnis jeweils lese, denke ich an die Erwachsenen, die getauft werden wollen, an jene, die nicht mehr praktizieren und dann ihren Glauben wieder entdecken und erneut beginnen, an die einfachen Menschen, die sich im Evangelium wiedererkennen, an all die «reumütigen Schächer», die sich im letzten Moment Gott zuwenden. Die Begegnung mit solchen Menschen gibt meinem Glauben und meinem Beten Nahrung.

Welches sind die Figuren, die Ihnen in den Evangelien am meisten entsprechen?

Der gute Hirt im Gleichnis vom verlorenen Schaf: «Stellt euch vor, einer von euch hat hundert Schafe, und eines davon verläuft sich. Läßt er dann nicht die neunundneunzig allein in der Steppe weiden und sucht das verlorene so lange, bis er es findet? Wenn er es gefunden hat, freut er sich, nimmt es auf die Schultern und trägt es nach Hause. Dort ruft er seine Freunde und Nachbarn und sagt zu ihnen: 'Freut euch mit mir, ich habe mein verlorenes Schaf wiedergefunden.' Ich sage euch: Genauso ist bei Gott im Himmel mehr Freude über einen Sünder, der ein neues Leben anfängt, als über neunundneunzig andere, die das nicht nötig haben.» (Lk 15, 4–7)

Auch als Bischof erlebe ich mich als das verlorene Schaf.

Als Jesus dieses Gleichnis erzählt, läuft es mit seiner Sache schlecht, und er ahnt, daß er ebenfalls das Schicksal der Propheten erleben wird. Um seine Ankläger zu entwaffnen, versucht er ihnen gegenüber sein Verhalten zu erklären: daß er auf die draußen zugeht, auf diejenigen, welche die Gesellschaft aufgegeben hat, auf diejenigen, die nicht mehr zur Herde gehören.

Jesus geht auf die Suche nach jenem, der nicht mehr bei den anderen ist, der nicht mehr weiß, wo er sich befindet. Heute sind es die Fremden, die es uns am besten erlauben, das Evangelium zu verstehen. Wenn wir auf die Ausgeschlossenen zugehen, verstehen wir das Herz des Evangeliums. Wenn man auf sie zugeht, öffnet man sich für alle. Wenn man mit den Ausgeschlossenen beginnt, kann man sicher sein, daß man niemanden vergißt.

Dieser Abschnitt des Evangeliums stand mir vor Augen, als ich Pierre-André Albertini in seinem Gefängnis aufsuchte. Ich mußte mich damals entscheiden: entweder das Flugzeug nach Südafrika oder die Pilgerfahrt nach Lourdes. Ich habe tausendvierhundert Pilger zurückgelassen, die mich erwarteten, und ging, um Albertini kennenzulernen, der nicht einmal zur Kirche gehörte. Muß der Hirt bei seiner Herde bleiben, oder muß er einem Schaf, das sich verirrt hat, Hilfe bringen? Daß ich ihm im Gefängnis begegnete, hat mich verändert. Diese Reise gab mir ein neues Licht auf meine

Aufgabe: hinausgehen, auf jene zugehen, an die ich bisher noch gar nicht gedacht hatte. Ein Christ und, in einem noch größeren Ausmaß, ein Bischof sollten sich um jene sorgen, die der Kirche fern sind, und mit ihnen zusammenkommen.

Unter welchen anderen Merkmalen begegnet man in den Evangelien ebenfalls Jacques Gaillot?
Ich sehe mich auch in der kanaanitischen Frau, dieser Fremden, die Jesus mit ihrem Rufen verfolgt (Mt 15,21–28). Mit den Juden hat sie nichts zu tun. Sie bedrängt Jesus, und die Apostel haben die Ohren voll: «Gib ihr, was sie verlangt, damit wir wieder Ruhe haben.» Ich klopfe ebenfalls an die Tür, in meinen Gebeten bin ich ziemlich aufdringlich. Die Hartnäckigkeit ist eine biblische Tugend.

Auch Judas beschäftigt mich, ich kann ihn nicht vergessen. Auch er verkörpert uns mit unserem Verrat, unserer Angst, unserer Untreue. Dieser unheimliche Mensch hat ganz auf Jesus gesetzt. Nach und nach aber wird er enttäuscht: Jesus befreit die Juden nicht vom Joch der Römer, er ist nicht der politische Messias. Was so gut angefangen hat, läuft schlecht. Der Widerstand wird größer, Jesus wird festgenommen, alles ist zerschlagen. Schließlich ist Jesus eine verlorene Sache. Judas versucht zu retten, was zu retten ist, er verläßt das Schiff, bevor es sinkt. Und er bietet der religiösen Macht seine Dienste an und verrät Jesus, um loszukommen und nicht gemeinsam mit ihm zu fallen.

Jesus muß beunruhigt gewesen sein, als er sah, daß Judas auf Distanz ging und nicht mehr war wie früher. Er begriff, daß Judas ihn verraten würde, und sagte ihm deshalb beim letzten Mahl: «Was du tun mußt, tue es schnell.»

Ich vergleiche mich mit Judas: Auch mir kann es geschehen, daß ich enttäuscht bin, etwa weil eine Aktion nicht ihr Ziel erreicht oder weil die Kirche nicht auf meine Erwartungen eingeht. In diesem Sinn ist Judas eine Figur, um die man nicht herumkommt. Niemand ist davor gefeit, daß er eines Tages seine Stimme den Mächtigen gibt oder seinen Nächsten verrät und ihm untreu ist.

Man setzt sich für eine verlorene Sache ein, wenn man Jesus folgt.

Welchen Stellenwert besitzt das Gebet in Ihrem Engagement?

Das Gebet ist meine tägliche Atmung. Es ist das Gebet eines Hirten, der sein Volk liebt und Gott bittet, in der Liebe dieses Volkes groß zu werden. Auch wenn ich mit Menschen zu tun habe, bin ich deswegen nicht von Gott entfernt. Ich bin so stark davon überzeugt, daß Gott diese Menschen liebt und im Herzen von jedem gegenwärtig ist, daß wir alle die eine Menschenfamilie bilden.

Vom mehr kontemplativen Aspekt meines Lebens spreche ich wenig, aber er gibt mir Frieden und Kraft. Das alles hängt ja nicht von uns ab: Gott sucht uns auf, wann er will und wie er will. In solchen Momenten gibt er uns die Kraft und die Freude, auf die andern zuzugehen. Wenn Gott abwesend ist, ist man unruhig, es wird mühsam. Aber Gott ist in uns: Wir werden begleitet, wir sind nie allein. Ich weiß zwar nicht, wo ich morgen bin, wie meine Zukunft ausschaut, was man von mir erwartet, aber ich weiß, daß Gott mich begleitet.

Ich sinne dem Psalm 131 nach:
«Still und ruhig ist mein Herz,
so wie ein sattes Kind im Arm der Mutter –
still wie ein solches Kind bin ich geworden.»

Wie können Sie diese innere, spirituelle Haltung leben, wenn Sie dem Angriff der Medien ausgesetzt sind?

Das Wesentliche ist, daß Gott in mir, in jedem von uns gegenwärtig ist. Er ist uns näher, als wir es uns selber sind. Was auch immer los sein mag an Aktionen, Lärm und Ereignissen: Da ist jemand in mir, der mir den Frieden und eine tiefe Einheit garantiert. Auch wenn das vielleicht einige behaupten, ich lasse mich nicht durch den äußeren Schein einnehmen. Diese Gegenwart Gottes ist mit nichts zu vergleichen, sie murmelt in uns wie eine Quelle.

Wenn ich jemandem begegne, versuche ich eine echte menschliche Beziehung aufzubauen. Ich beginne damit, daß ich ihn liebe, sein Herz berühre. Ich respektiere sein Geheimnis. Wenn wir mit jemandem ehrlich sind, geschieht immer etwas. Ich mag das: für jemanden gegenwärtig sein, da sein. Zu Beginn seines Evangeliums beschreibt der heilige Johannes, wie Fischer mit ihrem Boot ans Ufer kommen. Unter ihnen herrscht Freundschaft, und Jesus ist da und erwartet sie. Der Evangelist vermittelt die Anziehungskraft, die diese erste Begegnung bestimmt. Jesus geht bloß vorüber, aber in einer ganz dichten Präsenz. Die Fischer selber beschließen, ihm zu folgen, und fragen ihn: «Meister, wo wohnst du?» Und Jesus antwortet ihnen lediglich: «Kommt und seht!» Es ist ein Wohnen für die andern: Da wird jeder angehört, ernst genommen, akzeptiert ...

Wie kann jemand heute als Mystiker leben mitten in den vielen Beanspruchungen?
Im Kampf und in der Meditation. Das Gebet ist ein Verweilen bei Gott. Für dieses Verweilen investiert man Zeit. Beten in der Rue du Dragon zum Beispiel ist etwas Herrliches. Beten heißt Lieben. Und Lieben heißt: Ich gebe Gott etwas von der Zeit, die ich für anderes nützen könnte.

Die Liebe setzt die Zwecklosigkeit voraus, d. h.: Wer betet, gibt dem, was er tut, die Dimension der Zwecklosigkeit. Bei Gott sein, bei den andern sein, bei mir selber sein: Das ist die Basis meines Lebens. Es ist immer der eine Wunsch: da zu sein, geeint in der Liebe.

Wer sich engagiert, sollte dabei die Vorurteile und die Maßstäbe hinter sich lassen.

Jesus bemüht sich, einen Menschen nicht von seiner gesellschaftlichen Zugehörigkeit her zu sehen, er möchte jeden von seinen Zwängen befreien und ihm seine eigentliche Würde zurückgeben. Die Menschen spüren, daß er für sie kommt, und Jesus weiß, daß er diesen Menschen gehört. Und er entzieht sich ihnen nicht.

Die Gegenwart Gottes, die dem Leben Sinn gibt, ist meine Quelle. Es gibt keine größere Liebe, als wenn jemand sein Leben hingibt für jene, die er liebt. Das ist die große Wahrheit des Evangeliums: Indem man sein Leben hingibt, schenkt man jemandem das Leben.

Nach wie vor klebt man Ihnen Etiketten an und ordnet Sie ein, man möchte in Ihnen einfach einen «roten Bischof» sehen, der am Evangelium Verrat begeht.

Die Etiketten, die man mir anklebt (rot, linksradikal), beschäftigen mich nicht groß, sie werden mich nicht erfassen. Dom Hélder Câmara pflegte zu sagen: «Wenn ich den Armen helfe, sagt man, ich sei ein Heiliger. Wenn ich sie unterstütze, so daß sie sich selber helfen und Verantwortung übernehmen, sagt man, ich sei ein roter Bischof.»

Einmal suchte mich ein Mitglied des Conseil général (Volksvertretung des Départements) auf und sagte: «Wenn ich Sie in der Kirche höre, bin ich begeistert. Und wenn ich dann vor Ort sehe, was Sie tun, bin ich verärgert. Ist das eigentlich derselbe Mann? Ehrlich, ich verstehe nichts mehr. Sie zerstören wieder, was Sie mir vorher gebracht haben.» Was sollte ich ihm antworten? Ich bin immer derselbe Mensch. Ich wähle nicht zwischen Gottesdienst und politischem Einsatz; ich gehe vom einen zum andern, für mich hängen sie zusammen.

Und was antworten Sie jenen Leuten, die Ihnen raten: «Sie brauchen sich nicht in diese Dinge einzumischen. Bleiben Sie doch in Ihrer Kirche ...»?
Manchmal bin ich selber versucht, so zu handeln. Es wäre viel leichter. Aber ich bin gemacht, um nach draußen zu gehen. Die Kirche muß sich dort einlassen, wo sich das Schicksal der Menschen abspielt. Engagement und Spiritualität können nicht voneinander getrennt werden. Ich kann mir nicht das eine ohne das andere vorstellen, die Wüste ohne die Präsenz unter den Menschen. Auch Jesus kennt die Notwendigkeit, in die Wüste wegzugehen, um dann wieder unter den Menschen zu sein. Es entsteht eine Harmonie aus diesem Kommen und Gehen. Und das Gebet schenkt Einheit, es macht uns, als Ausdruck eines tieferen Lebens, offen für die andern.

Wie erklären Sie es sich dann, daß Sie, wenn Sie sich einmischen, in diesem Ausmaß Haß, Verärgerung und Ablehnung wachrufen?
Das überrascht mich selber, ich staune und empfinde es als Schmerz. Weshalb? Sicher weil ich die Leute in ihrer Art und Weise, zu sehen und zu leben, verunsichere. Ich hinterfrage ihre Bequemlichkeit, rühre an ihr Gewissen, kritisiere die festgelegte Ordnung. Aber diese Haßreaktionen bleiben für mich etwas Geheimnisvolles.

Sie stehen auch in einem interreligiösen Dialog. Was gibt er Ihnen auf spiritueller Ebene?
Dieser Dialog zwischen den Religionen spielt vor allem zwischen Personen und Gesichtern, er läuft weniger über Bücher. Er ist auch nicht in erster Linie eine Sache der Theologen, eher das Anliegen von Menschen, die sich gegenseitig schätzen. Unter meinen Freunden gibt es einen Buddhisten, einen Imam, einen Pastor ... Und ich nehme wahr, wie jeder

von ihnen lebt, Entscheidungen trifft, sein Leben als Mann oder Frau aufbaut ... Mein Freund Kechat Larbi, der Imam der Adawa-Moschee in Paris, hat mir zum Beispiel Aspekte des Islam nähergebracht, die viel zuwenig bekannt sind. Er ist für mich ein Glaubender, der eine wirklich gute Menschlichkeit lebt.

Die Begegnungen mit dem Dalai-Lama haben mir den zentralen Stellenwert der Gewaltlosigkeit bestätigt. Die Buddhisten haben noch nie versucht, ihren Glauben anderen aufzuzwingen. Sie könnten der katholischen Kirche helfen, den Platz zu entdecken, der der Gewaltlosigkeit im Rahmen der Frohbotschaft zukommt.

Wenn jemand den Islam besser kennenlernen will, rate ich stets, zuerst mit Moslems zusammenzukommen, mit ihnen zu sprechen und erst dann den Koran zu kaufen. Meine islamischen Freunde haben mir auch bezeugt, wie wichtig ihnen das Gebet und die Anteilnahme am Leben der andern ist. Während des Ramadans wird die Adawa-Moschee jeden Tag zum Ort eines beeindruckenden religiösen Eifers, anschließend werden sechshundert Mahlzeiten verteilt. Ich werde das Gesicht eines Mannes, den ich beten sah, nie vergessen: Gott durchdringt sein ganzes Leben.

Es gibt eine Ökumene der Begegnung: Wie sieht der andere meine eigene Religion, den Reichtum der Kirche, den Papst, die Christen?

Dieser Blick von außen, den wir selber nicht haben, ist etwas Wertvolles. Er macht uns das Bild bewußt, daß die Kirche von sich vermittelt.

In der jüngsten Entwicklung der Kirche haben sich zwei Richtungen stark gemacht: die Traditionalisten und die Charismatiker. Für die Traditionalisten sind Sie ein Greuel ...
Ich bin leider ihr schwarzes Schaf!

Die Traditionalisten haben heute eine größere Gemeinde als früher. Sie lassen mich das Gleichnis vom Unkraut im Weizen (vgl. Mt 13,24–30) besser verstehen. Ein Mann hat guten Samen auf sein Feld gesät. Während alle schliefen, kam sein Feind, säte Unkraut mitten unter den Weizen und verschwand. Später, als der Weizen wuchs, erschien auch das Unkraut. Staunen: Wer hat das getan? Die Diener kamen und sagten zu ihrem Herrn: «Willst du, daß wir hingehen und das Unkraut ausreißen?»

«Nein, denn ich befürchte, daß ihr beim Ausreißen des Unkrauts auch den Weizen mit ausreißt. Laßt beides bis zur Ernte wachsen.»

In jedem von uns gibt es den guten Samen und das Unkraut. Die Wahrheit ist nie nur auf einer Seite. Die Traditionalisten haben eine Rolle zu spielen, ein Wort mitzureden, einen Standpunkt zu vertreten, aber wichtig ist, daß man miteinander sprechen und sich gegenseitig anerkennen kann.

Ich habe in der Diözese Evreux den Dialog nie verweigert. Aber wie bringt man die Wahrheit und die Liebe zusammen. Was ich ihnen vorwerfe, ist ihre Intoleranz und ihren Mangel an Interesse für das, was sich außerhalb ihrer Gruppe abspielt. Sie haben ihre eigene Logik, ihre eigene Kapelle, ihre eigene Zusammenkunft, ihr eigenes Geld ...

Mir werfen sie vor, daß ich die Kirche niederreiße, mit allen Leuten verkehre und den wahren Glauben nicht verteidige. In ihren Kreisen begegnet man eigentlich selten einem von den wirklich armen Menschen.

Ist es Ihnen gelungen, mit ihnen ins Gespräch zu kommen?

Ja. Ich habe auch mit ihnen gegessen; aber meine Versuche sind nicht ans Ziel gekommen. Ihre Priester knieten zwar vor mir nieder und küßten meinen Ring! Daß sie meine pastoralen Erfahrungen aber zurückwiesen, zeigt, daß hier zwei Denkweisen aufeinanderprallen, die sich nicht mehr begegnen.

Welche Zukunft werden die Traditionalisten haben? Werden sie verschwinden oder aufblühen?
Eine Kirche, die an ihrer Vergangenheit haftet, hat keine Zukunft. Eine solche Kirche will sich halten, ohne sich mit der Zukunft der Menschen zu beschäftigen. Sie sind ganz stark mit einer Tradition verbunden, mit ihrer Tradition, die ganz und gar nicht «die Tradition» ist. Sie schließen sich selber aus der Gegenwart aus. Sie scharen sich um ihre Kirchen, verweigern sich den Erkenntnissen des Konzils, fixieren sich auf eine Liturgie, die auf das Konzil von Trient zurückgeht, und verkrampfen sich in ihrer Ablehnung der heutigen Welt. Sie leben mit der Vorstellung, daß sie die letzte Bastion einer Kirche sind, die sich «durch die dekadenten Sirenen der Moderne hat verführen lassen».

Seit Mitte der sechziger Jahre gibt es noch eine andere Strömung, die charismatische Erneuerung. Welche Rolle spielt sie?
Die charismatische Erneuerung hat einen Großteil des kirchlichen Lebens befruchtet. Sie hat Brüderlichkeit und Zusammenleben wiedergebracht und bestärkt. Sie war wie eine neue Melodie in der Kirche, in der die Freude am Gottesdienst und die Freude am Glauben etwas verlorengegangen waren. Die Charismatiker treffen sich, um Gott zu loben. In ihrer Art zu beten gibt es sehr viel Spontaneität. Sie kümmern sich auch um Drogensüchtige, Obdachlose, Randfiguren. Zudem legen sie Wert auf die Teilnahme an der Eucharistie und auf die Lesung des Evangeliums. Sie verkünden Gott auf sehr direkte Art, ohne die gewohnten Formen der Vermittlung.

Die charismatische Erneuerung hat aber auch ihre Grenzen. Wir sind nicht nur dafür geschaffen, um zusammen zu sein und von unserer Freude zu singen. Wir sind vor allem berufen, in allen Bereichen des sozialen Lebens als Sauerteig zu wirken. Ich persönlich kann mit ihrer Spiritualität wenig anfangen, und ihre Art zu beten ist nicht meine Art. Aber ich achte ihr Gotteslob, dieses Danken, diese Freude.

Was kann die Kirche tun angesichts des Materialismus, der sich in den achtziger Jahren breitgemacht hat?

Die Christen bezeugen durch ihren Lebensstil, daß der Mensch nicht vom Brot allein lebt, daß Geld nicht alles ist und eine Wohlstandsgesellschaft nicht glücklich macht. Die Kirchen müssen den Herrschaftsansprüchen des rein wirtschaftlichen Denkens entgegentreten, das heute so weit geht, daß es das Wesen des Menschen festlegen will und dadurch allfällige Ausschlüsse legitimiert. Die Wirtschaft darf auf keinen Fall den Menschen bestimmen.

«Der Mensch lebt nicht vom Brot allein.» Die alte Leier der Kirche ...

Sicher, es muß auch gehandelt werden. Müßte die Kirche, statt Abbé Pierre seine lautstarken Angriffe allein aufführen zu lassen, ihm nicht mit ihrer Kraft zu Hilfe kommen und an seiner Seite das Elend bekämpfen, auf das er hinweist und das er bekämpft? All diese Geldgeschichten, Spekulationen, Bestechungsaffären, die die Gesellschaft krank machen: Worauf wartet die Kirche noch, bis sie ihnen entgegentritt? Und ist die Kirche, was das Geld betrifft, sich selber gegenüber ehrlich? In Geldfragen hüllte sie sich gern in Geheimnisse. Heute ist Transparenz zu einer Forderung der echten Demokratie geworden, während sich die Kirche immer noch dem Kult des Geheimnisvollen verschrieben hat. Auch das ist eine Form des Machtspiels: Wer Informationen zurückhält, besitzt die Macht.

Wie konnte es überhaupt soweit kommen, daß man die Botschaft der Evangelien dermaßen verdreht?
Weil zu viele Christen nur auf die materiellen Dinge schauen, Gläubige, aber auch Priester. Es gibt den Hinweis auf einen Extremfall, Abbé Meslier (1664–1729), einen Priester in den Ardennen: Er ist zu Beginn des achtzehnten Jahrhunderts Atheist geworden, ist aber bis zum Lebensende Priester geblieben. In seinem Testament hat er alles festgehalten.

Man stelle sich das vor: Ein atheistischer Priester feiert die Messe und hält die Predigt, bloß noch als Funktionär; und niemand merkt es. Das ist selbstverständlich ein Grenzfall. Aber man kann durchaus zu einer Kirche gehören, die von Gott spricht, moralisch handelt, gewisse Werte des Evangeliums vertritt, aber keinerlei Feuer oder Leidenschaft vermittelt.

Ich erinnere mich an Jean Sullivan, der Priester und Schriftsteller war, und seine Frage. An einem Sonntag besuchte er den Gottesdienst und blieb hinten im Kirchenschiff. Er hörte dem Priester zu, der predigte, und fragte sich: «Ist das wirklich er, der spricht?» Man kann ja immer irgend etwas über Gott erzählen. Gewisse Predigten sind so saftlos, daß sie kein einziges Gewissen in Bewegung bringen. Im Gegenteil, sie können die Leute in ihrer Art und Weise zu leben noch bestärken und sie im Sinn von «Ruhe und Ordnung» einschläfern. Wer weiß, vielleicht kommen gewisse Christen nur in die Kirche, damit sie bestätigt werden.

Und bei wem steckt der Fehler?
Bei der Kirche, die selbst nicht gestört werden will. Christus wird dann zu einem Weisheitslehrer, und man kann sich

fragen, weshalb man ihn denn getötet hat ... Das Wort Gottes ist doch ein Wort mit Schärfe, ein Wort, das aufrüttelt und unsere Leben verändern will.

Man kann das Evangelium natürlich immer auf gefällige Art lesen, beiseite lassen, was man nicht akzeptieren will, und jene Seiten auswählen, die einen bestätigen.

Das Evangelium ist doch wie eine Saat, die in unseren Leben aufgehen will. Wenn ich eine christliche Familie besuche, die mehr oder weniger regelmäßig in die Kirche geht, kann es geschehen, daß ich vorschlage, den Abend mit einem Gebet abzuschließen. «Haben Sie ein Neues Testament?» Normalerweise dreht sich der Mann zu seiner Frau ... Die Frau steht auf und geht zu dem, was wie eine Bibliothek ausschaut, doch da gibt es keine Bibel!

«Suchen Sie nicht weiter, wir beten ohne das Neue Testament. Es wäre von Vorteil, wenn Sie eine Bibel hätten und sie auch lesen würden. Die Frohe Botschaft ist auch für Sie da.» Immer noch zu selten gehört die Bibel ins Leben der Familie.

Daß die Christen den Gottesdienst besuchen, garantiert noch nicht, daß sie die Frohe Botschaft auch zur Mitte ihres Lebens machen. Die Frohe Botschaft verkünden heißt: Ich weiß, daß Gott mich liebt, und will es auch weitersagen. Wie Jesus, der sich an das Gewissen und an das Herz eines jeden wendet und auch nicht zögert zu schockieren. Jesus weiß zum Beispiel, daß am Sabbat nichts verrichtet werden darf, auch Kranke dürfen nicht geheilt werden. Wird er sich daran halten? Er heilt am Sabbat, und zwar vor voller Synagoge!

Jesus überwindet die Schranken, die rituellen, liturgischen und sozialen Schranken. Mit aller Kraft geht er dorthin, wo das Leben der Menschen am meisten bedroht ist. Er spricht auch zu den Nicht-Juden, nicht aus Lust an der Provokation, sondern um seine Freiheit und seine Liebe zu zeigen.

Von ihm stammt dieser einmalige Satz: «Der Sabbat ist für den Menschen da, nicht der Mensch für den Sabbat.» (Mk 2,27) Nicht das Gesetz kommt als erstes. Im Evangelium ist die Liebe wichtiger als das Gesetz, während in unserer Institution doch zu oft das Gesetz mehr zählt als die Liebe.

Ja, das Verhalten Jesu wirkt tatsächlich beunruhigend und störend. Er wird für die Wohlmeinenden zum Ärgernis, die Ausgeschlossenen lobt er, wenn er sagt: «Die Prostituierten werden eher in die neue Welt Gottes kommen als ihr.» (Mt 21,31) Denn sie haben verstanden, daß Gott sie liebt, sogar in ihrer elenden Situation, während die Gesetzeslehrer, die alles haben, was sie brauchen, und in der Sicherheit des Gesetzes leben, nicht das Bedürfnis kennen, von Gott geliebt zu werden oder Gott zu lieben.

Jesus hat einmal seine Jünger ausgesandt, damit sie in den umliegenden Dörfern eine kurze pastorale Lehrzeit hinter sich bringen, und zwar je zu zweit. Als sie wiederkommen, sind sie sehr zufrieden: Es ist gut gegangen. Jesus holt ihnen den Wind aus den Segeln und sagt ihnen, dem Sinn nach: «Wartet ab! Freut euch nicht so sehr über euren Erfolg, freut euch eher über das, was sich ereignet hat. Könige und Propheten wollten sehen, was ihr jetzt seht, und haben es nicht gesehen. Denn das Reich Gottes ist den Kleinen offenbart worden. Es sind die einfachen Leute, an die ihr euch gewandt habt, und sie haben das Reich Gottes erkannt. Die Weisen und die Gelehrten haben es nicht erkannt.» (vgl. Lk 10,21–24)

Darin besteht das Paradox des Evangeliums: Jene, die vorbereitet und ausgebildet waren, es zu hören, hörten es nicht; und jene, die überhaupt nicht vorbereitet waren, nahmen das Reich Gottes an. Mein Leben gehört in diese Spannung des Evangeliums. Heute wird das Evangelium von denen, die nicht praktizieren, oft besser angenommen als von den andern. Denn die Pharisäer haben das Gesetz für sich und setzen es wie einen Schutzschild ein. Und die andern, die gar nichts haben, ihr Herz ist bereit, das Wort Gottes aufzunehmen. Als Bischof erlebte ich oft die Freude, daß Gefangene, Aidskranke, Leute, die die Gesellschaft und die Kirche aufgegeben hatten, das Reich Gottes problemlos annahmen. «Was ihr für einen meiner geringsten Brüder getan habt, das habt ihr mir getan.» (Mt 25,40) Das ist das Wort der Frohen Botschaft, das mich am meisten betroffen macht: Jesus identifiziert sich mit dem, der krank ist oder sich nicht wehren kann.

Ich versuche Liturgie und Leben miteinander zu verbinden. Für mich ist das eucharistische Mahl jenes Mahl, in dem Jesus sich an seine Brüder verschenkt, in dem er die Liebe Gottes offenbart, jene Liebe, die er in sich trägt und die er für die Menschen aufopfert.

Wenn ich die Eucharistie feiere, schöpfe ich aus dieser Quelle die Liebe, um die andern ganz und absichtslos lieben zu können. Es ist nicht einfach, zu lieben und vor allem: alle zu lieben. Ich selber kann das nicht, aber ich gehe zu dieser Quelle der Liebe: damit die Liebe Gottes mein Herz durchdringt und die andern erreicht.

Wenn ich in der Kapelle des Bischofshauses die Messe las und dabei die Patene hochhob, um das Brot darzubringen, erlebte ich mich verbunden mit all den Begegnungen, Gesprächen und anvertrauten Leben. An gewissen Tagen schien mir die Patene sehr schwer zu sein. Die Eucharistie ist ja nicht einfach nur eine Quelle, sie ist auch ein Gipfelpunkt, jene Opfergabe der Menschen, die Gott liebt. «Ich bin gekommen, damit die Menschen das Leben haben, Leben im Überfluß.» (Vgl. Joh 10,10)

Ich mag dieses Hin und Her zwischen der Feier der Liturgie und dem Dienst an den Menschen. Das Sakrament der Eucharistie und das Sakrament der brüderlichen Begegnung, die Quelle und der Einsatz für die andern, dürfen nicht voneinander gelöst werden. Alles, was ich zu hören bekomme, zieht mich ins Gebet, und das Gebet schickt mich zurück in die Begegnung.

Der praktische Einsatz allein kann uns nicht ein gutes Gewissen geben. Es tut mir leid, wenn ich sehe, wie hartnäckig und zerstörend gewisse falsche Gottesbilder die Köpfe heimsuchen und sie vom Glauben abbringen.

Was meinen Sie mit falschen Gottesbildern?
Ein ferner Gott, ein strafender Gott, ein Gott, der doch nie eingreift, der Gott des «was hab' ich denn dem lieben Gott schon getan ...?» – ein Gott, der sich weder um unsere Freuden noch um unsere Mühen kümmert, der an uns kein Interesse hat, der uns in unserer Prüfung nicht unterstützt, jener strenge Gott, der uns zur Abrechnung bittet, ein Rächer-Gott, ein Gott, der uns an der Leine hält, der Lückenbüßer-Gott, den wir bei unseren Problemchen um Hilfe bitten, auch ein Gott, der unseren Kämpfen fernbleibt, ein Gott, den man benützen kann, um die bestehende Ordnung zu rechtfertigen, der Gott der Mächtigen. Alle diese Bilder geistern in den Vorstellungen herum. Mein Wunsch ist es, daß die Menschen den einfachen, brüderlichen Gott entdecken, der auf unserem Weg mit uns geht, auf der Seite des Lebens, der zur Freiheit ruft und der in unsere Geschichte eingetreten ist.

Wer diese falschen Gottesbilder und diese Anhäufung von Vorurteilen zurückweist, hat recht. Denn es gibt immer wieder die Zeichen und Stimmen durch die einen oder andern, durch das Leben und durch die Ereignisse. Wer weiß, ob nicht jene, die sich aus diesem Erbe der Tradition weggegeben haben, nicht ein besseres Verständnis für Gott aufbringen als jene, die sich autorisiert wähnen, in seinem Namen zu sprechen ...

Gott ist barmherzig. Ich bin gegen eine Seelsorge, die mit der Angst operiert, mit der Hölle oder mit den ewigen

Flammen. Ich bin für eine Seelsorge der Güte. Wie Jesus. Es ist nicht die Angst, die jemanden bekehrt, es ist die Liebe. Ich bin für das Verzeihen, für die liebevolle Aufnahme. Ich kann mir nicht vorstellen, daß Gott jemanden für immer verdammt.

Der Glaube muß geklärt werden. Man darf nicht mit dem Katechismuswissen zufrieden sein, das man als Kind hatte. Als Erwachsener trägt man ja auch andere Kleider als in der Kindheit. Ich treffe manchmal auf Menschen, die sehr gebildet und mit Diplomen geschmückt sind, die sich aber auf der Ebene des Glaubens an irgendwelche Einzelheiten festkrampfen. Es besteht eine große Kluft zwischen ihrer Lebenserfahrung und ihrem kleinen und beschränkten Wissen in Glaubensdingen. Sie sollten die Bibel lesen und studieren. Der Großteil der Leute weiß nichts vom Reichtum der theologischen Deutungen, die möglich sind.

Die Christen haben einen nur ungenügenden Zugang zu den Quellen der Frohen Botschaft und des Glaubens, speziell im Hinblick auf die ersten Jahrhunderte. Sie stützen sich auf zweitrangige Fakten. Die Diskussionen rund um das Jesus-Buch von Jacques Duquesne beweisen die Brüchigkeit eines Glaubens, der auf Nebensächlichkeiten aufbaut.

Im Evangelium wird Jesus durch Frauen oft in Erstaunen versetzt. Haben die Frauen, Ihrer Meinung nach, in der Kirche schon den Platz gefunden, der ihnen zukommt?

Nein. In der katholischen Kirche haben die Frauen weder Zugang zu den Weihen noch zu den Entscheidungsgremien der Kirche. Wenn die Frauen in der Katechese, in den Pfarrhäusern, auf der Ebene der karitativen Tätigkeit streiken würden, wäre die Kirche am Boden. Momentan sind alle Hauptverantwortlichen der Kirche zölibatäre, ältere Männer; diese Trennung setzt, ich betone es noch einmal, ein

Fragezeichen zur ganzen kirchlichen Botschaft der Menschenrechte.

Mir ist sympathisch, wie frei sich Jesus in den Evangelien den Frauen gegenüber benimmt. Die Frauen folgen ihm nach, und die Frauen verstehen ihn. Keine einzige Frau verrät ihn, die Männer öfters, aber nicht die Frauen. Und wer verkündet an Ostern seine Auferstehung? Eine Frau ...

Nachdem Sie aus Evreux weggezogen waren: An welchen Text haben Sie sich da gehalten, um Stärkung zu finden?
An die Psalmen. An den Psalm vom guten Hirten. «Und geht es auch durchs dunkle Tal – ich habe keine Angst!» (Ps 23,4) An die Passionsgeschichte. Jesus geht durch die Prüfung hindurch, und die Prüfung wird zu einem Weg des Lebens. Was Hindernis ist, kann weiterhelfen; ein Versagen erlaubt zu wachsen. Vor dem feindlichen Widerstand kommt man zu sich selber.

Ich lese immer jenen Evangeliumsabschnitt, den uns die Tagesliturgie vorlegt. Während des Tages haben dann die Worte Jesu Zeit, ihre Melodie zum Klingen zu bringen.

Gibt es einen speziellen Text, der für die Situation, in der Sie aktuell stehen, geeignet ist?
Ja, der Gang auf dem Wasser. Es ist das Vertrauen zu Jesus, das es mir erlaubt, mich auf den Wassern zu halten. Wenn mich der Zweifel überfällt, sinke ich. Wenn ich durch einen Sturm zu gehen habe, die Wogen mich überfluten und die Finsternis ganz dicht ist, rufe ich zu ihm, der mich retten kann – ohne in Frage zu stellen, was ich einmal ganz klar im Licht gesehen habe.

Diese Empfindung, auf dem Wasser zu gehen, haben Sie sie schon Ihr ganzes Leben hindurch gehabt?

Ja, das gibt meine Lebenserfahrung am besten wieder. Und ich bin noch nicht auf dem anderen Ufer. Ich eile, um dort anzukommen.

Was meinen Sie mit «dem anderen Ufer»?
Das Ufer des Reiches Gottes, wo der österliche Auferstandene steht und mit ihm all jene, die ich noch nicht kenne und die ich entdecken darf.

9. Kapitel

Der Minuspol Kirche

> *Kardinal Decourtray, der Präsident der Bischofskonferenz, hat Sie Anfang 1989, verärgert über Ihre heftigen Stellungnahmen, verpflichtet, ein «Protokoll des guten Betragens» zu unterschreiben. Es galt als eine Art Waffenstillstand und machte den Eindruck eines Gangs nach Canossa. Können Sie uns die Umstände schildern, die damals zu diesem sehr diplomatischen Text geführt haben?*

Sein Schritt wurde begründet durch meine Stellungnahmen in den Medien, einmal mehr ... Wir hatten eben eine eigenartige Affäre hinter uns: Die Bischöfe hatten mir verboten, bei Minitel mitzumachen.

«Chrétiens Médias», abhängig von der bischöflichen Kommission für Meinungsbildung, erhielt im Hinblick auf meine Stellungnahmen viele Anfragen. P. Jean-Michel di Falco hatte mir deshalb vorgeschlagen, in Evreux einen Anschluß einzurichten, damit ich den Leuten direkt antworten konnte; gedacht war das für zwei Wochen, eine halbe Stunde pro Tag, und zwar auf 3615 Gabriel.

Die Telekom traf ein, um den Anschluß in Evreux einzurichten. Alles war bereit, konnte bestens funktionieren. Das Ganze war in den Medien auch angekündigt worden. Und dann, vom einen Augenblick auf den andern und ohne Erklärung, kam am Vorabend das Verbot. Man baute den Anschluß ab und packte das Material wieder ein ... Das zeigte bereits, wie gespannt das Klima war.

Zu diesen etwas eigenartigen Streitereien kamen dann noch meine Artikel in *Lui* und *Gai-Pied* hinzu ...

Wie verhielt sich Kardinal Decourtray Ihnen gegenüber?

Albert Decourtray verhielt sich sehr brüderlich. Wir kannten einander schon lange; einmal hatten wir gemeinsam auch einen Kurs in Gruppendynamik besucht.

«Du kannst es dir nicht vorstellen», sagte er mir, «diese Aufregung in Frankreich, wegen deinen Stellungnahmen in den Medien. Du kannst nicht so weitermachen. Der Topf kocht über, die Katholiken sind empört: ein Artikel in *Lui*, und dann der andere Artikel in *Gai-Pied* ... Und nun diese Geschichte mit «Chrétiens Médias» ... Der Bischofsrat verlangt, daß du dich verpflichtest, ein Protokoll zu unterschreiben.»

«Ich stelle die Dogmen überhaupt nicht in Frage, gehorche der Kirche, respektiere die Kirchenordnung, aber ich verlange, daß ich frei reden kann ...»

Der Text, den ich zu unterzeichnen hatte, war dem Bischofsrat vorgelegt und von ihm gutgeheißen worden. Die Bischöfe und Rom wollten eine Geste.

«Deine Stellungnahmen in den Medien schaffen Spaltungen», betonte Kardinal Decourtray. «Du verstehst: Jedesmal wenn ich etwas sage, sagst du das Gegenteil. Kaum hat der Papst den Mund aufgetan, nimmt Gaillot Stellung ... Für mich ist das nicht einfach. Versuch eine Fastenzeit in Sachen Medien.»

Ich las den Text, wir besprachen ihn, dann habe ich unterschrieben. P. Jean-Michel di Falco kam dazu, er lud auch Fotografen ein.

Wieder in Evreux, erklärte ich den Mitgliedern meines Rates, was ich getan hatte. Sie waren enttäuscht:

«Man hat dich in Reih und Glied zurückgepfiffen.»

«Ich habe versucht, die Zukunft zu retten. Ich befand mich in einer brenzligen Situation. Ich wollte einen Bruch verhindern. Wer weiß, was geschehen wäre, wenn ich nicht unterschrieben hätte? Ich will die Arbeit fortsetzen, die wir in Evreux angefangen haben. Rom hätte meinen Rücktritt verlangen können.»

Diesen Text stellte man mir nun immer wieder entgegen, regelmäßig zog man ihn hervor. Noch am Tag nach meiner Absetzung verlangte Kardinal Lustiger, der den Papst nach Manila begleitet hatte, eine Kopie des Textes per Fax, um ihn den Journalisten vorzuzeigen.

Man wirft Ihnen vor, daß Sie zu oft aus Ihrer Diözese wegfahren. So verzeiht man Ihnen zum Beispiel nicht, daß Sie die Palästinenser unterstützen und sich schon mehrere Male mit Yassir Arafat getroffen haben.
Ich reiste mehrere Male nach Palästina und war am Schicksal der Palästinenser schon immer interessiert. Die christlichen Gemeinden und Gemeinschaften in Israel – meine Kusine, die als Schwester in einer Klinik von Jerusalem arbeitet, gehört zu ihnen – haben meine Aufmerksamkeit schon lange auf die Notlage der Palästinenser gelenkt.

Als im Dezember 1987 die Intifada begann, stand ich ganz für die Palästinenser ein; ich mußte reagieren. Ich kontaktierte zwei Bischöfe, unter anderem den Verantwortlichen von «Justitia et Pax», sie wollten aber nicht mithalten. Ich sandte dann eine Erklärung an die Agentur France-Presse. Ibrahim Souss, der Delegierte der PLO in Frankreich, kam nach Evreux, um mir zu danken. Im Zusammenhang mit der Gedächtnisfeier für den zweitwichtigsten Mann der PLO, der ermordet worden war, lud er mich nach Tunis ein, um Yassir Arafat zu treffen. Ich traf den Chef der PLO auch später: in Tunis und Paris. Ich nahm auch am «Schiff für den Frieden» in Athen teil und an der Friedenskette rund um die Altstadt von Jerusalem. Arafat schätzte es immer, daß ich mich als Kirchenmann für sein Volk einsetzte.

Was war für Sie speziell an diesem Beginn der Intifada?

Zur Zeit des palästinensischen Terrorismus fühlte ich mich weder betroffen noch herausgefordert. Auch als ich an Ort und Stelle die Lager sah, war das noch nicht eindrücklich genug: Ich wurde nicht aktiv. Ich klagte zwar über die ganze Lage, ging aber nicht weiter. Doch als die ersten Bilder der Intifada um die Welt gingen, da war ich geschockt. Aber letztlich war es der Brief eines Priesters, der mir aus Chartres schrieb und mich bat einzugreifen: Er brachte mich zum Handeln ... Die Intifada, die Reaktion eines unterdrückten Volkes, dieser Krieg der Kieselsteine gegen eine mächtige Armee, hat ja allgemein Verständnis gefunden.

Gibt es für Sie keine Gewissenskonflikte, wenn Sie an den Terrorismus der Palästinenser denken?

Ich verurteile alle Formen des Terrorismus. Arafat hat sich verändert, ich habe keinen Grund, an seinem aktuellen Versprechen zu zweifeln. Er betont, daß der Terrorismus vorbei ist. Arafat verkörpert für die Palästinenser die Hoffnung. Ich habe Vertrauen in ihn; ich denke, wir sollten ihn auf seinem Weg ermutigen. Gegenüber dem Delegierten der PLO habe ich öfters gesagt, daß ich niemanden unterstützen werde, der terroristisch vorgeht oder Gewalt einsetzt, um an sein Ziel zu kommen. Arafat wollte stets wissen, wie seine Handlungsweise in der Kirche Frankreichs aufgenommen wurde; er hat mich sogar mehrfach gefragt, wie die Kirche für die Sache der Palästinenser gewonnen werden könnte.

Ich habe viele Briefe erhalten mit der Adresse: «an Monsignore Arafat»; man beschimpfte mich und warf mir vor, ich sei Antisemit. Ich war noch nie gegen die Juden. Ich habe mich nur für die Palästinenser, die in einer katastrophalen Situation steckten, eingesetzt. Ich setze mich ja immer für die Schwächeren ein. Europa, vor allem Frankreich, hat immer noch ein schlechtes Gewissen wegen der Juden; hinzu kommt, daß die Franzosen die Palästinenser gar nicht kennen. Wenn sie zum Beispiel ins Heilige Land pilgern, suchen sie die Palästinenser etwa auf? Die Juden gehören zu unserer Kultur, die Palästinenser hingegen bringt man mit Islam und Terrorismus zusammen. Dabei gibt es auch christliche Palästinenser. Der aktuelle Patriarch von Jerusalem ist Christ.

Ermutigt durch Kardinal Decourtray, kam einmal Theo Klein im Namen der jüdischen Gemeinde Frankreichs zu mir. Er tadelte mich, unter dem Vorwand, mich über die reale Situation zu informieren. Was ich selber in Israel gesehen habe, in den Lagern der Palästinenser und in den Kliniken für die Araber, ist für mich nicht tolerierbar. Ich kann und will das nicht nachvollziehen: Die Juden, die in der Vergangenheit so gelitten haben, greifen heute zu denselben Waffen wie früher ihre Feinde. Auch die Juden sind meine Brüder. Ich ergreife auch nicht Partei für das eine Volk gegen das andere Volk. Ich unterstütze lediglich das Recht dieses Volkes auf Land. Wie auch immer: Man kann das Schicksal eines Volkes nicht aufhalten ...

Als die Affäre Rushdie losging, gingen Sie gegen die eigene Kirche in Opposition. Denn diese stellte sich hinter die Moslems, die den Schriftsteller zum Tode verurteilt hatten, mit der Begründung, eine Religion habe das Recht, sich gegen Blasphemie zur Wehr zu setzen.

Ich bin gegen Intoleranz, woher sie auch kommt.

Sie gehen wiederum einen eigenen Weg, als die Asche von Abbé Grégoire ins Panthéon überführt wird. Sie

sind der einzige Bischof, der daran teilnimmt. Was waren Ihre Gründe?
Dank der Zweihundertjahrfeier der Revolution verstand ich die historische Bedeutung der Revolution etwas besser. Ich befaßte mich mit dieser Zeit und fand auch einen neuen Zugang zur Geschichte der Diözese Evreux. Der Mut, die Bildung und die Intelligenz von Abbé Grégoire beeindruckten mich. Er stellt für mich so etwas wie die Ehre der Kirche dar. Er symbolisiert jene Kirche, die ihrer Zeit zu begegnen weiß und fähig ist, sich zu erneuern. Die Ideen, die er unterstützte, waren damals so neu, daß die Kirche vor ihnen Angst hatte. Es erschien mir wichtig, daß die Kirche Frankreichs an dieser Rehabilitierung teilnahm. Da ich wußte, daß sich keiner der Bischöfe dafür auf den Weg machen würde, dachte ich, daß wenigstens meine Gegenwart das Gedächtnis an Abbé Grégoire ehren würde.

Die Kirche will nur ihre eigenen Märtyrer ehren. Einmal mehr hat sie die Gelegenheit verpaßt, sich mit der Nation und mit der Republik zu versöhnen.

Als der Golfkrieg ausbrach, waren Sie an vorderster Front: Sie bekämpften ihn. Sie schrieben sogar einen «Offenen Brief an jene, die den Krieg predigen, den Kampf aber andern überlassen».
Es herrschte damals eine so ungute Freude, daß ich reagieren wollte. Daß die Waffen einen Konflikt regeln müssen, ist eine heidnische Vorstellung. Man überlegt nie genug, mit welchen anderen Möglichkeiten man eine solche extreme Lösung vermeiden könnte. Ich hätte es vorgezogen, daß man, statt einen Krieg zu beginnen, die verschiedenen internationalen Sanktionen durchgespielt hätte. Man kann ein Land heute ausschalten mit den Möglichkeiten des Handels, der Diplomatie, der Banken.

Aber Sie sind doch gegen die Waffe des Embargos?
Ich bin gegen das Embargo, weil es das Volk bestraft. Ich weiß einen Unterschied zu machen zwischen dem Volk und jenen, die ihr Geld in der Schweiz in Sicherheit bringen – Gelder, die die UNO einfrieren könnte. Wie auch immer: Man findet sich immer, wenn es darum geht, ein reiches Land zu verteidigen; man findet sich nie, um einem armen Land zu helfen. In Golfkrieg diente zudem das internationale Recht als Alibi für die Interessen der Amerikaner.

Das Ziel von Saddam Hussein war stets klar: die Vernichtung Israels. Und er hatte offensichtlich die Mittel zum Handeln.
Das ändert meine Stellungnahme nicht. Wenn wir am Ende des zwanzigsten Jahrhunderts nur den Krieg kennen, um unsere Konflikte zu regeln, sind wir als Menschheit zu bedauern! Wir haben keine großen Fortschritte gemacht ...

Der Krieg ist nie eine Lösung. Gibt es heute keine anderen Mittel: Druck, Sanktionen, Verhandlungen auf politischer Ebene? Es scheint, daß wir das Mittelalter noch nicht hinter uns haben. Warum geben wir den Verhandlungen nicht die Chance, daß sie gelingen können? Ich war übrigens nicht der einzige, der in dieser Art und Weise gegen den Krieg sprach. Der Papst äußerte sich sechzehnmal gegen den Golfkrieg. Damals trieb ich die Bischöfe an: «Ihr müßtet sprechen wie der Papst.»

Weil dieser Krieg so Gewicht hatte, war es mein Wunsch, daß die französischen Bischöfe zu einer Sondersitzung zusammenkommen und Stellung beziehen würden. Was werden die Historiker in dreißig Jahren sagen? «Wie hat denn die französische Kirche während des Golfkriegs Stellung bezogen?» Abgesehen von ökumenischen Gebetsrunden: nichts, als Kollektiv: nichts ...

> *Wie hätten die Stellungnahme des Papstes und Ihre eigene Stellungnahme mehr Wirkkraft bekommen können?*

Der Papst darf nicht isoliert betrachtet werden. Sein Wort trägt nur, wenn sich das christliche Volk dafür einsetzt. Die Kirche besteht ja nicht aus dem Papst allein, dazu gehört ein ganzes Volk. Es ist wichtig, daß sich die Kirche als Ganzes – alle Christen, alle Gruppierungen, die Ortskirchen – für den Frieden einsetzt. Wenn sich verschiedene Kirchen für den Frieden ausgesprochen hätten, hätte das sicher Gewicht gehabt. Das Wort des Papstes war nicht genügend aufgenommen und weitergegeben worden. Die Kirche arbeitet immer noch zuviel mit Wortbotschaften statt mit Gesten.

> *Sie beziehen ein weiteres Mal Stellung im Zusammenhang mit den Maastricht-Verträgen. Sie gaben bekannt, daß Sie dagegen stimmen werden. Weshalb gaben Sie Ihre Meinung bekannt, obwohl Sie sonst bei Abstimmungen nie durchsickern ließen, für wen Sie stimmten?*

Wenn es um politische Kandidaten geht, sage ich nichts. Wenn es um Meinungen geht, warum sollte ich da nicht zu meinem Gesichtspunkt stehen, wenn man mich fragt ... Sollte ich eine Antwort verweigern? So tun, als ob ein Bischof neutral sein und über den Dingen stehen müßte? Es ging ja nicht darum, zu bestimmten Leuten etwas zu sagen, sondern zu einem Vertrag. Meine Meinung war klar, nun kam man mich fragen. Sollte ich dann antworten: «Ich habe nichts zu sagen»? Auch andere Kirchenleute hatten keine Bedenken, sich in der Presse zu diesem Thema zu äußern.

Das Europa aus verschiedenen Völkern muß geschaffen werden; das ist der Sinn der Geschichte. Aber dieses Europa aus verschiedenen Völkern entsteht nicht, wenn nun Menschen auf dem Altar der Wirtschaft geopfert und die

Länder der Dritten Welt an den Rand gedrängt werden. Was soll aus all den Gruppen und Gemeinschaften von Immigranten werden? Ich finde, daß im Vertrag von Maastricht die Immigranten die Kosten für ein starkes Europa bezahlen müssen, ein Europa, das nun seine Mauern noch etwas mehr in die Höhe zieht.

Der Vatikan warf Ihnen vor, daß Sie sich zu oft außerhalb Ihrer Diözese aufhielten. Haiti zum Beispiel ist eine Diözese, die nicht direkt neben der Diözese Evreux liegt ...

Ich bin mit Haiti verbunden, weil ich mit Père Aristide befreundet bin, diesem Verteidiger der Armen, einer Person, die der Kirche Ehre macht. Er ist wegen seines Einsatzes gegen die Ungerechtigkeiten bestraft worden.

Er hatte den Wunsch, mich in Evreux aufzusuchen. Nachdem er als Präsident gewählt worden war, lud er mich zu seiner Amtseinsetzung ein, im Namen des haitischen Volkes. Ich nahm die Einladung natürlich an.

Was wollten Sie in der Geschichte Haitis unterstützen?
Das Volk. Es ist eines der ärmsten Völker dieser Erde. Seit je erlebte es Diktatur, Ungerechtigkeit, Invasion, Kolonialismus ... Ich habe in Lateinamerika noch nie solche Slums gesehen. Die Hütten aus Karton sind so eng, daß sich die Familienmitglieder im Schlafen ablösen. Sie sind zusammengepfercht. Die Haitianer entwickeln eine ansteckende Lebensfreude. Sie verstehen es, miteinander zu teilen, und haben ihre eigene Würde.

Gibt es hier auch Zusammenhänge mit Ihrem spirituellen Engagement?
Ein Volk hungert vor allem nach Würde und Gerechtigkeit, bevor es nach Brot hungert. Das forderte Aristide auch ein.

Mitzuverfolgen, wie ein armes Volk allmählich zu einem Volk wird, das Verantwortung übernimmt, fasziniert mich. Wie würde Aristide diese Herausforderung schaffen: sein Volk vom Elend in die Armut zu führen.

Diese Reisen haben meine Perspektive in Sachen Solidarität, Teilen, Offenheit positiv verändert, sie haben auch meine Art und Weise, in Evreux als Bischof zu wirken, bestärkt.

Daß Sie sich einmischen, Stellung beziehen, immer wieder in den Medien zu sehen sind, trägt Ihnen Probleme mit Ihrer Hierarchie ein. Die Mitteilung des Heiligen Stuhls, die Ihre Absetzung rechtfertigt, spielt auf den Besuch ad limina im Januar 1992 an. Was hat sich damals ereignet?

Die Ermahnungen wurden genauer und konkreter. Am Ende der Begegnung mit den Bischöfen der Region sprach Kardinal Gantin den Wunsch aus, mich persönlich zu sehen. Ich wollte von dieser Gelegenheit, die sich mir bot, selber profitieren und auf den Tisch legen, was mich ärgerte. Denn ich war verärgert aus Evreux weggefahren: Ich hatte zufällig entdeckt, daß es einen geheimen Bericht über die Diözese und den Bischof gab, den Rom über die Nuntiatur beim Generalvikar in Auftrag gegeben hatte. Ich wollte den Inhalt dieses Berichts nicht wissen, aber ich war entschlossen, diese Affäre nicht durchgehen zu lassen.

Kaum war ich in seinem salonartigen Büro und bevor er Zeit hatte, mir den Grund des Treffens zu erläutern, legte ich los

«Ich habe mitbekommen, daß Rom von meinem engsten Mitarbeiter einen Bericht über mich verlangt hat, und zwar unter dem Siegel der Verschwiegenheit. Ich kann das nicht verstehen. Erlauben Sie mir zu sagen, daß solche Methoden der Kirche schaden.»

Aus der Fassung gebracht und erst nach einer Überraschungspause protestierte er: «Aber wir müssen doch wissen, was Sie tun, wer Sie sind. Wir brauchen wirklich Informationen über Sie.»

«Dann möchte ich Ihnen aber auch sagen, daß dies Stasi-Methoden sind.»

«Herr Bischof, sind Sie sich bewußt, was Sie sagen?»

«Wie soll ich Ihnen noch vertrauen können, wenn Sie mit solchen Methoden arbeiten? Ich werde morgen mit dem Papst darüber sprechen ... Und wenn ich schon am Kritisieren bin: Diese monumentale Krippe auf dem Petersplatz, so zeitaufwendig im Aufbau und so teuer – ich habe in der Zeitung von den Kosten gelesen, ich will gar nicht darauf zurückkommen –, ist ein Skandal in einer Zeit, da es so viel wichtigere Dinge zu tun gibt ...»

Nun war er aufgebracht: «Monsignore, Sie haben nicht das Recht ...»

«Wie die Basilika in Yamoussoukro, der Hauptstadt der Republik Elfenbeinküste. Auch das ist eine Beleidigung der Menschen in Not.»

«Monsignore ... Auch arme Menschen haben ein Recht auf Schönheit ...»

Unsere Unterhaltung war erregt, und der Ton recht laut. Der Kardinal schätzte meine Einmischung gar nicht.

Inwiefern ist denn Kardinal Gantin für eine Krippe auf dem Petersplatz oder eine Basilika in Yamoussoukro verantwortlich?

Er ist doch in Rom! Die Kardinäle haben sicher ein Wort mitzureden ... Auf jeden Fall ist wichtig, daß er weiß, was die Bischöfe denken, die auf Besuch kommen.

Am folgenden Tag war ich in Audienz bei Johannes Paul II. Er empfing mich in seinem polnischen Französisch: «Guten Tag, Père Gaillot. Nehmen Sie Platz!» Vor ihm lag, wie gewöhnlich, die Karte der Normandie. Und ich wußte schon, er würde nun den Finger auf Lisieux legen und mich fragen: «Ist das in Ihrer Diözese?» Das war ein Ritual zwischen uns.

Und ich antwortete: «Nein, immer noch nicht. Das hat sich nicht verändert, das gehört zur Nachbardiözese. Ich habe in meiner Diözese kein wichtiges Heiligtum, ich kann niemanden einladen. Ich habe nichts.»

Wenn man dem Papst persönlich gegenübersitzt, weiß man, daß die Zeit kostbar ist, sie darf nicht vertrödelt werden. Deshalb:

«Sie sind sicher auf dem laufenden, daß ich mit Rom Ärger habe. Sie werden wissen, daß man über mich einen Bericht verlangt hat ...»

Der Papst lenkte auf schlaue Art ab: «Ja. Aber Sie müssen wissen, es gibt nicht nur Rom, es gibt auch Frankreich, die Bischöfe von Frankreich.» Er machte aus der Affäre mit Rom eine Affäre mit Frankreich. «Sogar der Präsident der Bischofskonferenz hat Ihnen gegenüber Schritte unternommen.» Dann in einem väterlichen Ton: «Ich gebe Ihnen den Rat, nicht nur *cantare extra chorum*, sondern auch *cantare in choro*. Vergessen Sie nie, auch gemeinsam mit Ihren Brüdern, den Bischöfen, zu singen.»

Ich verteidigte mich: «Die Freiheit des Wortes, die ich mir herausnehme, ist kein Hindernis für die Einheit mit der Kirche.»

«Ich weiß.»

Er schien über meine Affäre gut auf dem laufenden zu sein.

Die Audienz war zu Ende. Der Papst betätigte einen Knopf, und ein Fotograf tauchte aus den Vorhängen auf, wie eine Erscheinung. Der Sekretär kam herbeigeeilt und legte ein Kästchen mit Rosenkränzen in die Hände des Papstes. Der Papst und ich standen auf und stellten uns zum päpstlichen Schreibtisch. Klick! Dank sei Kodak, ein Blitz! Die Sache war geritzt.

Alle fünf Jahre stattete ich dem Papst einen Besuch ab. Bei dieser Gelegenheit holte ich alles heraus: meine feine Soutane (violette Knopflöcher, schwarze Knöpfe), mein violettes Zingulum, den römischen Kragen, das Käppchen, das Brustkreuz. Nur meine alltäglichen Mephisto blieben an den Füßen.

Das Unglück wollte es, daß mir stets etwas fehlte. Das erste Mal war alles vorhanden, doch fünf Jahre später hatte meine Wachsamkeit nachgelassen: Ich vergaß das Käppchen. Ich setzte alles daran, um einen würdigen Ersatz zu finden, doch stand es mir gar nicht. Und 1992 – Höhepunkt – verlegte ich das Brustkreuz. Ich zog mich aus der Affäre, indem ich mir das Brustkreuz des Bischofs von Troyes auslieh: Es war zu groß und reichte mir bis unter den Bauch. Doch der Papst besaß die Güte, die Besonderheiten meiner Aufmachung zu übersehen.

Ich kam von der Audienz und fand meine Brüder, die Bischöfe, im päpstlichen Salon alle dicht gedrängt um einen Tisch versammelt; sie erwarteten mich, gespannt zu erfahren, was der Papst mir gesagt haben könnte.

«Ich muß lernen, gemeinsam mit euch zu singen.» Und ich fügte hinzu, ohne spöttischen Unterton: «Und ihr, gemeinsam mit mir ...»

Hat Sie der Apostolische Nuntius, der Botschafter des Papstes in Frankreich, seit 1982 irgendwann empfangen?

Ja, mehrfach. Einmal, als er mich zur Tür brachte, hielt er mich fest: «Sie wissen, mit welchen Worten wir am Morgen das Gebet beginnen: *'Domine, labia mea aperies'*, 'Herr, öffne meine Lippen'. Halten Sie es umgekehrt: Schließen Sie Ihre Lippen.»

«Das verstehe ich nicht. Ein Bischof ist doch dafür da, daß er spricht.»

«Ja, sicher. Aber seien Sie vorsichtig.»

Das war meine erste Ermahnung. Ich hätte meine Lippen mehr verschlossen halten sollen.

Ein andermal warnte er mich: «Es gibt Bischöfe, die mit Ihnen nicht zufrieden sind. Ich bekomme entsprechende Briefe, und man erzählt mir viel über Sie. Sie werden beobachtet in allem, was Sie sagen, und in allem, was Sie tun. Passen Sie auf, ich habe Angst um Sie.»

Der Nuntius hatte für mich auf freundschaftliche Art eine offene Tür: «Kommen Sie, wann Sie wollen, auch ohne Voranmeldung. Kommen Sie zum Essen. Sie sind immer willkommen.»

Ich suchte ihn deshalb auch auf, als ich wegen den Medien (3615 Gabriel, *Lui*, *Gai-Pied*) meinen ersten Ärger bekam.

Man hatte mir geraten, nach Rom zu gelangen, den Papst zu sprechen und ihm meine Situation zu erklären. Ich legte dem Nuntius diese Idee vor. «Das ist eine gute Idee, ich unterstütze sie. Schreiben Sie dem Heiligen Vater einen Brief, ich lasse ihm den Brief zukommen.» Und ich schrieb dem Papst einen Brief, um ihm von meinem Verdruß zu erzählen.

Der Nuntius schickte den Brief los. Und Wochen vergingen, und Monate vergingen.

Drei Monate vergingen ... Immer noch nichts. Keinerlei Zeichen von Rom.

Dann, eines schönen Tages, ließ mich der Nuntius rufen: «Es ist nicht möglich, nach Rom zu gehen und den Papst zu treffen.»

«Warum denn?»

«Es ist nicht möglich. Der Papst kann Sie nicht empfangen.»

«Ich muß aber irgendeinen Grund bekanntgeben, weshalb ich nicht mehr nach Rom gehen kann. Ich habe gesagt, daß ich gehen werde, daß ich um Erlaubnis nachgesucht und einen Brief geschrieben habe. Die Medien haben davon gesprochen, ich kann mich nun nicht ohne eine Erklärung zurückziehen.»

«Dann sagen Sie doch, daß Sie nicht mehr nach Rom gehen wollen.»

«Ich kann doch nicht sagen, daß ich nicht mehr nach Rom gehen will, wenn ich gesagt habe, daß ich nach Rom gehen will.»

«Monsignore, dann sagen Sie eben gar nichts. Der Papst kann Sie nicht empfangen.»

Ich veröffentlichte deshalb am 23. März 1989 folgende Mitteilung:

«Im Dezember des vergangenen Jahres bat ich um die Möglichkeit, Papst Johannes Paul II. persönlich treffen zu können. Ich wollte ihm meine verschiedenen Stellungnahmen erklären und meine Einheit mit dem Bischof von Rom zum Ausdruck bringen. In diesen Tagen nun teilte mir der Nuntius in Paris die Antwort Roms mit: Sie ist negativ. Der Papst wird mich nicht empfangen, auf jeden Fall nicht in der nächsten Zeit.

Ich bedaure, daß das von mir gewünschte Treffen nicht ermöglicht wird und daß ein Bischof vom Papst nicht empfangen werden kann, auch wenn er darum bittet. Trotz dieser Verweigerung möchte ich meine Verbindung betonen zur Kirche und zum Nachfolger Petri.»

Mit den Worten «auf jeden Fall nicht in der nächsten Zeit» schuf ich ein Zeichen der Güte; ich schob diese Verweigerung auf die Ebene einer Verkehrsstörung und hielt den Weg für andere Begegnungen offen. Ich wollte noch daran glauben, daß es sich nur um etwas Aufgeschobenes handelte. Viele kritisierten die Reaktion: «Der Papst hat

Zeit für Staatsmänner und für Botschafter, aber keine Zeit für einen Bischof!»

Im Jahr 1992 annulliert der Papst die erste Ehe der Prinzessin Caroline von Monaco. Und Sie protestieren öffentlich. Warum mischt sich der Bischof von Evreux in solche Dinge ein? Wenn Sie die Sorgen der Familie Grimaldi auf ihrem Felsen zu kommentieren beginnen, dann sind Sie doch nicht bereit, den Mund zu halten!

Diese Geschichte berührte nicht nur das Fürstentum. Sie beschäftigte die französische Phantasie und nicht nur die französische. Überall interessierte man sich für die Prinzessin, die im übrigen gewissen Medienkonzernen das große Geld bringt. Ich achte stets auf die Signale, die die Kirche der Gesellschaft gibt. Und La Fontaine hat immer noch recht: «Je nachdem, ob du mächtig oder machtlos bist, machen dich die Urteile eines Gerichts weiß oder schwarz.» Glaubwürdig ist eine Kirche nur, wenn sie in allen Situationen wahr ist.

Ich schrieb sofort eine öffentliche Erklärung und stellte mich gegen diesen wirklich skandalösen Entscheid. Der Vorsitzende der Rota, der höchsten juristischen Instanz der Kirche, ein Erzbischof, schrieb mir auf italienisch einen langen Brief: Sie fügen uns mit Ihrer Stellungnahme großen Schaden zu in Italien, überall ... Sie stellen unsere Legitimität in Frage ... Er wollte sogar auf Schadenersatz klagen.

Ich antwortete ihm: Ich denke von der Seelsorge her. Und ich kann Ihnen sagen, daß Sie der Kirche einen schlechten Dienst erwiesen haben. Einmal mehr wird man sagen, daß die Kirche auf der Seite der Reichen und Mächtigen ist. Wie soll eine solche Maßnahme von jenen Christen aufgenommen werden, denen es nicht gelingt, ihre eigene Ehe annullieren zu lassen?

Ich nehme an, daß mir diese ganze Geschichte nicht besonders gedient hat.

Man fand Sie dann auch am Ende der Welt: Auf Mururoa protestierten Sie gegen die französischen Atomtests.

Ja, ich bin tatsächlich nach Mururoa gefahren. Und ich traf den Bischof von Tahiti. Kaum war ich wieder weggefahren, so beeilte sich der Bischof von Tahiti, Kardinal Decourtray, dem Präsidenten der Bischofskonferenz, zu schreiben und sich über meinen Besuch zu beklagen, im Stil von: «Die katholische Kirche hier, das sind wir. Wir sehen nicht ein, warum der auftaucht.» Er hatte mich offiziell empfangen und mir ein Buch überreicht, ich mußte mich im Goldenen Buch eintragen, dann verpfiff er mich.

Ende Oktober, im Rahmen der Vollversammlung, warnte mich Kardinal Decourtray, der Präsident der Bischofskonferenz: «Ich bin verpflichtet, dich um eine öffentliche Erklärung zu bitten.»

Er gab die Klage und die Vorwürfe des Bischofs von Tahiti wieder. Die Bischöfe Polynesiens gingen auf Angriff: «'Wir waren über den Besuch des Bischofs von Evreux sehr aufgebracht. Wir verstehen nicht, weshalb ein Bischof aus Paris zu uns kommt, um zu protestieren.'

Hat der Bischof von Evreux dazu etwas zu sagen?» fragte Kardinal Decourtray.

Ich antwortete ihm dem Sinn nach: «Ich bin erstaunt, diese Klage des Bischofs von Tahiti zu hören. Denn er hat mich sehr freundlich aufgenommen und mich nichts von seinen eigentlichen Gefühlen spüren lassen. Ich war dorthin gefahren, um gegen die französischen Atomtests zu protestieren. Ich möchte von der Gelegenheit profitieren und Ihnen sagen, daß ich glücklich wäre, wenn sich die französischen Bischöfe in Sachen Atomtests entscheiden könnten.»

Haben Sie von seiten des französischen Episkopats noch andere Rügen erhalten, bevor Rom dann eingriff?

Sogar mehrere. 1989 erneut eine Rüge im Rahmen der Vollversammlung.

Der Erzbischof von Tours, Monsignore Honoré, mein Vorgänger in Evreux, war in *Monsignore Gaillot, Prophet oder Provokateur?*, in einem Buch von Christophe Wargny, vorgestellt worden. Bei der Versammlung nahm mich Kardinal Decourtray zur Seite: «Einmal mehr bin ich verpflichtet einzugreifen. Der Erzbischof von Tours hat Protest eingelegt. Er ist wütend.»

Zu Beginn der Sitzung faßte er die Geschichte zusammen. «Der Erzbischof von Tours ist in einem Buch von Jacques Gaillot in einer Art und Weise dargestellt worden, die nicht akzeptiert werden kann.»

Christoph Wargny hatte geschrieben: «Monsignore Honoré, der Vorgänger, war ein geschickter Taktiker; am besten konnte er es mit dem guten Bürgertum, seine Priester verachtete er. Mit den ersteren spielte er Bridge und trank er Chivas; mit den anderen spielte er Belote und wartete darauf, in ein weniger dreckiges Bischofspalais befördert zu werden.»

Monsignore Honoré ergriff das Wort: «Ich werde hier auf skandalöse Art beschrieben. Ich verlange Wiedergutmachung.»

«Möchte der Bischof von Evreux dazu Stellung nehmen?» fuhr der Präsident der Konferenz dazwischen.

«Dieses Buch ist nicht mein Buch. Ich bin nicht sein Autor. Es war mein Wunsch, daß diese Stelle, die mich sehr überrascht hatte, gestrichen würde. Der Autor hat sie gegen meinen Willen stehen lassen.»

«Ich vertraue dem Gericht Gottes», antwortete der Erzbischof von Tours.

Und der Kardinal schloß: «Es ist auf jeden Fall bedauerlich, daß diese Stelle so belassen worden ist. Es darf nicht akzeptiert werden, daß man so von einem Bischof

spricht. Der Bischof von Evreux sollte zumindest im Diözesanblatt eine Richtigstellung veröffentlichen.»
Was ich nach meiner Rückkehr auch tat.

1993 mußte die Vollversammlung der Bischöfe – bei verschlossener Tür – über die Priesterfrage diskutieren. Ein zentrales Thema für die Zukunft der Kirche. Ich hatte Ende September *Le Monde* einen Artikel gesandt, um die Diskussion zu diesem Thema zu fördern. Er erschien in der Nummer vom 6. November, also am Tag der Diskussion in der Vollversammlung.

Beim Frühstück teilte mir der Präsident der Bischofskonferenz, Monsignore Joseph Duval, mit: «Ich muß dir sagen, daß ich in deinem Artikel einiges richtigstellen muß.»

«Handle so, wie Dein Gewissen es dir eingibt, Joseph.»

Der Präsident eröffnete die Sitzung: «Der Bischof von Evreux hat in *Le Monde* einen Artikel veröffentlicht, den wir so nicht stehen lassen können. Einmal mehr ...» Dann las er eine Mitteilung: «Einmal mehr distanziert er sich von Rom und von den französischen Bischöfen ...» Die große Mehrheit der Bischöfe applaudierte, auch mein Nachbar. Und dann stellte sich ein bedrückendes, schreckliches Schweigen ein.

Was sollte ich tun? Sollte ich die Versammlung verlassen? Sollte ich Stellung beziehen? Sollte ich schweigen? Wenn ich die Versammlung verließ, gab es einen Skandal mehr. Wenn ich redete, würde man mir vorwerfen, ich wollte mich rechtfertigen. Ich zog es vor, nichts zu sagen.

Der Präsident ergriff wieder das Wort: «Wir gehen nun nach der Traktandenliste vor ...» In den Gängen hatte der Pressedienst auf einer Tafel jene Artikel angeschlagen, die unsere Arbeit betrafen. Doch keine Spur von *Le Monde*. Als ob die Zeitung an diesem Tag nicht erschienen wäre. Einige Bischöfe sprachen mich darauf an: «Was hast du denn geschrieben? Wo ist dieser Artikel in *Le Monde?*» Eigenartigerweise sollte er unauffindbar bleiben.

Als ich mich zu erklären versuchte, antwortete man mir: «Du läßt dich durch die Medien immer wieder hereinlegen. Du wußtest doch genau, daß sie diesen Artikel zum Zeitpunkt unserer Verhandlungen bringen würden.»

Einmal mehr verlangte ich die Diskussion und den Dialog über eine Situation, die mir katastrophal und für die Zukunft des Klerus verheerend schien. Und der Text hatte nichts Ehrenrühriges in sich. Man kann ihn nachlesen:

«Die Priester werden seltener. Ihre Zahl nimmt ständig ab. Und ihr Altersdurchschnitt steigt ständig an. Die Statistik bringt bereits rote Zahlen. Im System, in dem wir uns befinden, stehen wir schon bald vor dem Abgrund.

Dennoch werden die Voraussetzungen für die Ämter mit Weihe nicht geändert. [...] Wie man sich an einen vertrauten Schmerz gewöhnen kann, so akzeptieren heute viele Katholiken, daß der Priestermangel immer größer wird. Und da es keine Priester gibt, zerfallen die christlichen Gemeinden und sterben aus.

Reicht es, daß man die Statistik beobachtet und schaut, ob es aufwärts oder abwärts geht? Die Perspektive bleibt dieselbe: Man will eine Kirchensituation, wie man sie früher gekannt hat. Man versucht eher die Vergangenheit zu rekonstruieren, als daß man die Zukunft aufbaut. Aber man kommt nicht weiter, wenn man ständig in den Rückspiegel schaut. Die Seminarien öffnen, Aktionen starten, um junge Männer anzusprechen, die Traditionalisten aufnehmen: Bereitet man so die Zukunft vor? Ich befürchte, daß wir mit diesen Maßnahmen nicht zu jenen Priestern kommen, die die Kirche morgen braucht. Und man ist tatsächlich damit zufrieden, wenn die Kirche wie früher ist und überleben kann, auch wenn nicht mehr alles funktioniert. Warum gibt es so viele Hindernisse und so wenig Vorstellungskraft? Die ersten christlichen Gemeinden kannten zu ihrer Zeit nicht diese festgelegten Formen. Man schuf je nach Bedürfnis, beweglich und frei, verschiedene Dienste. Jede Gemeinde feierte Eucharistie nach ihren Voraussetzungen, man fand ganz unterschiedliche Lösungen, und es gab keine Modelle, die allen auferlegt wurden. Müßten wir nicht eine ähnliche Handlungsfreiheit wiederfinden?

Man wird alles versuchen und in Gang setzen, um die aktuelle Entwicklung zu stoppen, wenn auch umsonst. Vielleicht deswegen, weil dieser Mangel, einzigartig in der Geschichte der Kirche, nur das Symptom einer tieferen Krise ist. Der Bezug zwischen der weltlichen, säkularisierten Gesellschaft und der Kirche kann nicht mehr der Bezug von früher sein, und der Priesterstand ist bereits radikal verändert worden. Kümmern sich die Verantwortlichen wirklich um diese Fragen? Bis zu welchem Grad muß sich die Zahl der Priester noch vermindern, damit es zu einer echten Auseinandersetzung kommt und Lösungen gesucht werden?»

Die Bischofsversammlungen in Lourdes waren mir für meine Seelsorgearbeit keine Hilfe, die Zusammenkünfte in der Region Nord ebenfalls nicht. Schließlich ging ich nur noch aus Pflichtgefühl hin. Ich war ja nicht mit den Bischöfen verheiratet. Mein Horizont, meine Freude, mein Leben: das waren die Leute von Evreux. Ich wurde nur am konkreten Ort lebendig. Nach einer Woche Lourdes war ich jeweils wie eine Pflanze im Schatten, ich verkümmerte. Sobald man mich wieder in die Sonne stellte, lebte ich auf.

Meine Einsätze als Bischof wurden durch die Begegnung mit den anderen Bischöfen nicht bestärkt. Ich verdankte vielmehr meine größten Schwierigkeiten mit der Kirche gerade den Bischöfen, die mir nichts schenkten. Zu oft mußte ich meinen Ärger schlucken ...

Im Lauf dieser Jahre wurde ich im Rahmen der Bischöfe nie mit irgendeiner speziellen Verantwortung bedacht. Und Gott weiß, daß es genügend Gelegenheiten gab, einen Bischof zum Präsidenten irgendeiner Kommission zu wählen oder einen Bischof zu einer fremden Bischofskonferenz zu delegieren. Das ist sogar ein sehr wichtiger Test, er verrät, ob ein Bischof das Vertrauen der anderen besitzt.

Die Zusammenkünfte der Bischöfe und die Versammlungen in Lourdes waren für mich mühsam. Das letztemal warf man mir vor, ich würde nichts sagen. Aber wie sollte ich das Wort ergreifen, wenn mir niemand mehr das kleinste Vertrauen entgegenbrachte?

In der letzten Zeit war ich versucht, nicht mehr hinzugehen, wie früher Monsignore Riobé ...

> *Bestimmte Bischöfe behaupten, daß Sie sich im Rahmen der Versammlungen nicht mehr meldeten, daß Sie sich aber nach den Versammlungen auf die Medien stürzten, um dort den Ton anzugeben, obwohl Sie an den eigentlichen Arbeiten nicht teilgenommen hatten ...*

In Lourdes gibt es keine Mikros und keine Kameras mehr, seit die Bischöfe hinter verschlossener Tür tagen. Die Medien kommen gar nicht mehr nach Lourdes ...

> *Warum macht die Kirche gegenüber den Medien dermaßen in Schweigepolitik?*

Wir können ja nicht einmal miteinander reden. Die Kirche hat Mühe, schon in den eigenen Reihen zu kommunizieren, wie sollte sie dann die Leute draußen erreichen? Mit all den Mitteilungen rund um meine Absetzung, mit ihrem schwülstigen und verkomplizierten Stil bezeugt Rom aufs beste das Unvermögen, eine Sprache zu reden, die alle verstehen.

Die römischen Verlautbarungen verlangen nach einer eigentlichen Exegese und setzen voraus, daß man in etwa den Verlauf der römischen Geheimnisse kennt. Das Problem existiert aber auch in der französischen Kirche. Wie viele unverständliche Texte werden den Gläubigen zugemutet! Warum zieht man die Verdunkelung der Klarheit vor? Warum pflegt man lieber die Geheimnistuerei als die Transparenz? Die Medien haben mir zumindest das eine beigebracht: ehrlich zu sprechen und die kirchliche Sprache abzulegen, die in ihrer Schwerfälligkeit darauf aus war, nur von uns selber verstanden zu werden. Wenn man sich auf die Medien einläßt, muss man sinnvoll reden, andernfalls wird man mit den Widersprüchen konfrontiert. Dieses Risiko muß man eingehen. Die Bischöfe fühlen sich durch die offiziellen Verlautbarungen gehindert, denn sie stimmen mit ihren eigenen Gedanken nicht immer überein. Oft versuchen die Medien umsonst, sie aus ihrer Reserve zu locken. Die Bischöfe hätten vermehrt Stellung beziehen sollen.

Haben Sie die Kritiken und die Rügen ernst genommen?

Ich habe es versucht, aber ich bin auch wieder schwach geworden ... das ist wahr. Wie oft habe ich versprochen zu widerstehen! Und trauriger Weise bin ich rückfällig geworden ... Man darf mich deswegen auch angreifen, aber ehrlich: Wer hätte das Herz, nein zu sagen bei Gelegenheiten wie «Ciel mon mardi», «Rien à cirer», «Studio Gabriel», «Nulle part ailleurs», bei einem Besuch der Kasperlefiguren oder der Familie Deschiens? Ist Ihnen klar, daß ich den Mut hatte, den dringenden Einladungen zur Sendung «Méfiez-vous des blondes» (bei TF 1) nicht nachzugeben? Sie wollten mich wirklich ... Niemand will mir das glauben, aber das war für mich ein langer und schmerzlicher Weg der Buße.

Jetzt spotten Sie, oder Sie bieten nun wirklich das beste Ziel für Ihre Ankläger, die auf ihre – gespielte oder echte – Naivität hinweisen ...

Ich weiß nicht, ob ich naiv bin oder nicht. Ich versuche, echt zu sein. Es gibt Leute, die sagen, daß ich in einem kleinen Kreis besser auftrete; denn ich bin nicht jemand, der unbedingt reden und auftreten muß. Ich liebe das Gespräch. Manchmal kann ich auch gut darauf verzichten, denn ich habe noch viele andere Dinge zu erledigen. Wenn ich spreche, achte ich bei meinen Stellungnahmen in den Medien darauf, daß sich nicht zuviel Unverständliches oder Widersprüchliches ergibt. In den Tagen und Wochen nach einer Sendung muß man sich immer wieder äußern, muß auf dieselben Fragen wieder zurückkommen und wiederholen, was man schon gesagt hat.

Das klingt nun fast so, als ob es für Sie eine unangenehme Aufgabe wäre.

Nein, das ist keine unangenehme Aufgabe: Menschen zu treffen und in den Medien zu sprechen. Zu kommunizieren gefällt mir. Aber daraus abzuleiten, daß ich losrenne, sobald man mich ruft ... Das finde ich übertrieben. Ich gebe auch gern zu, daß ich in Sachen Medien Fehler gemacht habe.

Es ist klar ersichtlich, daß Sie die Medien mögen, daß Sie die Fernsehstudios gern aufsuchen. Man kann das im besseren Fall als wohlgepflegte Eitelkeit betrachten, im schlimmeren Fall als die Lieblingssünde eines sanften Narzißten.

Alles, was ich im Zusammenhang mit meinen Stellungnahmen in den Medien sagen konnte, hat allem Anschein nach die Fragen noch nicht geklärt. Ich bin enttäuscht. Ich habe doch wirklich genügend erklärt, weshalb ich in die Medien gehe und was mir an der Kommunikation wichtig ist. Ich habe es auch auf verschiedene Art gesagt, um mich nicht zu wiederholen. Es geht darum, daß wir das Wort aussäen, und die Medien sind die entsprechenden Hilfsmittel der heutigen

Welt. Wenn man mich einlädt, kann ich dieses Signal an Interesse für einen Kirchenmann nicht übergehen. Warum sollte ich diese Gelegenheit zum Dialog zurückweisen, die mir eine Gesellschaft bietet, die sucht und hinterfragt. Ein Bischof ist da, um das Wort weiterzutragen. Eigentlich müßte man sich freuen, und man müßte mich ermutigen.

Ich liebe beides: die Predigt im Sonntagsgottesdienst und die drei Minuten im Fernsehen. «Weh mir, wenn ich die Frohe Botschaft nicht weitergebe!» (1 Kor 9,16)

Sie bringen das zusammen: die Predigt in der Kathedrale und die drei Minuten im Fernsehen?
Ja, für mich ist es dasselbe. Wenn ich in den Medien spreche, ist es wie eine Predigt in der Kathedrale. In der Kathedrale spreche ich zu Christen; in einer Fernsehsendung wage ich Worte – ohne sie aufzuzwingen – an Nicht-Christen, an Suchende, an Atheisten. Das ist heikler als in der Kathedrale. Man macht mir oft den Vorwurf, ich würde meine Aussagen nicht abstützen, ich sei zu kurz, ja sogar, ich würde zu stark vereinfachen. Das Fernsehen gibt einem wenig Zeit, um sich auszudrücken. Es erlaubt keine Nuancierungen. Schon vom ersten Satz an versuche ich mich auf das Wesentliche der Botschaft zu konzentrieren, die ich hinüberbringen will. Wenn man mir später noch einmal Zeit und Aufmerksamkeit schenkt, werde ich versuchen, zu kommentieren und zu nuancieren ... Beim Kondom zum Beispiel sage ich zu Beginn: «Das Kondom scheint mir ein Hilfsmittel zu sein, das heute notwendig geworden ist.» Wenn ich etwas mehr Zeit habe, spreche ich dann auch von der Treue.

Die Medien sind wie Alkohol: mit Maß zu genießen. Ihr regelmäßiges Auftreten bei jeder nur möglichen Gelegenheit kann zur Erfahrung der Sättigung führen, vor allem wenn die Neugierde, die Ihre unterschiedli-

> *chen Beiträge ausgelöst haben, vorbei ist. Kennen Sie selber diese Erfahrung der Sättigung nicht?*

Ich gestehe gern, daß ich vielleicht an zu vielen Sendungen teilgenommen habe. Das ist wahr. Zuviel ist zuviel. Ich selber schaue wenig fern, ich kann die Erfahrung der Sättigung, die ein Fernsehzuschauer empfindet, nicht nachvollziehen. Warum schauen dann die Leute immer in den Kasten? Das ist doch die Frage.

> *Warum bekommen sie immer Gaillot zu sehen? Auch das ist eine Frage.*

So einfach ist das nicht. Was soll ich denn tun, wenn mich alle Fernsehanstalten im selben Moment bedrängen, etwa als ich nach meiner Absetzung aus Rom zurückkam, als ich in der Kathedrale von Evreux den letzten Gottesdienst feierte, als ich an der Rue du Dragon einzog? Wie soll ich mich verhalten? Antworten oder allen die Tür weisen? Wenn man unter Beschuß gerät, muß man sich dem stellen. Man kann nicht einfach davonlaufen. Also gehe ich vorwärts.

> *Bei den drei Ereignissen, die Sie eben aufgezählt haben, waren Sie aber auch nicht verpflichtet, sich mit den Medien abzusprechen.*

Warum soll man aus Dingen, die vorhersehbar sind oder andere ankündigen werden, ein Geheimnis machen? Ich zog es vor, daß die Informationen direkt von mir kamen und nicht von Instanzen, die weniger direkt damit zu tun hatten.

Als man mich als Bischof absetzte, hätte ich es nicht geschätzt, wenn Rom das meinen Diözesanen mitgeteilt hätte. Ich empfand es als meine Pflicht, es ihnen selber mitzuteilen. Ich handle immer so, aus dem Bemühen um Transparenz. Das scheint mir im Hinblick auf die andern für unser Zusammenleben eine der angemessensten Verpflichtungen zu sein.

Was sagen Sie zu den Anzeichen von Überreizung («schon wieder Gaillot!») oder Übersättigung («immer noch Gaillot!»), die in den Zeitungen bereits bemerkbar sind?
Man hat auch keine Hemmungen, es mir zu sagen oder zu schreiben, es mir in allen Tonarten zu wiederholen. Es gibt sogar Leute, die mir stark zureden, mich in ein Kloster zurückzuziehen und Schweigen zu üben. Aber ich bin noch da ...
Geduld. Wir alle wissen doch, daß sich die Medien nicht allzu lange für ein Ereignis oder eine Person interessieren. Sie sammeln sich von einer Person zur andern den Nektar zusammen, sie fliegen von einem Ereignis zum nächsten. Früher oder später ziehen sie sich von selber zurück. Das gehört zu den Ausgleichreflexen dieses Berufs. Das Vergessen kommt sicher ... Ich weiß, daß mich die Medien eines Tages laufen lassen.
Es gibt auch schon Leute, die sagen: «Man hört und sieht nichts mehr von Ihnen.»

Weshalb haben Sie alle freundschaftlichen und dringlichen Bitten, die Ihnen ein echtes «Medienfasten» nahelegten, abgewiesen? Hätte Ihnen eine Fastenzeit in Sachen Reden geschadet?
Ich habe die Bemerkungen, die man mir gegenüber gemacht hat, ernst genommen, und nach den Ermahnungen von Monsignore Decourtray und Monsignore Duval habe ich mich zurückgehalten.
Aber ich war mit den Begründungen, mit denen man mich zum Schweigen bringen wollte, nicht einverstanden. Auf sehr diplomatische Art wollte man mir beibringen, nicht mehr in den Medien aufzutreten. Weshalb? Sage ich denn Dummheiten? Stehe ich im Widerspruch zur Kirche? Der Papst tritt ja oft auf, er ...

In «Frou-Frou» und «Rien à cirer» hat man ihn aber noch wenig zu sehen bekommen ...
Ich persönlich spezialisiere mich nicht auf die Dreisternsendungen, die als ernsthaft gelten. Warum soll ich mich nicht in die volkstümlichen Sendungen mischen, wo man zu lachen versteht und wo man sich nicht zu ernst nimmt?

Gehört es zu einem Bischof, daß er den Hanswurst macht oder den Statisten spielt?
Es gehört zu einem Bischof, daß er wahr ist, ehrlich sich selber gegenüber und ohne Maske. Gibt es denn nicht eine Botschaft, die er zu vermitteln hat? Mir ist aufgefallen, daß die Fernsehzuschauer oft mehr auf das Auftreten achten als auf den Inhalt oder die Worte. Man hat mir schon oft gesagt: «Sie wirkten müde. Sie machten den Eindruck, als würde Sie etwas beschäftigen ...»

Wie beurteilen Sie die Haltung der Bischöfe gegenüber den Medien?
Ihr Verhalten hat etwas Eingeschüchtertes, Zurückhaltendes. In den Medien bestimmt man nicht selber über die Kommunikation. Man ist nicht bei sich, sondern bei jemand anderem zu Hause!
Es ist ein Wagnis. Wenn man sich einverstanden erklärt, in den Medien mitzuspielen, stellt sich meistens ein Schock ein. Denn die Medien verändern unsere Art und Weise, wie wir unser Amt ausüben. Wir sind zum Beispiel, ohne vermittelnde Instanz, direkt der öffentlichen Meinung ausgesetzt. Und unser Wort gehört nicht mehr uns selber. Was also auf dem Spiel steht, ist die Freiheit des Bischofs gegenüber der Institution.
Die Bischöfe haben durchgesetzt, daß sie die ersten drei Tage der Vollversammlung in Lourdes unter Ausschluß der Öffentlichkeit tagen. Und das Resultat: Die Medien ren-

nen den Bischöfen nicht nach, und die Bischöfe arbeiten in einem Klima voller Vermutungen und Verdächtigungen ...

Kürzlich waren die Bischöfe unzufrieden: Die durchdachte und begründete Erklärung der Kommission für die Gastarbeiter gegen die «lois Pasqua» war von den Medien schlecht aufgenommen und wiedergegeben worden. Dabei handelte es sich um ein Problem unserer Gesellschaft, und die Medien werfen uns immer wieder vor, wir hätten nichts zu sagen ... Wo steckte der Fehler?

Ich persönlich kann und will mich nicht über die Medien beklagen. Ich kann eigentlich nur loben, wie sie mit mir umgegangen sind. Sie haben mich auch gelehrt, auszusteigen aus einer übertriebenen Vorsicht und aus der gedämpften, bis zum Gehtnichtmehr diplomatischen klerikalen Sprache, die es mit niemandem verderben will.

Die Medien haben auch das Bild des Bischofs in der Öffentlichkeit verändert. Er ist nun nicht mehr diese geheimnisvolle, ferne Persönlichkeit, sie haben ihn den Leuten näher gebracht. Dank des Fernsehens kennen alle den Bischof. Der Historiker Pierre Pierrard hat im Blick auf mich die Frage gestellt: Gibt es in Frankreich irgendeine andere Diözese, in der alle ihren Bischof kennen?

Das Fernsehen bringt unsere Grenzziehungen durcheinander. Es berücksichtigt unsere kirchlichen Grenzen nicht. Der Kirche sind die entsprechenden Konsequenzen noch nicht klar geworden. Mit den Medien fallen Abgrenzungen dahin, man überspringt Grenzen und läßt Zäune hinter sich. Man darf sich der Medien nicht bedienen wollen, sie gehören uns nicht; man darf den Medien auch nicht mit Mißtrauen begegnen, etwa mit der Vorstellung, daß sie uns hineinlegen wollen oder alles zu sehr banalisieren.

Wir leben nicht mehr im Zeitalter der Öllampe ... Ich bringe die Medien gern mit den modernen Verkehrsmitteln zusammen, mit der Bahn, dem Flugzeug, dem TGV ...

Wir kommen nicht mehr ohne sie aus. Ich bedaure es, daß die Bischöfe nicht vermehrt in den Medien sprechen, wenn man ihnen die Gelegenheit gibt, ihre Ansicht zu vertreten.

Die Kirche – man kann es nie genug wiederholen – wird nicht nur durch die Bischöfe vertreten. Man wendet sich zwar immer wieder an die Verantwortlichen, an die Mitglieder der Hierarchie, aber auch andere Christen sind durchaus fähig, eine Botschaft weiterzutragen ...

Weshalb wird die Kirche gerade in diesem Punkt so falsch verstanden, und das zu einem Zeitpunkt, wo doch alle miteinander reden, sogar jene, die nichts zu sagen haben?

Weil sie oft unverständlich ist. Die Mitteilungen der Bischöfe sind häufig nicht lesbar. Ihre Sprache ist zu weit von der so klaren Sprache des Evangeliums entfernt. Vor kurzem fragte man in einem Beitrag von *L'Express* Jean Guitton, ein Mitglied der Académie française, ob er Johannes Paul II. etwas vorzuwerfen habe. Und er meinte, er würde den Papst bitten, sich in seinen Schreiben kürzer zu fassen.

Er hat recht: Man sollte nicht nur kurz, sondern auch klar schreiben.

Weshalb gibt man im Prozeß, der Ihnen nun gemacht wird, Ihrer Präsenz in den Medien ein derartiges Gewicht?

Der Rahmen, in dem ich auftauchte, ist der Kirche fremd. In der Sendung «Frou-Frou» war ich eine Stunde lang vier hübschen, wortgewandten, modernen Frauen ausgesetzt. Nun darf sich doch ein Bischof – im Namen seiner bischöflichen Würde! – nicht unter die Frauen verirren. Zudem mag der Name der Sendung, «Frou-Frou», bei vielen Anklänge an den Stil der «Folies-Bergère» wachrufen: mangelhaft bekleidete Frauen, leichte Mädchen, Frauen mit schlechtem Lebenswandel ... – was weiß ich, welche Phantasien lebendig werden? Kurz, die Köpfe haben sich erhitzt schon bei der Vorstellung ihrer Phantasiefrauen, und von diesen Phantasiegeschöpfen wissen wir ja, daß sie die Verantwortlichen der Kirche herausfordern und die prüden Christen, die entsprechende Probleme haben, verrückt machen.

Ich glaube heute auch, daß die Vorwürfe rund um mein Gespräch mit Eugen Drewermann im Sender Arte mit Sex zu tun haben.

In der Sendung «Transit» brachte man an diesem Abend drei ganz verschiedene Beiträge: Priester, die geheiratet haben – homosexuelle Priester – mein Gespräch mit Drewermann. Die drei Beiträge hatten nichts miteinander zu tun, aber viele, angefangen bei den Bischöfen, brachten sie zueinander in Beziehung: Daß Drewermann und ich zu den andern Beiträgen nicht Stellung bezogen, bedeutete, daß wir mit ihnen einverstanden waren. Daß wir nichts gesagt hatten, bekam Gewicht.

Kann die Kirche über dieses sexuelle Problem hinauswachsen, über ihre Angst vor dem Fleisch?
Sie kann mit diesem Problem nur fertig werden, wenn sie die Art und Weise, wie sie ihre «Diener» auswählt, verändert und bereit dafür ist, daß auch Verheiratete zu Priestern geweiht werden können. Ich habe es schon betont: Das Zölibat ist ein kraftvolles Zeichen für die christliche Gemeinschaft und für die ganze Gesellschaft; aber auch deswegen darf man es niemandem aufzwingen. Es handelt sich um ein klassisches Symptom: Die Verdrängung belegt, daß man sich ständig mit der Sexualität beschäftigt.

Kennen Sie den Witz: «Was ist denn los, daß sich dieser Papst immer mit dem Pessar meiner Schwägerin beschäftigt? ...»

Spaß beiseite; die Kirche äußert sich tatsächlich häufiger über die Sexualmoral als über Fragen der sozialen Gerechtigkeit ... Wenn es ihr so wichtig ist, sich einzumischen, so deutet das wahrscheinlich darauf hin, daß sie in diesem Kapitel mit sich selber nicht im klaren ist ...

> *Es heißt, Jacques Gaillot sei nicht greifbar, nicht bestimmbar.*

Ja, ich verschwinde von Zeit zu Zeit, und niemand weiß, wo ich bin. Gelegentlich sind die Leute erstaunt, mich an einem Ort vorzufinden, wo mich niemand erwartet hat. Ich bin immer bereit, im letzten Moment alles auf den Kopf zu stellen zugunsten der göttlichen Überraschungen, die uns das Leben immer wieder zuspielt. Die Dringlichkeit und der zuletzt Gekommene, wie der Arbeiter der elften Stunde, bestimmen. Ich verschiebe oft, ich sage sogar Treffen ab, die seit langem abgesprochen sind, weil mich etwas Dringliches ruft. Ich verschanze mich nie hinter einem Programm, ich halte mich für das Unerwartete bereit. Manchmal überrasche ich mich sogar selber, erst recht die andern ...

10. Kapitel

Der Rückfällige

Sie machten Ihren Fall noch gravierender, als Sie sich zu einem Gespräch mit dem deutschen Theologen Eugen Drewermann bereit erklärten. Er ist in seinem eigenen Land auf den Index gesetzt worden. Weshalb haben Sie diesem Gespräch vor laufender Kamera zugestimmt?

Eugen Drewermann ist Theologe, Deutscher, Priester der Diözese Paderborn. Er wurde von seinem Bischof bestraft, und zwar mit dem Verbot zu lehren, zu predigen und Eucharistie zu feiern. Diese schwere Strafe hat in Deutschland zu Protesten geführt.

Obwohl ich selber noch nichts von Drewermann gelesen hatte, schrieb ich seinem Bischof:

«In Frankreich nimmt sein Einfluß ständig zu, und seine Werke, die nächstens in Frankreich erscheinen, werden sein Publikum noch anwachsen lassen. Könnten Sie in Anbetracht dieser Tatsachen nicht Herrn Drewermann provisorisch weiter predigen und an der Universität lehren lassen? Gleichzeitig hätten die Theologen die Möglichkeit zu einer offenen und freien Auseinandersetzung. Unsere Kirche würde sich damit in ein besseres Licht stellen und glaubwürdiger wirken.»

Er antwortete mir – auf deutsch: «Die Wirkung der Medien muß sicher in Betracht gezogen werden, darf aber nie zum Maßstab der seelsorgerlichen Pflicht eines Erzbischofs werden.»

Drewermann war sehr betroffen, daß ihm ein französischer Bischof Sympathien entgegenbrachte. Jean-Pierre Bagot, der Übersetzer seiner Werke für den Verlag du Cerf, ein Priester, den ich gut kenne, ließ mich wissen, daß Drewermann mich gern kennenlernen würde. Als er nach Frankreich kam, haben wir uns getroffen. Dann wurde es uns zur Gewohnheit, uns zu sehen, wenn er jeweils nach Paris kam.

Bei einer Konferenz im Rahmen der Medizinischen Fakultät war ich sehr angetan von seiner Art und Weise, das Evangelium zu vermitteln und zu aktualisieren, indem er auch auf die Naturwissenschaften Bezug nahm ... speziell: «der Gang auf dem Wasser». Er hatte diesen Abschnitt des Evangeliums den Zuhörern vorgestellt, und man spürte, wie die Leute mitgingen und sich für seine sehr originelle Deutung begeisterten. Ich bewunderte, wie er das Evangelium übersetzte, alle fundamentalistischen Tendenzen, mit denen wir sonst im Kirchlichen stecken bleiben, fallen ließ und einen Inhalt herausarbeitete, der dem Leben Sinn gab.

Der erstaunliche Erfolg Drewermanns in Deutschland kommt daher, daß er genau auf jenen Bruch hingewiesen hat, der heute die Fragen des modernen Menschen und das Wort der Kirche nicht mehr zusammenkommen läßt. Er skizzierte auch einen Weg aus dem kirchlichen Ghetto, einen Weg zu den Fragen der Zeitgenossen.

Ich las *Kleriker, Psychogramm eines Ideals*, noch bevor das Buch in Frankreich publiziert wurde, und machte mir Notizen. Und ich schrieb eine Rezension für das Bistumsblatt von Evreux: «Ich habe eben Drewermanns Buch aufmerksam gelesen. Ich habe versucht wahrzunehmen, was dieser Theologe unserer Kirche und jedem von uns sagen will: Es ist ein herausfordernder Weg, ein schmerzvoller Weg, der Weg der Wahrheit. Wenn Drewermann versucht, alte Tabus aufzubrechen, dann deshalb, weil er die aktuellen Probleme direkt angehen und die Menschen von heute ansprechen will. Wenn er die strukturelle Unterdrückung der affektiven Kräfte und die Abkapselung des Ichs anprangert, will er die Einsamkeit von so vielen aufsprengen. Denn das Streben nach Vollendung darf nicht vom Leben losgelöst werden. Wenn er unsere Sicherheit ins Wanken bringt, weil er die klerikalen Mechanismen aus der Perspektive der Psychoanalyse aufdeckt, will er zeigen, daß der Glaube frei machen kann. Denn die Frage, um die es wirklich geht, ist die Frage Jesu: 'Wer bin ich heute für dich?'

Er weist nach, daß man heute nicht mehr einem bestimmten Amt vertraut, sondern einer bestimmten Person und daß nur jene Personen glaubwürdig sind, die klar Stellung beziehen und auch selber denken. Denn vor Gott gibt es keinen Ersatz für ein persönliches, authentisches Leben. Wenn er darauf hinweist, daß die evangelischen Räte nur schlecht gelebt werden, will er uns auffordern, diese Räte heute auf prophetische Art und Weise zu leben.

Ziel des Buches ist es, das Gespräch in einer Atmosphäre der Toleranz zu ermöglichen, unser Verhalten ohne Selbstgefälligkeit zu hinterfragen und Licht in unsere persönliche Geschichte zu bringen: damit wir wieder von der Frohen Botschaft leben und zu uns selber kommen.»

Weshalb hat Ihr Gespräch im Sender Arte in der Kirche eine so allgemeine Empörung ausgelöst?
Die Sendung mit Drewermann wurde voraus aufgezeichnet und an einem Abend ausgestrahlt, als in Paris eine Sondersitzung der Bischöfe stattfand, bei der sie eingeladen waren, sich mit Armen, Fremden und Arbeitslosen zu treffen. Das gab einen Aufruhr: Im selben Augenblick, als sich die Bischöfe vollzählig diesem Versuch von Solidarität widmeten, fand Gaillot wieder eine Möglichkeit, sich im Fernsehen abzusetzen. Zudem warf man mir mangelnde Solidarität mit der Kirche vor, die ja den deutschen Theologen bestraft hatte.

Bevor ich der Einladung von Arte nachkommen konnte, mußte ich den Erzbischof von Straßburg entsprechend informieren, aus reiner Höflichkeit. Ein paar Tage später schickte mir Monsignore Charles Amarin Brand, der Erzbischof von Straßburg, einen Brief mit einer sehr radikalen Entscheidung. Er schrieb:

«Schon mehrfach haben Sie mir angekündigt, daß Sie ins Elaß kommen möchten – zu einem Zeitpunkt, als alles bereits arrangiert und in den Medien angekündigt worden war.

Ihren letzten Besuch in Straßburg kann das christliche Volk hier nur schwer nachvollziehen. Ich bekam und bekomme immer noch zahlreiche Reaktionen, die zum Ausdruck bringen, daß die Menschen beleidigt und betroffen sind: Vor allem weil es im Rahmen des Fernsehens geschah und weil es hier in Straßburg aufgenommen worden war. Viele Priester fühlten sich erniedrigt und verletzt. Nur wenige konnten sich darüber freuen.

Es bereitet der Kirche jetzt schon Mühe, wirklich offen und in der Welt gegenwärtig zu sein, ohne sich der Welt total anzupassen.

Mit diesem Brief verbiete ich Ihnen, in der Diözese Straßburg aufzutreten; wie Sie wissen, umfaßt die Diözese die beiden Départements Bas-Rhin und Haut-Rhin. Sollten Sie es trotzdem tun, müßte ich es als bewußte Provokation betrachten, und ich würde mich gezwungen sehen, öffentlich meine Meinung und Mißbilligung bekanntzumachen. Kommen Sie mir bitte nicht damit, daß dies der kirchlichen Gemeinschaft und der Brüderlichkeit unter Bischöfen widersprechen würde. Diese beiden Werte sind bereits auf brutale Art verletzt worden – von wem wohl?

Empfangen Sie, Herr Bischof, den Ausdruck meines Schmerzes, aber auch meiner Verbundenheit im einen und gemeinsamen Herrn.»

Die Ironie der Geschichte: Am selben Tag, als die Bischöfe die Pflicht betonen, sich mit den Ausgegrenzten solidarisch zu zeigen, bekomme ich Hiebe, weil ich mich mit einem Ausgegrenzten zusammensetze ... mit einem durch die Kirche Ausgegrenzten.

Der Brief von Monsignore Brand ist natürlich bekannt geworden. Und die Leute aus der Diözese Straßburg haben protestiert: «Unser Erzbischof übergeht uns, wenn er so spricht. Wer war denn skandalisiert? Wir akzeptieren es nicht, daß der Bischof auf diese Art in unserem Namen spricht. Wenn uns etwas skandalisiert, dann ist es sein Verhalten ...»

Im Juni lud mich die Gruppe «Croyants en liberté» nach Metz ein. Und ich bat sie, den Bischof zu informieren und seine Erlaubnis einzuholen.

Voller Vertrauen suchten sie den Bischof von Metz auf und machten aus der Sache kein Geheimnis. Und die Antwort des Bischofs war: «Ich will nicht, daß der Bischof von Evreux in meine Diözese kommt. Seine Gegenwart ist nicht erwünscht.»

Nach der ersten Überraschung berief sich die Gruppe auf die Gläubigen der Diözese. Ein guter Anfang!

Seitdem haben mir die Bischöfe von Straßburg und Metz, die durch ein Konkordat miteinander verbunden sind, verboten, den Fuß in ihre Diözesen zu setzen.

Man hat Ihnen auch vorgeworfen, daß Sie Drewermann lediglich als Statist dienten, daß er Sie ausnützte.

Um seine Thesen unter die Leute zu bringen, hat Eugen Drewermann Jacques Gaillot nicht nötig.

Diejenigen, die Sie kritisieren, sagen zum Beispiel: «Gaillot wirkte hingerissen, allein weil er neben Dre-

wermann sitzen durfte, und dachte nicht daran, den Thesen zu widersprechen.»

Genau das werfe ich der Kirche vor: Sie zieht sich auf die schon ausgesprochene Strafe zurück und weigert sich, auf Drewermann zu hören, mit ihm zu diskutieren. Dabei braucht auch sie das Gespräch mit ihm.

Ich wollte eine Tür öffnen, die man unnötigerweise geschlossen hatte. Eigentlich kann ich dazu nichts anderes sagen ...

Die verschiedenen Präsidenten der französischen Bischofskonferenz mußten sich zu verschiedenen Malen mit den Problemen auseinandersetzen, die Sie mit Ihrem Verhalten der Kirche bereiteten. Die Drohungen wurden bestimmter. Und im April 1994 sandte Ihnen Monsignore Joseph Duval einen Brief als Aufforderung, zur Ordnung zurückzukehren. Es war der letzte Brief vor Ihrer Amtsenthebung.

Der Brief kam an Ostern. Er überraschte mich sehr.

Ich dachte, der Brief würde sich auf meine Fernsehauftritte in «Frou-Frou» und bei Arte, auf das Gespräch mit Drewermann beziehungsweise auf die anschließenden Reaktionen beziehen. Aber die Proportionen stimmten nicht: Was mir im Brief vorgeworfen wurde, konnte die Sendungen nicht betreffen.

Welche Beziehung hatten Sie – vor diesem Brief – mit Monsignore Joseph Duval?

Wir sahen uns häufig im Rahmen der Institution: in Rouen, Le Havre, Evreux, und regelmäßig in Paris. Hinzu kamen, im Rhythmus von zwei Monaten, informelle Zusammenkünfte: Bischöfe trafen sich, um gemeinsam zu beten und über ihr persönliches Leben nachzudenken ... Wir hatten also öfters miteinander zu tun, es gab immer wieder Gelegenheiten, uns zu treffen. Evreux liegt ja nur sechzig Kilometer von Rouen entfernt.

Eines Tages rief mich Monsignore Duval an: «Ich muß Dir eine Verwarnung schicken, und ich will ihr einen offiziellen Charakter geben, indem ich eine Kopie an alle Bischöfe sende.» Dieser Anruf wirkte wie eine Warnspritze.

Und dann kam der Brief ... Ich sprach mit Freunden über den Brief, und sie rieten mir, den Bischöfen zu schreiben, da sie ja zu Zeugen der Verwarnung gemacht worden waren. Leider antwortete ich zu schnell. Ich hielt es für wirksam, die näheren Umstände der Sendungen zu schildern, besonders der Sendung «Frou-Frou»: «Erst nach mehrfacher Bitte und nachdem ich bestimmte Zusagen erhalten hatte, nahm ich schließlich an.» Und zum Schluß erklärte ich meinen Schritt: «Ich möchte dort gegenwärtig sein, wo sonst niemand von uns ist, und ich möchte mich an Menschen wenden, die wir sonst nicht erreichen, indem ich ihr Gast werde.» Ich merkte nicht sofort, daß ich da in einer gewichtigeren Sache und viel radikaler vor Gericht geladen war.

> *Halten wir uns an die Worte von Monsignore Duval: «Mit diesem Brief möchte ich Dir helfen, Dir selber ein paar Fragen zu stellen ...» Wie reagiert Jacques Gaillot?*

Schlecht. Dieser Satz half mir nicht groß, mir selber Fragen zu stellen. Ich mag diesen väterlichen Tonfall nicht.

> *«Ich bin verpflichtet, Dir zu sagen, daß Dein Verhalten in den Medien immer unerträglicher wird.»*

Das Eigenschaftswort blieb mir im Hals stecken. Man konnte mich kritisieren, mir Vorwürfe machen, das war legitim, aber «unerträglich» schien mir übertrieben.

Ich fragte mich: Was war denn unerträglich? Drewermann? «Frou-Frou»?

> «*Man hat Dir bereits gesagt, daß Deine Teilnahme an der Sendung 'Frou-Frou' für viele ein Skandal war.*» *Machten Sie sich selber keine Vorwürfe, als Sie zu dieser Sendung fuhren?*

Nein, gar nicht. Von «Skandal» zu sprechen ist mir zu hoch. Ich kann verstehen, daß Leute aufgebracht sind, daß sie nicht verstehen, weshalb ich an dieser Sendung teilnehme, daß sie die Sendung geschmacklos oder zu volksnah finden. Wenn ihnen die Sendung nicht entspricht, sollen sie weiterschalten. Es ist niemand verpflichtet, mir zuzuschauen.

Es war abgesprochen, daß ich in dieser Sendung über die im Hinblick auf die Immigranten unheilvollen «lois Pasqua» sprechen konnte. Und ich war glücklich, auch über das Osterfest sprechen zu können. Ich hätte es vorgezogen, die Leute würden die «lois Pasqua» einen Skandal finden, statt mit mir über diese harmlosen Gespräche zu streiten.

Der Satz ist übrigens deutlich: «Deine Teilnahme an der Sendung 'Frou-Frou' …» Es ging nicht um meine Worte, nicht um meine Stellungnahme, sondern schlicht und einfach um meine Teilnahme …

> «*Deine Teilnahme bei Arte, und zwar während der Vollversammlung, hat erneut sichtbar gemacht, wie sehr Du Dich vom Papst und den Bischöfen distanzierst.*» *Teilen Sie diese Meinung?*

Nein. Ich wurde – vor den Bischöfen, schließlich vor der Öffentlichkeit – auf Distanz gebracht, wurde verdächtigt, wurde aus dem Spiel gezogen. Dieser Brief brachte mich bei den Diözesanen von Evreux in schlechten Ruf.

> *Monsignore Duval schreibt weiter:* «*Hast Du im Rahmen dieser Sendung auch nur einmal auf die Forderungen des Evangeliums, das ja nicht nur unsere Gefühle ansprechen will, hingewiesen?*»

Ich habe nicht die Gefühle angesprochen. Ich traue ihnen nicht besonders viel, ich gehe ihnen eher aus dem Weg. Ich habe folgendes gesagt: «Die Kirche hat ihren Zweck nicht in sich selber. Wir stehen vielmehr selbstlos im Dienst der Menschen. Und ich wünsche mir, daß Jesus kommt und den Menschen voller Vertrauen wieder zu sich selber bringt, zu seiner Wahrheit, seiner Freiheit, und uns Menschen zeigt, daß wir von Gott wie verrückt geliebt werden.» – Wo sind da die Gefühle? Wie auch immer: Diese Sendung mit Drewermann lag mir am Herzen. Und es gelingt mir auch jetzt noch nicht, sie zu bedauern.

> *«... Hast Du Dir je Deine Solidarität mit Deiner Kirche und mit den anderen Bischöfen in Erinnerung gerufen?»*

Warum soll ich sie mir in Erinnerung rufen, ich lebe sie ja. Ich weiß mich in Einheit mit der Kirche. Wenn ich mit Drewermann zusammentraf, hatte ich nicht das Bedürfnis, ständig zu betonen: «Sie wissen, ich bin eins mit der Kirche ...»

> *«...Du kennst vielleicht die Vorstellungen Drewermanns im Hinblick auf die Kirche und auf die Sakramente ... Hast Du versucht, Drewermann zu sagen, daß auch er seine Vorstellungen hinterfragen sollte?»*

Nein, das habe ich nicht getan. Das war nicht der Ort dazu. Wenn man miteinander sprechen will, muss man zuerst zuhören, für einander offen sein. Während neun Minuten haben wir sehr intensiv gesprochen. Wir sprachen aber von Gott, nicht von den Bischöfen. Warum immer von den Bischöfen, den Bischöfen, den Bischöfen ...?

> *«Bist Du Dir bewußt, daß Du auf diese Art die Fernsehzuschauer betrügst und bloß Deine Solidarität mit Drewermann deutlich machst?»*

Doch, ich gebe zu, daß ich gern auf jene zugehe, die am Wegrand stehen. Es ist mir wichtig, denen, die zurückgewiesen worden sind, meine Freundschaft zu zeigen. Wenn ich auf Drewermann zugehe, gehe ich auf einen Bruder zu.

> «...Aber wie machst Du Deine Solidarität mit Deinen Brüdern, den Bischöfen, und mit dem Papst deutlich? Bist Du Dir bewußt, daß Du Deine Position nicht mehr halten kannst?»

Nicht ganz, nein. Ich war mir dessen nicht bewußt. Diese Aussage verletzte mich sehr, weil sie meinen pastoralen Einsatz, meine Art, als Bischof zu leben, frontal angriff. Das war eine schwere Anschuldigung, die meine Arbeit von zwölf Jahren in Frage stellte. Schließlich stellte ich mir die Frage: «Soll ich weiterfahren oder aufhören?» Ich dachte sogar an eine Demission. Es waren Gefangene, die mir weiterhalfen. Moslems, die eben vom Sport zurückkehrten, kamen auf mich zu, ganz außer Atem: «Wir kommen jetzt mit Ihnen, wir wissen, daß Sie in der Scheiße stecken. Aber Sie müssen durchhalten, wir brauchen Sie. Geben Sie nicht nach; was Sie tun, ist wichtig.» Ich fragte sie nicht weiter, ich kannte sie gar nicht. Ich betrachtete es als ein Zeichen. Und ich ging gestärkt weg.

> «...Deine deutliche Distanz zu Deinen Brüdern im Bischofsamt ist für uns eine Quelle des Leidens und für viele Katholiken ein Ärgernis.»

Von «Leiden» und von «Ärgernis» zu sprechen, scheint mir leicht übertrieben zu sein. Ich bin auch heute erstaunt darüber, daß so gewichtige Wörter gebraucht wurden, Wörter, die doch wirklich für viel schmerzlichere Dinge eingesetzt werden müßten. Das Drama der Obdachlosen direkt vor unseren Fenstern: Ist das keine Quelle des Leidens und kein Ärgernis? Das Drama, daß Tausende arbeitslos sind: Ist das keine Quelle des Leidens und kein Ärgernis? Das Drama der Rechtlosen: Ist das keine Quelle des Leidens und kein Ärgernis? Das Drama der Einwanderer, die illegal hier leben: Ist das keine Quelle des Leidens und kein Ärgernis? Das Drama der Abgeschobenen: Ist das keine Quelle des Leidens und kein Ärgernis? Und wenn die Kirche in Haiti die Putschisten unterstützt und nichts unternimmt, um die ethnischen Säuberungen in Bosnien oder den blutigen Krieg in Algerien anzuprangern: Ist das alles keine Quelle des Leidens und kein Ärgernis? Bitte, halten wir uns bereit für echte Auseinandersetzungen!

> *Was steckte Ihrer Meinung nach hinter dem Brief? Steckte dahinter eine persönliche Initiative, oder schrieb Ihnen Monsignore Duval unter dem Druck von Rom?*

Ich habe später mit Monsignore Duval über den Brief gesprochen. Und er sagte mir: «Du kannst dir die Drohungen nicht vorstellen, die in Rom gegen dich vorliegen. Ich habe den Brief geschrieben, um dich zu schützen.»

Ich lege Wert darauf, ihm dafür zu danken, daß er es getan hat.

Heute denke ich, daß damals, zur Zeit des Briefs, in Rom die Entscheidung schon gefallen war.

> *Der Brief war also keine letzte Verwarnung, sondern mit ihm wurde der Prozeß in Gang gebracht, der zu Ihrer Absetzung führte?*

Ja. Ich glaube, daß mein Fall in Rom bereits geregelt war.

> «*Was strebst Du an? Deinen persönlichen Erfolg oder die Einheit, die es aufzubauen gilt?*»

Ich reise nicht in eigener Sache. Aber ich will mich gar nicht rechtfertigen. Diese Anschuldigung betrifft mich nicht.

> «... Du hörst auf die anderen, das stimmt ... Aber Bischof sein bedeutet auch, Zeuge zu sein für Christus, der zur Umkehr ruft und uns die Mittel schenkt, diese Umkehr zu vollziehen.»

Ein solcher Satz spricht mich schon eher an. Aber ich habe immer noch nicht kapiert, worauf der Präsident hinauswill. Ich sehe es immer noch nicht ...

> «... Auf dem Weg, den Du eingeschlagen hast, kannst Du nicht mehr weitergehen. Höre auf, diese Distanz zwischen Dir und den andern Bischöfen zu demonstrieren.»

Immer noch: die Distanz. Hartnäckig, zwanghaft! Ich mochte den Tonfall dieses Briefes nicht. Ich mag es nicht, wenn man brüderlich und hinterlistig ist, voller Honig und voller Gift.

> *Dieser Brief ist an die Öffentlichkeit gekommen. Steckten Sie dahinter?*

Sicher nicht! Ich glaube, es war die Zeitschrift *Golias*, die es getan hat.

Ich hütete mich, den Brief bekanntzumachen, es hätte bloß neuen Ärger gegeben, auch in der Diözese.

> *Was geschah in der Zeit zwischen dem Brief von Monsignore Duval und der Audienz am 12. Januar in Rom?*

Bei einer Zusammenkunft der Bischöfe der Region, Mitte Mai 1994, besprachen wir den Brief und die möglichen Auswirkungen. Monsignore Duval unterstrich noch einmal die schweren Drohungen aus Rom, die über mir schwebten. Ich versuchte herauszubekommen, welche Art von Drohungen das waren. Und er erklärte mir: «Es ist möglich, daß Rom dich auffordert zu demissionieren oder dir einen apostolischen Administrator mit allen Vollmachten schickt.» Die Bischöfe befürchteten bereits die Konsequenzen einer solchen Strafe in der Diözese. Es roch bereits angebrannt ...

Ich kehrte zurück und besuchte den Nuntius in Paris.

Unser Treffen fand am 21. Mai 1994 statt. Nach dem Mahnbrief von Monsignore Duval fragte ich den Nuntius erneut, ob es notwendig sei, nach Rom zu fahren.

«Nein, das scheint mir nicht notwendig zu sein. Aber ich denke, es könnte von Vorteil sein, wenn Sie nicht mehr in den Medien auftreten. Schreiben Sie mir doch einen Brief, in dem Sie sich verpflichten, nicht mehr an Radio- oder Fernsehsendungen teilzunehmen. Engagieren Sie sich in den Medien nicht mehr, schweigen Sie!»

«Ich soll nicht mehr in den Medien reden? Wie können Sie von einem Bischof verlangen zu schweigen? Entweder redet ein Bischof, oder er dankt ab!»

«Nein, wirklich. Die Medien schaden Ihnen, und sie schaffen Unruhe. Reden Sie in den Medien nicht mehr. Sie versprechen mir das in einem Brief, und ich lasse es Rom wissen.»

«Lassen Sie mich überlegen», sagte ich ihm zum Schluß.

Er bekam seine Antwort nie; ich hatte so viel zu tun ...

Als der Brief von Monsignore Duval bekannt wurde, kam es unter den Leuten zu einer ersten Bewegung. Hatten Sie sich vorgestellt, so stark unterstützt zu werden?

Seit langem erwartete ich, daß jene Christen, die seit Jahren den Dialog forderten, sich melden würden.

Die Zeitschrift *La Vie* veröffentlichte ein Dossier mit dem Titel «Affäre Gaillot». Sie half mit, daß es zu dieser Bewegung kam. Sie erhielt eine beachtliche Zusendung von Leserbriefen.

Eine Gruppe von Freunden beschloß, die ersten dreißigtausend Briefe zu analysieren; im Herbst dann veröffentlichten zwei Herausgeber umfangreiche Ausschnitte aus den Briefen, deren Zahl immer noch zunahm, bis es Anfang Oktober vierzigtausend Briefe waren ...

> *Vierzigtausend Briefe! Für eine Geschichte, bei der man hätte annehmen können, daß sie im tiefsten nur die internen Mechanismen der Kirche betreffen würde, eine gewaltige Überraschung.*

Ja, tatsächlich. Diese unerwartete Flut von Ermutigungsbriefen gab mir Kraft. Es waren die Leute, die jetzt das Wort ergriffen. Viele von ihnen hatten selber unter der Kirche gelitten, etwa die Priester, die geheiratet hatten, oder all jene, die aus der Kirche weggegangen waren. Das war eindrücklich. Die Briefe waren Zeugnisse menschlicher Reife, eine Summe von menschlichen Erfahrungen!

Man muß den Puls dieses Aufruhrs wahrnehmen und erspüren, was er wiedergibt.

> *Im Lauf des Sommers sprachen Sie eines Morgens im Rundfunk allerdings von der Möglichkeit des Rücktritts.*

Man stellte mir die Frage: «Denken Sie, daß es für Sie in der Zukunft auch ganz andere Wege geben könnte?»

«Vielleicht werde ich eines Tages, wenn sich der Sturm gelegt hat, die Weisheit haben zurückzutreten. Man sollte nicht zu lange Bischof bleiben. Denn Macht verbraucht, und am Schluß richtet man sich in der Routine ein. Es geht darum, ob man vor den Menschen Respekt hat.»

> *Bevor Sie wegfuhren, suchten Sie nach bestimmten Herausforderungen in Ihrer Diözese. Welche dieser Herausforderungen schien Ihnen die wichtigste?*

Auf jeden Fall: der Ausschluß. Die verschiedenen Möglichkeiten von Ausschluß liegen ineinander verschachtelt wie die russischen Puppen. Der erste Ausschluß: der Ausschluß aus der Wohnung. Nach der Wohnung kommt das Versagen in der Schule, dann der Ausschluß von der Schule. Dann kommt die Arbeitslosigkeit: Die Jungen finden keine Arbeit, weil sie ja keine Zeugnisse haben. Jene Menschen, die ich in den Gefängnissen kennenlernte, haben oft diese drei Formen des Ausschlusses erlebt.

Die Zukunft gehört der Solidarität. Daß sich die Formen des Ausschlusses häufen, ist eines der Hauptprobleme unserer Gesellschaft. Und wenn die Ausgeschlossenen selber aus dem Problem nicht herausfinden, werden wir mit ihnen untergehen.

Auch die Kirche muß sich dieser Herausforderung stellen, das ist eine Frage der Gerechtigkeit. Und Gerechtigkeit heißt in der Bibel: einem anderen, wer er auch sein mag, den eigenen Platz zu geben. Was haben wir beizutragen, heute, angesichts der Ausgeschlossenen? Jesus hat seine Apostel unter Menschen ausgewählt, die nicht studiert hatten, die manchmal schwer von Begriff waren.

Monsignore Romero, der Erzbischof von San Salvador, der in der Kathedrale ermordet wurde, hatte seine Wahl getroffen:

«All die notwendigen Veränderungen in der Kirche – in der Seelsorge, Erziehung, im Leben der Priester und Ordensleute, in den Gruppierungen der Laien – brachten wir nicht zustande, solange unser Blick nur immer auf die Kirche gerichtet war. Wir können sie aber jetzt realisieren, seitdem wir auf die Armen schauen.

Diese Begegnung mit den Armen hat uns die Grundwahrheit der Frohen Botschaft wieder entdecken lassen, durch die uns das Wort Gottes immer wieder zur Umkehr ruft.»

Wenn man sich an die Armen wendet, verstehen alle die Botschaft.

Es wird oft gesagt: «Man muß sich vorrangig für die Armen entscheiden. Das entspricht wirklich dem Evangelium.» Aber es reicht nicht, dies zu sagen, man muß es auch tun.

Sich den Armen zuzuwenden bedeutet auch, daß frühere Ideen durcheinandergebracht werden und nicht mehr trägt, was früher eine Stütze war: die finanziellen Sicherheiten, die Kontakte zu den führenden Leuten der Gesellschaft ... Wenn ich in der Seelsorge Entscheidungen treffen muß, frage ich mich: «Werden die Armen von meiner Entscheidung profitieren? Wird die Kirche in ihren Augen dadurch glaubwürdiger?» Für mich ist das ein wichtiges Entscheidungskriterium.

An den Orten der Ausgeschlossenen begegnet man immer wieder hervorragenden Christen. Sie sind nicht zahlreich, aber sie sind da.

Warum hat die Kirche so viel Mühe mit den sozialen Fragen und so wenig Mühe mit der etablierten Ordnung?

Das Wort der Kirche darf nicht nur das Wort der Bischöfe, sondern muß auch das Wort der konkret engagierten Christen sein.

Es fehlt nicht an Botschaften und Enzykliken. Aber zu viele Texte der Kirche werden von den möglichen Adressaten schon gar nicht mehr wahrgenommen.

Was fehlt, sind die Taten. Die Solidarität an Ort und Stelle gibt dem Wort erst Geltung. Als ich nach Paris fuhr, um dort bei Wohnungsbesetzungen mitzuhelfen, konnte ich nicht mehr zulassen, daß im Bischofshaus Zimmer leer standen. Ich nahm deshalb Fremde bei mir auf. Ich unterstützte sie, als sie einen Hungerstreik durchführten.

Ist die Kirche nicht das Opfer ihres Goldes und ihres Pomps, die sie auf die Seite der Mächtigen stellen?
Was man sieht, prägt sich ein. Für die Leute ist die Kirche reich ... Wenn sie nach Rom fahren und den Papst sehen, sind sie von den äußeren Zeichen des Reichtums beeindruckt. Auch was man zu sehen bekommt, gehört zum Zeugnis der Kirche.

So verleugnet das äußere Erscheinungsbild die Botschaft?
In einem gewissen Sinn, ja. Es hebt sie sogar auf. Ich bedaure auch, daß die Reisen des Papstes so viel Geld verschlingen. Könnte der Papst nicht einfacher reisen? Kann er das Evangelium nicht evangeliumsgemäß verkünden?

Man kann es selbstverständlich rechtfertigen, psychologisch, politisch ... Man kann sich sagen: «Ein Bischof muß seine bischöfliche Würde, seinen Rang als Bischof auch leben ... Von der Gesinnung her bin ich arm, aber ich stelle die Kirche dar.» Ich habe die Nuntiaturen vor Augen, die ihrem Rang entsprechend in vergoldeten Villen leben, sie vertreten ja den Papst.

Ich glaube, daß man auf diese Art sehr schnell in einer anderen Welt lebt, auf einem anderen Planeten, von den Leuten abgeschnitten.

Hat die Kirche die Begegnung mit dem 20. Jahrhundert verpaßt?
Seit der Revolution hat die Kirche gegenüber der Zunahme der Freiheiten immer weniger Verständnis gezeigt. Und dann hat sie versucht, ihren Rückstand wieder aufzuholen in Sachen Menschenrechte, Demokratie, Staat und Schule. Denn die Kirche erträgt es schlecht, ihre Vorteile und die Vorrangstellung, die sie einmal innehatte, zu verlieren. Sie hat Mühe zu akzeptieren, daß ihre Kinder zunehmend selbständiger

werden und sich verabschieden. Die konservativen Strömungen der Kirche haben letztlich die Revolution gar nie nachvollzogen. In der Diözese von Evreux gab es Gruppierungen, die sogar Priester fanden, die bereit waren, Gottesdienste zur Erinnerung an Ludwig XVI. zu feiern!

Seit dem Konzil haben in der Kirche Frankreichs entscheidende Entwicklungen stattgefunden. Noch nie haben so viele Christen im Rahmen der Kirche eine Ausbildung erhalten. Doch wer nimmt das zur Kenntnis?

Zum ersten Mal gibt es das Faktum, daß Jahr für Jahr mehr Laien als Priester das Theologiestudium abschließen. Die Kleriker haben in der Theologie kein Monopol mehr. Und die Laien fordern eine andere Art von Kirche. Sie bilden eine stille Kraft, die immer mehr an Stärke gewinnt, unabhängig von den Ernennungen der Bischöfe. Sie fühlen und wissen sich verantwortlich für das Leben und den Auftrag der Kirche. Wer kann diese Kraft noch zurückhalten?

Eine Ihrer letzten öffentlichen Aktionen als Bischof von Evreux war Ihr Schreiben gegen die «lois Pasqua». Was trieb Sie in diesem Moment an?

Die konkrete Anwendung dieser Gesetze erweist sich als Katastrophe. Diese Gesetze treiben die Ausländer in Verzweiflung, zwingen sie dazu, versteckt zu leben, in der Öffentlichkeit werden sie verdächtigt ... Die Ausweisungen häufen sich, und Familien werden auseinandergerissen. Und man läßt es einfach geschehen, nur wenige reagieren. Der Ausländer ist zum Sündenbock unserer wirtschaftlichen Schwierigkeiten geworden. – Ich wollte in Erinnerung rufen, daß ein Ausländer zuerst einmal ein Mensch ist, bevor er zum Problem wird.

Damals war der Innenminister Charles Pasqua auch Kultusminister. In Ihrem recht giftigen Buch greifen

Sie die katholische und die reformierte Kirche an, sie würden jeglichen Aufruhr scheuen und sich damit begnügen, den Immigranten Solidarität zuzusprechen. Sie beschuldigen sogar die französischen Bischöfe, bei der Vollversammlung in Lourdes das Thema zugunsten eines viel wichtigeren Themas – eine Diözese für das Heer! – beiseite gestellt zu haben ...

Ich bedauerte dieses Schweigen. Johannes Paul II. findet selber starke Worte für die Menschenrechte. Aber bei der Bischofskonferenz in Lourdes kam das Dossier über die Einwanderung nicht durch, weil es explosiv war: die öffentliche Meinung, die Unsicherheit, die Angst vor den Fremden, die wirtschaftliche Situation, die Arbeitslosigkeit, der Islam ...
Eines Tages warnte mich der Generalsekretär der Bischöfe: «Du mußt wissen, Pasqua ist nicht zufrieden mit dir. Paß auf! Er ließ anrufen, um zu erfahren, was wir von deinem Buch halten.»

Und einige Tage später distanzierte sich der ständige Bischofsrat in *Le Courrier de l'épiscopat* von mir. Ich konnte mir nicht vorstellen, daß Pasqua über diese offizielle Antwort nicht informiert worden war.

Diese Mitteilung erschien in *Témoignage chrétien*. Sie erschien in Begleitung eines sehr heftigen Leitartikels von Georges Montaron, des Direktors dieser Zeitschrift, der gegen die Haltung der Bischöfe loszog.

Einige Monate später wies Monsignore Duval, der Präsident der Bischofskonferenz, seinerseits auf die unmenschlichen Folgen der «lois Pasqua» hin. Ich stimmte ihm zu. Ich hätte gewünscht, viele hätten dasselbe getan.

Sie schreiben: «Ein Politiker handelt in erster Linie, um den Leuten Eindruck zu machen und um zukünftige Stimmen zu sichern.» Das ist eine starke Anschuldigung.

Alle sprechen vom Ausschluß, aber allzu oft streut man den Leuten Sand in die Augen. Man singt sein Klageliedchen, und man macht – im Hinblick auf die Stimmen – ein paar Versprechungen. Aber die Leute sind nicht mehr so dumm.

Ich sandte mein Buch auch an Charles Pasqua, und zwar mit der Widmung: «Für Charles Pasqua, den Innenminister, von dem auf diesen Seiten so oft die Rede ist. Hochachtungsvoll.»

Im Sommer 1994 reisten Sie bis nach Folembray, wo Moslems den Wohnsitz nicht mehr verlassen durften, und einen der Imame unterstützten Sie öffentlich. Eine neue Provokation?

Nein. Unter diesen Moslems befand sich auch Kechat Larbi. Man verhaftete ihn an einem Freitagabend, nach dem Gebet, wie einen Verbrecher. Und man führte ihn weg, ohne ihn zu informieren.

Erniedrigt benachrichtigte mich die Gemeinde: «Kechat Larbi ist in Folembray.» Mein Herz raste: Das durfte nicht wahr sein! ...

Ich nahm mit den Familien, die zur Moschee gehörten, Kontakt auf; es entstand ein Komitee, bei dem ich mitmachte: «Das Beste wäre, ihn aufzusuchen.» Als ich ankam, ahnte ich nicht, daß alle Fernsehstationen anwesend waren. Zu viert gingen wir hinauf, um Larbi in seiner Zelle zu sehen.

Er war glücklich über unseren Besuch; wie immer war er im Frieden, ohne Sorge um sich selber, ohne Verbitterung. Am Ende unserer Unterhaltung sagte ich zu ihm: «Die Fotografen und die Kameraleute wünschen, daß wir im Garten spazieren.»

«Seit ich hier bin, wollte ich nicht hinausgehen; ich wollte hier bleiben und mich nicht bewegen. Aber wenn du es willst ... Ich komme.»

Er zog ein schönes, anthrazitfarbenes Gewand an, und wir gingen ein paar Minuten auf und ab, wir umarmten uns. Die Fernsehzuschauer sahen diese Bilder.

Als ich herauskam, fragten mich die Journalisten, weshalb ich gekommen war.

«Larbi ist mein Freund. Ich bin gekommen, um ihm zu zeigen, daß ich mit ihm solidarisch bin. Er ist ein Mann der Toleranz und des Dialogs, und ich bin überrascht, daß er hier festgehalten wird. Die ganze islamische Gemeinde der Adawa-Moschee ist durch die Art, wie man ihn behandelt hat, beleidigt worden.»

Ein paar Tage später erhielt ich eine neue Flut von Briefen voller Drohungen und Gehässigkeit: «Sie drücken einem Imam die Hand, während gleichzeitig in Algerien Franzosen ermordet werden. Sie sagen nichts zu den Opfern; Sie unterstützen die Mörder Frankreichs.» Und so weiter.

Ich kenne Kechat Larbi seit mehr als zwölf Jahren. Wir begegneten uns bei Priestertreffen, wir machten gemeinsam bei Fernsehsendungen mit: im Magazin am Sonntagmorgen «Den Islam kennenlernen». Möglicherweise hat mein Besuch Charles Pasqua sehr verärgert!

Ist das jetzt echte oder gespielte Naivität?
Ich ahnte nicht, daß mein Buch gegen Pasqua und dieser Besuch mit meinen Problemen im Rahmen der Kirche zusammengebracht werden und meinen Fall verschlimmern könnten.

Der Countdown Ihrer Absetzung hatte schon begonnen. Spürten Sie es?
Nein, im Gegenteil. Die Drohungen schienen sich zu entfernen. Der Sommer ging vorüber, die Ruhe schien wieder eingekehrt zu sein. Versammlung in Lourdes. Ruhe. Weihnachten: Alles ging gut.

Und dann Ende Dezember erhielt ich den Brief des Nuntius: «Wie Sie es am 21. Mai gewünscht haben, können Sie Kardinal Gantin treffen. Er empfängt Sie am Montag, den 9. Januar, um neun Uhr.»

Ich rief den Nuntius an: «Ich bin etwas überrascht. Als ich Sie damals sah, habe ich nicht darum gebeten, Kardinal Gantin zu treffen.»

«Sie wollten nach Rom ... Nun ist es soweit.» – Ein übler Streich!

«Am 9. Januar ist es mir nicht möglich.» Ich sollte mit Kechat Larbi in der Adawa-Moschee zusammenkommen. «Aber, Herr Bischof, wirklich! Der Kardinal verlangt nach Ihnen, es ist wichtig. Wissen Sie: Wenn ich nach Rom vorgeladen werde, gehe ich und lasse alles liegen.»

«Wenn Sie es dem Kardinal nicht sagen können, werde ich selber ihn benachrichtigen.»

«Wann können Sie denn nach Rom fahren?»

«Februar oder März.»

«Monsignore, das geht nicht. Nein! Sie können das Treffen allenfalls um ein paar Tage hinausschieben, aber nicht mehr.»

«Gut. Mittwoch oder Donnerstag in derselben Woche.»

Ein paar Tage später rief er mich wieder an: «Kardinal Gantin wird Sie am Donnerstag, den 12. Januar, um 9 Uhr 30 empfangen.»

Wenn Rom ruft, zögert man nicht. Was war Ihre Absicht, als Sie das Treffen hinausschieben wollten?
Ich finde diese Verhaltensweisen beleidigend. In der Zeit vom 21. Mai bis zum 9. Januar gab es ja auch keine Eile ... Man gab mir keinerlei Information, keinerlei Begründung. Ich wußte nicht einmal, weshalb man mich sehen wollte. Und im Brief des Nuntius gab es keinen Hinweis darauf, daß es dringend war ...

11. Kapitel

In partibus infidelium

Wie fühlt man sich, wenn man von Rom verurteilt wird?
Es ist das Gefühl des Unrechts. Auch unabhängig von meiner Person setzt sich diese Strafe über das Recht der Diözesanen von Evreux hinweg, daß sie zu ihrem Bischof etwas zu sagen hätten. Wurden sie nach ihrer Meinung gefragt? Nein, man verurteilt sie zum Schweigen. Diese Strafe sagt viel über das Funktionieren der Kirche: Da wird in Evreux eine Synode abgehalten, viele Christen sind aufgebrochen, vertrauen dem Zweiten Vatikanischen Konzil und nehmen ihre Verantwortung ernst, und dann dieses Ende: Gaillots Kopf auf dem Schafott. Was für ein Rückschritt!
Ich erlebte es auch stark als Zurückgewiesenwerden. Und diese Zurückweisung kommt von einer Institution, die mich getragen und ernährt, die mir Vertrauen entgegengebracht hat – und jetzt, plötzlich, weist sie mich ab. Ich verliere ihr Vertrauen, meine Legitimität, meine Ehre. Vorher hatte ich ganz bestimmte Feinde, die mächtig und einflußreich waren, und jetzt leide ich an der Kirche.

Lange Zeit war die französische Kirche eine Kirche voller Initiative und Aktivität, sie stand an der Spitze ...
Sie war es. Es gab sogar großartige missionarische Bischöfe. Heute läßt man wichtige Themen beiseite, um zu starke Spannungen zu vermeiden ... Wenn man zum Beispiel in der Vollversammlung das Problem des Islam und der Einwande-

rer besprechen würde, wären die Bischöfe gespalten. Was ich unter den Christen zu hören bekomme, höre ich auch bei den Bischöfen. Die Angst vor dem Islam führt zu den gleichen Überlegungen: «Es braucht eine Flüchtlingspolitik, es braucht Gesetze, wir können nicht alles zulassen ...» – «Sind wir dem Islam gegenüber nicht zu vertrauensselig?» – «Mit Ihrem Dialog und Ihrem Verständnis für alle Religionen werden wir am Schluß noch aufgefressen.» Die Bischöfe haben Angst, daß die Öffentlichkeit ihre Uneinigkeit wahrnehmen könnte. Und die Meinung der Leute ist auch den Bischöfen etwas Wichtiges ...

> *Um deutlich zu machen, daß Sie das schöne Bischofshaus (großzügiges Gebäude, schöner Park mit großen Bäumen) aufgeben, beziehen Sie ein Zimmer in der Rue du Dragon, Nummer 7, in einem Haus, das Obdachlose in Besitz genommen haben. Warum haben Sie sich für diesen Ort entschieden?*

Schon längere Zeit nahm ich an konkreten Aktionen teil, die den Obdachlosen zu Wohnungen verhelfen sollten, und zwar in Evreux und in Paris; ich nahm teil, wenn leere Häuser besetzt wurden: Quai de la Gare im 13. Arrondissement, Avenue René-Coty im 14. Arrondissement, Rue du Dragon im 6. Arrondissement, Boulevard Malesherbes im 8. Arrondissement usw.

In der Diözese gab es mehrere Aktionen. Die vom Zeitpunkt her letzte Aktion: Eine Familie mit fünf Kindern lebte mitten im Winter in einer Art Scheune, dem Wind ausgesetzt, ohne Wasser, ohne Elektrizität. Das Wasser mußten sie zweihundert Meter weg holen gehen, auf einem Friedhof. Und gleichzeitig gab es einen Schulraum, der nicht mehr benützt wurde und auf den niemand Anspruch erhob.

Die üblichen Vermittlungen waren schiefgelaufen, es schien alles blockiert. Ich suchte diese Familie auf, das

Fernsehen kam mit, und noch am Abend verlangte der Minister vom Bürgermeister, daß er die Familie in einer Wohnung unterbrachte. So dramatische Situationen sollten auf ganz normalen Wegen gelöst werden können, ohne daß man, in der Verzweiflung, darauf angewiesen ist, an den Bischof zu gelangen ...

Ich habe inzwischen Übung in der Besetzung von Häusern und in den Aktionen, die von der DAL (Droit au logement) gestartet werden. Wichtig ist, daß nichts vorher auskommt. Die DAL benachrichtigt uns ein paar Tage vor der Besetzung. Dann fährt man von verschiedenen Stellen in Paris los, ohne das Ziel genau zu kennen. Man bringt die Matratzen, die Kleider ... Die ökonomischen Fragen werden anschließend geklärt. Die Organisation ist stets erstaunlich: Eine halbe Stunde später tauchen die Verwalter auf, dann die Leute der Sicherheitspolizei, und die Verhandlungen beginnen. Normalerweise gelingen sie, und die Familien haben ein Dach über dem Kopf ...

Daß die Besetzung der Rue du Dragon so bekannt wurde – wie ein Symbol dieser Aktionen –, mag damit zusammenhängen, daß sie kurz vor den Präsidentschaftswahlen stattfand. Daß die beiden Hauptkandidaten in ihrem Kompetenzbereich herausgefordert wurden, zeigte Wirkung. Jeder wollte noch höher bieten, um der Öffentlichkeit zu zeigen, daß ihm das Schicksal der Ausgeschlossenen am Herzen lag. Am Morgen der «Aktion Rue du Dragon» feierte ich den Gottesdienst in der Diözese Evreux. Nach der Messe nahm ich mir Zeit für Begegnungen mit den Christen, dann genoß ich, wie jeden Sonntag, das gemeinsame Mahl, jedesmal ein wirklich festlicher Moment.

Am Nachmittag nahm ich den Zug Richtung Paris. In der Rue du Dragon lernte ich die neuen Besetzer kennen, die mir die Unterkunft (ohne Elektrizität), Geschirr und Besteck (aus Plastik) anboten. Wir aßen gemeinsam, auf dem

Boden. Man brachte eine Matratze in mein Zimmer, und ich verbrachte meine erste Nacht mit ihnen, bei Kerzenlicht. Es war sehr kalt ...

Vom Altar zu den Armen, das ist für mich ein logischer Schritt. Der liturgische Dienst und der Dienst an den Armen gehören zusammen.

> *Rom hat Sie nach Partenia versetzt, in eine Diözese, die nirgends gefunden werden kann, da sie seit dem 7. Jahrhundert verschwunden ist. Sie liegt «in partibus infidelium», im Land der Ungläubigen. Ist das die – ironische – Ehrung eines Bischofs, der seit langem den Dialog mit dem Islam gefordert hat?*

Nein. Ich denke, daß die römische Kurie in einem Verzeichnis nachschaute und die erste Diözese nahm, die in einem abgelegenen Gebiet vakant war. Ich kam an eine Stelle, die eben frei geworden war. Der vorherige Inhaber dieses fiktiven Bischofstitels war vermutlich im Rahmen einer echten Diözese ernannt worden. Partenia liegt im alten *Mauretania Sitifensis* (nicht im heutigen Mauretanien), am Südrand der Kabylei, wo ich während des Algerienkriegs meinen Militärdienst geleistet habe.

> *Weshalb haben Sie den Wunsch geäußert, dieser Diözese einen Besuch abzustatten, obwohl es sie nicht mehr gibt?*

Aus Lust am Symbol. Partenia ist eine unsichtbare Diözese in islamischem Gebiet, eine Diözese ohne Grenzen, wo sich alle Christen, die sich nach dem Dialog sehnen, zusammenkommen könnten.

Wenn der Frieden wieder in dieses Land zurückgekehrt ist, würde ich gern dorthin fahren; ich würde die Leute wiederfinden, die ich früher kannte, ich würde diese Ecke wiedersehen, mit der mich viele Erinnerungen verbinden.

Aber solange diese Gewalttätigkeit herrscht, kann ich nicht nach Algerien fahren.

Während Jahrhunderten hat die katholische Kirche dem «sensus fidelium» eine hohe Bedeutung zugemessen, dem Empfinden der Gläubigen, das aus dem Selbstbewußtsein der Christen entsteht. Warum traut sie heute diesem Empfinden nicht mehr?
Die Verantwortlichen der Kirche fühlen sich, zu Unrecht, bedroht. Und sie sagen, die Kirche sei kein Klub, keine Verbindung, keine Demokratie. Sie haben recht. Die Kirche ist eine auf Christus gegründete Gemeinschaft, etwas sehr Forderndes. Aber wenn die Kirche mit der heutigen Gesellschaft in Harmonie sein will, muß sie sich die Strukturen des Dialogs und des Gesprächs geben, Strukturen, in denen das freie Wort respektiert wird – damit nichts vom großen Erfahrungsreichtum verlorengeht. Und es gibt eine öffentliche Meinung in der Kirche, sie zeigt sich im Rahmen der Synoden, bei Umfragen, bei vielen Leserbriefen.

Weshalb dann diese Blockierung?
Das hängt auch mit der ganzen Geschichte zusammen. In Frankreich ist die Kirche zu weit von den Leuten entfernt. Der Bischof ist weit weg, eine geheimnisvolle Person, der man sich nur schlecht annähern kann. In der Art und Weise, wie er spricht und sich bewegt, verkörpert er eine Eigenwelt. Auch wenn die Bischöfe inzwischen ihre Lebensweise geändert haben, bleiben diese Bilder, als Erbe einer langen Tradition, lebendig. Auch die Priester waren von den Leuten getrennt: durch ihre Ausbildung, ihre Kleidung und ihre Sprache. Ich habe noch nie einen Priester gesehen, der an Hunger starb. Ein Priester ist immer geschützt. Solange er in der Institution bleibt, hat er ein Haus, Lebensunterhalt und Arbeit. Diese Entscheidung für einen sichtbaren Klerus, eine

eigene soziale Schicht als Apparat der Kirche mit dem Auftrag, die Gedanken der Kirche weiterzugeben, war voller Wirkungskraft – aber heute ist sie es nicht mehr. Aristokraten, hohe Würdenträger, Machtträger: Die Bischöfe wurden zu lange aus den obersten Schichten der Bevölkerung geholt. Warum wohnen so viele Bischöfe in herrschaftlichen Häusern?

Die Kirche zwingt uns zu einem privilegierten Stand. Viele Laien kennen diesen Schutz nicht, sie können die Not kennenlernen, verlieren ihre Arbeit oder ihre Wohnung. Sie leben ungeschützt.

Muß man Kompromisse finden, aushandeln, akzeptieren, wenn man in der Kirche bleiben will?
Selbstverständlich, wie in jeder Gruppe muß man aushalten, verhandeln, diskutieren. Man verliert Zeit und will sich nicht verstehen. Mit all den Mißverständnissen, Blockierungen und Versöhnungen unterscheidet sich das Funktionieren der Kirche nicht vom Funktionieren anderer Institutionen.

Seit gut zwanzig Jahren haben die fortschrittlichen Katholiken für die Welt sehr viel Kraft investiert, aber zuwenig für die Institution selber. Zeigt der Entscheid in Rom nicht auch, daß die wirklich lebendigen Kräfte, die diese Strafe hätten aufhalten können, die Institution bereits aufgegeben haben?
Die erste Aufgabe der Laien besteht darin, in die Welt einzutauchen, und nicht darin, in der Institution Aufgaben zu übernehmen ... Aber auch die Kirche braucht Funktionäre. Im Lauf der letzten Jahre haben die offenen Christen tatsächlich ihre Stelle anderen überlassen. Sie sind noch aktiv, aber nicht mehr im Rahmen der Kirche.

Ich kann verstehen, daß sie nicht bis zur Erschöpfung mit der Kirche kämpfen wollen. Sie haben Besseres zu tun. Aber die Kirche ihrerseits darf nie beschließen, auf sie zu verzichten.

Einmal reiste ich mit einer Gruppe von *Vie nouvelle*, mit linken, sehr engagierten Christen, die sich von der Kirche distanziert hatten, nach Brasilien. In allen unseren Gesprächen mit Soziologen, Politikern und Professoren kam die Kirche immer wieder aufs Tapet. Eines Abends sagten sie zu mir: «Wir lernen jetzt die Kirche Brasiliens kennen, aber das Leben der französischen Kirche kennen wir nicht.»

«Welch Geständnis!» war meine Antwort. «Sie haben aufgegeben. Und heute sind Sie Christen ohne Kirche. Schauen Sie, welche Stelle die Kirche in Brasilien einnimmt. Nichts von Bedeutung geschieht ohne die Kirche. Sie aber haben den Platz andern überlassen. Wie soll die Kirche gesellschaftlich wirken können, wenn Sie nicht mehr daran teilnehmen?»

Wir müssen das richtige Gleichgewicht finden. Ich bedaure es, daß sich zu viele Christen mit der Entwicklung der letzten Zeit einfach abfinden.

> *Wenn man die vorangegangenen Verurteilungen anschaut, etwa die Verurteilung der Arbeiterpriester, erkennt man, daß immer dasselbe System funktioniert: das System der Inquisition, das auf zugetragenen Aussagen beruht. Ist das richtig?*

Es ist nicht falsch. Rom hat sicher Klagen erhalten. Es gibt Leute, die sich seit Jahren damit brüsten, daß sie alles tun, um an meine Haut zu kommen. Nun haben sie sie erhalten. Pierre Debray, der frühere Präsident der *Silencieux de l'Eglise,* einer konservativen Gruppe, behauptete, er habe dreißigtausend Unterschriften gesammelt, um meine Absetzung zu fordern. Ich weiß auch, daß das *Opus Dei*, die *Familles chrétiennes,* der Abt des traditionalistischen Klosters Barrou mir nicht sehr günstig gesinnt waren ...

Ich möchte hinzufügen, daß auch Kardinal Gantin zweimal in die Diözese Evreux gekommen war, ohne mich zu benachrichtigen, und zwar mit der Unterstützung der Traditionalisten, die gegen mich waren, und mit der Hilfe von bestimmten einflußreichen Familien im Vexin. Der Pfarrer von Mainneville, ein wichtiger Wohltäter des Kardinals, hatte ihn zur Feier der Sekundiz eingeladen, zu einer Art goldener Hochzeit – fünfzig Jahre Priesterweihe. Bei dieser Gelegenheit ließ mich der Priester, nicht ohne eine gewisse Verlegenheit, wissen, daß meine Gegenwart beim Fest überflüssig sei ...

Kann Ihre Abberufung andere Abberufungen nach sich ziehen?
Man weiß nun zumindest, daß ein Bischof abberufen werden kann. Dieses neue Faktum interessiert sicher die Deutschen, Belgier und Schweizer, die seit Jahren sehr reaktionäre Bischöfe ertragen müssen, die zwar der «Einheit ihrer Diözese» sehr schaden, bei denen aber der Vatikan bisher nicht eingreifen wollte unter dem offiziellen Vorwand, daß man bei einem Bischof nichts machen könne. Der «Fall Gaillot» macht nun Rechtsgeschichte.

In einem Artikel der Zeitschrift Lumière et Vie, *der später auch von der Zeitschrift* Jésus *übernommen wird, bezeichnet Christian Duquoc diesen Entscheid als «einen politischen Fehler, eine pastorale Ungerechtigkeit, eine Beleidigung des Bischofskollegiums, einen Angriff auf das Volk». Welche von diesen Bezeichnungen wiegt für sie am stärksten?*
Der Angriff auf das Volk. Als Bischof habe ich viel Zeit eingesetzt, um die Leute zu ihrer Verantwortung zu führen, um sie zu ermutigen, daß sie auch das Wort ergriffen – ich wollte, daß sie die Kirche bildeten. Ein Bischof ist an sein Volk ge-

bunden. In dieser Affäre nun ist das Volk wieder übergangen worden.

Die französischen Bischöfe sind direkt Betroffene, und zwar durch die Grundwelle, die die Affäre Gaillot ausgelöst hat. Wie deuten Sie die Verlegenheit der Bischöfe?

Sie sind hin- und hergerissen zwischen dem Vatikan und dem katholischen Volk. Zum einen haben sie nichts unternommen, um diese Strafe zu verhindern, aus Mangel an Solidarität. Dann sind sie in die Enge getrieben worden, durch die Christen, die protestierten. Schließlich verrät ihre Haltung, daß Kollegialität unter Bischöfen gegenüber Rom ein leeres Wort ist.

Im Gegensatz zur römischen Kurie stehen die Bischöfe mit ihrem Volk im Kontakt. Sie kennen die Leute und sehen, was sich abspielt: die Zusammenkünfte, die Briefe, die Versammlungen, die Petitionen ... Es handelt sich um eine Basisbewegung. Die Verwirrung von gewissen Bischöfen (nur wenige) und die Erleichterung der andern hat nun einem sehr präzisen Gespräch Platz gemacht, das niemandem etwas vormacht.

Unter den Bischöfen gibt es ganz verschiedene Meinungen. Aber kann man unter dem wachsamen Auge Roms überhaupt frei reden? In den einzelnen Diözesen selber hat diese Strafe den Graben zwischen den Konservativen beziehungsweise Traditionalisten und den andern vertieft. Und die Bischöfe stehen mitten in diesen Spannungen.

In den ersten Wochen versuchten sie mit den einzelnen Parteien sehr vorsichtig umzugehen: mit Rom, den Konservativen, dem kämpferischen Flügel ... Aber was können sie Rom wirklich antworten? Sie hätten sich deutlich äußern müssen, zeigen, daß sie unter Einheit etwas anderes verstehen, die öffentliche Meinung berücksichtigen, ihre Entrüstung darlegen, daß ein Bischof Frankreichs abberufen wurde, eine sehr seltene Strafe. Es hätte ein wunderschönes Zeugnis der Freiheit geben können!

Waren Sie von der Haltung der Bischöfe nicht enttäuscht?
Meine Enttäuschung begann nicht erst im Moment der Absetzung. Man warf mir Mangel an Solidarität vor, zugegeben. Aber wenn ich nun zu hören bekomme: «Wir trauern mit Gaillot, wir trauern mit der Kirche ...», ich bin ja nicht dumm. Dieses plötzliche und gespielte Mitleid der Bischöfe reichte nicht, um mein Unbehagen aufzulösen.

Was erwarteten Sie denn von den französischen Bischöfen?
Solidarität.

«Wir haben mit Jacques Gaillot alles versucht», lautet die Klage der Bischöfe. Was antworten Sie ihnen?
Seit zehn Jahren versuchte ich mich zu erklären. Ich ließ nicht locker, kämpfte, schrieb, sprach, argumentierte. Ich ging einen Weg, der mir dem Geist des Evangeliums zu entsprechen schien. Ich verweigerte nie das Gespräch über all die Fragen, die uns unsere Zeit stellt. Ich verlangte nach einer offenen Auseinandersetzung in der Kirche. Aber man bestraft mich.

«Unsere klugen Ratschläge nützten nichts», antworten die Bischöfe. «Jacques Gaillot handelt ausschließlich nach seinem Kopf, er hört nicht zu ...»
Das ist schnell gesagt. Ich führte diesen Kampf nicht einfach so, aus Herzenslust, oft war ich allein. Die Bischöfe sahen mir nichts nach. Sie verboten mir ihre Diözesen. Sie ermahnten mich öffentlich. Sie stellten sich nie hinter meine Unter-

nehmungen. Als mir Monsignore Duval diesen Brief schrieb, dessen Formulierungen doch recht sonderbar waren, wer von den hundertfünfzehn Bischöfen hat Protest eingelegt?

Die französischen Bischöfe hatten als Kollektiv das Recht zu sagen: «Wir sind mit Gaillot nicht einverstanden; aber ein solches Vorgehen akzeptieren wir nicht.»

Im Zeitraum eines Jahres erhielt ich fast hunderttausend Briefe, die mich unterstützten. Die Sympathiebeweise von französischen Bischöfen kann ich hingegen an den Fingern einer Hand abzählen ...

Da es unter uns Bischöfen keine Solidarität gab, hatte Rom freie Hand. Zudem müssen der Nuntius, der Präsident der Bischofskonferenz und sicher ein paar Bischöfe vom Urteil gewußt haben. Sie hätten mich warnen können.

Sie verlangten nach einer außerordentlichen Bischofskonferenz; und man hat Ihr Verlangen zurückgewiesen.
Das war ein Wunsch. Diese außerordentliche Bischofskonferenz hätte auf die Fragen eingehen können, die nun sichtbar geworden waren: Redefreiheit, Autorität in der Kirche, Modelle der Einheit, Anerkennung einer öffentlichen Meinung in der Kirche, Beziehung zu Rom.

Warum haben die Bischöfe Angst vor Rom?
Die Bischöfe, auch ich selber, wurden nicht erzogen, Rom gegenüber standzuhalten, noch daran gewöhnt, mit Rom wirklich ehrlich zu sprechen. Wenn sich die Bischöfe nun offen gegen Rom stellten, würden sie voll in Ärger und Tadel hineinlaufen. Sie wären schlecht angeschrieben. Und es gibt nichts Schlimmeres, als in Rom schlecht angeschrieben zu sein ... Es ist gut möglich, daß der eine und andere Bischof wegen der Wirbel, die ich verursacht habe, den Kardinalshut wegschwimmen sieht, der ihm doch versprochen war ...

Sie werfen also den französischen Bischöfen vor, Rom nicht genügend zu widerstehen?
Die Bischofskonferenz trat nicht genügend fest auf. Zum einen versammelte sie sich nicht, zum andern: Was schlug sie denn vor? Welche Initiative versuchte sie?

Wie kann man diesem Mangel abhelfen?
Indem man von diesem Ereignis profitiert. Die Frage wird ja gar nicht mehr von Rom gestellt, auch nicht von den Bischöfen, sondern von nun an wird sie von diesem Volk Gottes gestellt, das protestiert, schreibt, Unterschriften sammelt und sich zu Wort meldet. Eine Chance, die man hätte ergreifen müssen ...

Bei gewissen Bischöfen war nach Ihrer Abberufung eine Art von feiger Erleichterung zu spüren ...
Sie werden nicht lange erleichtert sein. Denn jetzt ist es nicht mehr die «Affäre Gaillot», jetzt ist es die Affäre der Kirche. Der Stachel heißt in Zukunft nicht mehr Gaillot, sondern Volk Gottes – könnten sie es doch verstehen! Diese Bewegung läßt sich nicht mit einem Fingerschnalzen aufhalten.

Sind Sie mit dem Theologen Paul Valadier einverstanden, wenn er betont, daß das aktuelle System zum Ausschluß führen muß?
Ich bin ein Beispiel dafür. Auch Eugen Drewermann, oder der Befreiungstheologe Leonardo Boff.
Eine Institution, die sich mit sich selber beschäftigt, produziert Ausgeschlossene, bestraft in Lateinamerika und verurteilt Theologen.

Wie erklären Sie sich dieses widersprüchliche Verhalten: Öffnung für die Rechte der Menschen und Engführung der Institution?

Das Engagement für die Menschenrechte gibt der Kirche einen Schlüssel, damit sie in der Welt gegenwärtig sein kann, einen Freipaß. Aber wie kann die Kirche die Menschenrechte verteidigen, wenn sie sie im eigenen Bereich nicht respektiert?

Die Politik von Johannes Paul II. basiert auf der Idee, daß die Zukunft nicht mehr in den alten Ländern Europas, der früheren Christenheit, liegt, da sie das Opfer des Zerfalls geworden sind. Die großen Volksmassen befinden sich in Asien und Lateinamerika ... In seinen Augen liegt die Zukunft dort. Die Kirche in Europa wird mit dem weltlichen, modernen Leben konfrontiert ... Aber da drüben, da kann man noch Menschen in Bewegung bringen.

Es scheint mir keine gute Strategie zu sein, die einen gegen die andern auszuspielen. In Europa haben die Christen Erfahrungen mit der Demokratie, mit der persönlichen Entscheidung, mit dem Wert jedes einzelnen, mit dem Gespräch. Auf den anderen Kontinenten sind die Völker zwar auf spontanere Art religiös und bejubeln voller Freude den Papst, der sich die Mühe gibt, bis zu ihnen zu kommen. Aber wenn man ein Volk in der Kirche halten will, genügt es nicht, sich allein auf jene Faktoren abzustützen, die der Religiosität dienen, oder auf die Armut der Leute.

Jedermann beruft sich auf das Zweite Vatikanische Konzil: Sie, um eine größere Öffnung zu fordern, die katholische Hierarchie, um ihre Politik einer größeren Strenge zu rechtfertigen. Wer deutet das Konzil nun richtig?
Genau gleich wie die Politiker, die meinen, von den Ausschließungen sprechen zu müssen, um glaubwürdig zu erscheinen, meinen in der Kirche alle, vom Konzil sprechen zu müssen. Man muß auf das konkrete Verhalten schauen, dann kann man ein Urteil finden.

Daß der Vatikan einen französischen Bischof bestraft hat, kann sich das nicht auch auf den ökumenischen Dialog negativ auswirken?

Vermutlich schon ... Denn was geschehen ist, verletzt alle Kirchen, die verschiedenen kirchlichen Gemeinschaften sind betroffen worden. Sie alle haben mich auch ihren Schmerz wissen lassen. Wie kann man eine Frohe Botschaft der Befreiung verkünden, wenn jene, die sie predigen, selber die Freiheit nicht erfahren. Ich denke, daß sich die Bedingungen für den ökumenischen Dialog durch diesen Schritt Roms tatsächlich verändert haben. Ein autoritäres Vorgehen kann den Schritten zur Offenheit und dem ökumenischen Gespräch nur schaden.

Als die Arbeiterpriester verurteilt wurden, erlebten sie, als Gruppe, ein Trauma, das noch Jahre nachwirkte. Viele haben sich davon nicht mehr erholt. Ihr Frieden und Ihre gewohnte Heiterkeit hingegen scheinen nicht angegriffen worden zu sein. Wie schaffen Sie es, das alles in Ruhe und ohne Haß wegzustecken?

Mitten in diesem Sturm habe ich das Empfinden, ganz tief, den Frieden zu kennen. Ich bin verletzt, aber im Frieden. Es beschäftigt mich, aber es beherrscht mich nicht. So viele Begegnungen wecken in mir eine tiefe Freude. «Selig sind die Augen, die sehen, was ihr seht», sagt Jesus zu seinen Jüngern (vgl. Lk 10,23).

Ich hege keinen Groll, weder gegen den Papst noch gegen Kardinal Gantin. Ich empfinde auch keine Verbitterung gegen die Institution. Ich fühle nur die eine Verletzung: Man hat mir das Volk, das ich liebgewonnen hatte, weggenommen. Man zwingt mich, all die menschlichen Bindungen aufzugeben; gerade sie aber gaben mir die Kraft zu leben. Ich muß wieder eine Gemeinschaft finden.

Kann der Vatikan auf seine Entscheidung zurückkommen?
Nein. Der Vatikan wird auf seine Entscheidung nicht zurückkommen. Für mich beginnt etwas Neues. Ich werde diesen Kampf um die Freiheit auf andere Art fortsetzen. Ich werde nicht schweigen.

Wie sehen Sie Ihre Zukunft?
Verschiedene Teams, die mich gut kennen und mit denen ich zusammengearbeitet habe, helfen mir bei der Entscheidung, die ich treffen muß. Ich werde weiterhin mit den Ausgeschlossenen solidarisch sein, an der Rue du Dragon oder anderswo.

Was wird aus dieser Bewegung, die sich nach Ihrer Absetzung gebildet hat? Werden Sie sich an die Spitze dieser Bewegung stellen?
Ich bin eher jemand, der etwas wachruft, als ein Führertyp. Es ist nun eine öffentliche Meinung entstanden, und dieser Schwung darf sich nicht auf einzelne Diözesen beschränken. Dieses Wort, das so kraftvoll aufgestiegen ist, darf nicht in sich zusammensinken. Wie kann es in der Gemeinschaft so unterschiedlicher Männer und Frauen weiterleben, so daß nichts vom Reichtum und den Fähigkeiten dieser Menschen verlorengeht? So daß jene, die nun aufgestanden sind, Netzwerke bilden, sich zusammenschließen und aktiv sind?

Die Entrüstung allein genügt nicht. Das befreite Wort ruft nun nach der Tat. Die einzelnen Initiativen müssen zusammengebracht, und über die Zukunft der Kirche muß nachgedacht werden.

Die Christen haben nicht die Aufgabe, sich mit ihrer eigenen Unruhe zu beschäftigen, sondern Hoffnung zu zeigen.

Warum treten Sie nicht aus der katholischen Kirche aus und schließen sich einer anderen, zum Beispiel der reformierten Kirche, an?
Meine Familie ist die katholische Kirche. Ich will nicht einer anderen Kirche beitreten – die ich zwar kenne, die aber doch nicht meine Kirche ist. Ich habe mir diese Frage noch gar nie gestellt, ob ich mich vielleicht in einer andern Kirche wohler fühlen würde als in der eigenen Kirche. Aber der Dialog mit den Protestanten interessiert mich. Sie haben uns einiges zu sagen, etwa über das Wort Gottes und die Bedeutung der Bibel.

Ich liebe in meiner Kirche die Liturgie und ihre Schönheit, ihren Reichtum an Riten und Gesängen. Die protestantische Kirche ist zu stark auf die Feier des Wortes ausgerichtet.

Man würde mich sicher in einer anderen Kirche aufnehmen, aber ich bleibe aus spirituellen Gründen. Wenn ich die Messe feiere, sage ich stets und ohne spezielle Stimmung: «in Gemeinschaft mit Papst Johannes Paul».

Aber wenn Sie die Möglichkeit einfordern, «ich» zu sagen, zu reden, zu diskutieren ...
Sind diese Herausforderungen nicht in den Evangelien enthalten? Also muß es möglich sein, sie in der Kirche zu leben. Ich setze meine Hoffnung auf die einzelnen Ortskirchen, auf die Christen, die in Bewegung sind und kämpfen. Die Geschichte zeigt, daß alle großen Veränderungen von der Basis kommen. Sogar das Konzil ist durch viele Überlegungen an konkreten Orten und inspiriert von missionarischen Initiativen vorbereitet worden, bevor es schließlich nach Rom kam und von Johannes XXIII. aufgegriffen wurde.

Die Kraft Ihrer Kritik müßte Sie eigentlich dazu bringen, diese Institution zu verlassen, ohne daß Sie Ihren

Glauben verleugnen. Würden Sie bis zu einer Trennung von der Kirche gehen?
Niemals! Dieser Betriebsunfall berührt meine Bindung an die Kirche nicht, auch wenn ich diese Strafe ungerecht finde. Journalisten waren überrascht, als sie in der Bibliothek des Bischofshauses ein grosses Foto des Papstes sahen ... Ich bin mit seinen Ansichten nicht immer einverstanden, aber der Papst ist in meinen Augen der Nachfolger des heiligen Petrus.

Die Kirche ist größer als Rom. Johannes XXIII. verglich die Kirche mit einem Dorfbrunnen: Das Wasser ist frisch, aber die Leitungen sind rostig. In der Kirche sind die Leitungen in einem schlechten Zustand, aber das Wasser fließt noch, und es kommen viele, um ihren Durst zu löschen.

Haben Sie nicht das Gefühl, versagt zu haben?
Wahrscheinlich habe ich im Rahmen der Institution versagt, aber andere haben nun die Aufgabe übernommen. Ein Bischof allein kann die Kirche nicht verändern, nur ein ganzes Volk.

Die Kirche muss eine Kirche der Ausgeschlossenen sein und nicht eine Kirche, die ausschließt.

Hat der Katholizismus an Anziehungskraft verloren, oder durchlebt er nur eine schwere Krise?
In Frankreich ist der Katholizismus kulturell gesehen eine Minderheit ... Was nicht heißt, daß er keinen Einfluß hat. Er durchlebt zur Zeit die Krise einer Geburt. Wir kommen in eine neue Zeit. Diese Veränderung läßt eine Bewegung entstehen, die allmählich Gestalt annimmt und sich dann von den Gewichten der Geschichte befreit. Diese Krise zerstört die Kirche nicht, sie baut sie neu auf, damit sie der kommenden Zeit entgegengehen kann. Was mich betrifft, ich bin so frei ...

Aber die Kirche, Ihre Kirche, weist Sie zurück.
Sie bestraft mich, sie weist mich nicht zurück. Ich bin nicht exkommuniziert, ich bin immer noch voll und ganz Mitglied der katholischen Kirche. Man hat mir zwar die Aufgabe des Bischofs entzogen, aber ich bleibe ein Jünger Christi in der katholischen Kirche. Ich habe auf Evreux verzichtet, und ich habe auf diese pastorale Aufgabe verzichtet. Die Diener gehen, der Auftrag bleibt. Der Kampf für die Freiheit wird weitergehen, ich werde ihn fortsetzen, und zwar in der Kirche.

Glauben Sie, daß die Kirche Sie eines Tages rehabilitieren wird?
Vielleicht. Nach meinem Tod ...

12. Kapitel

Die Herrlichkeit der Freiheit

Als meine alte Mutter mit achtundachtzig Jahren durch das Fernsehen von meiner Absetzung vernahm, war das ein Schock. Sie kam sich vor wie am Fuß des Kreuzes. Als ich sie aufsuchen konnte, gestand sie mir: «Mein armer Sohn, was haben sie dir angetan? Du hast das nicht verdient. Jetzt bist du niemand mehr.» Dann, nach einem Moment des Schweigens, fügte sie hinzu: «Das ist sicher: Diese ganze Geschichte verleiht der Kirche keine Größe ...»

In ihrem tiefen Glauben hatte meine Mutter verstanden, daß die Kirche nicht wachsen konnte, wenn sie zurückwies, verurteilte und denunzierte.

Als sie später hörte, daß der Papst seine Tür offenhielt und bereit war, mich zu empfangen, fragte sie mich zögernd:

«Glaubst du, daß dich der Papst wirklich empfangen wird?»

«Ich hoffe es. Auf jeden Fall habe ich darum gebeten.»

Meine Mutter war zufrieden. Sie rechnete tatsächlich damit, daß die Kirche an Größe gewinnen würde, wenn sie sich für den Weg der Begegnung und des Dialogs entschied.

Ihre Reaktion erinnerte mich an das letzte Gespräch zwischen Jesus und dem Apostel Petrus. Dreimal fragte ihn Jesus: «Liebst du mich?» Auf diese Weise gab er für den Aufbau der Kirche den Ton an; er zeigte, in welchem Klima seine Kirche nach seinem Willen wachsen sollte. Für all das hat er uns eine einzige Frage zurückgelassen: «Liebst du mich?» Alle Christen sind berufen, diese Frage in sich zu tragen, wo sie auch sind, in jedem Moment.

Mit diesem Gespräch macht Jesus uns deutlich, daß seine Kirche nicht im Klima der Verdächtigung, der Denuntiation oder des Verurteilens wachsen kann, sondern nur im Klima des Vertrauens, das ständig erneuert wird, und des Verzeihens, das immer wieder gewährt wird.

Seine Kirche kann nicht in einem Klima der Kälte, der Angst, der fixierten Meinungen wachsen, sondern im Bemühen um Begegnungen, Zusammenarbeit und gemeinsame Suche.

Seine Kirche kann nicht in einem Klima der Gewalt, der Intoleranz oder der Ausschließung wachsen. Er richtet uns auf die Zukunft aus, er schickt uns in den weiten, offenen Raum mit Worten des Friedens.

Es ist Mittag, Jesus setzt sich auf den Rand eines Brunnens. Er ist müde und hat Durst. In dem Moment kommt eine Frau, um Wasser zu schöpfen. Jesus sagt zu ihr: «Gib mir zu trinken!» Das ist eine Bitte: Er beginnt damit, daß er den anderen zeigt, daß er sie braucht. Er bittet um einen Dienst. Er bittet um das Brunnenwasser, bevor er das lebendige Wasser ins Gespräch bringt. Er zieht die Frau ins Vertrauen und spricht mit ihr über die einfachen Dinge des Lebens. Es entsteht ein freundschaftlicher Dialog. Jesus hat nicht damit begonnen, daß er von Gott sprach, sondern nur: «Gib mir zu trinken!»

Diese Begegnung Jesu mit der Samaritanerin am Rand des Brunnens ist ein Bild dafür, wie die Kirche der heutigen Gesellschaft begegnen kann. Die Kirche beginnt bescheiden und bittet um einen Dienst. Sie braucht die andern, ob sie nun glauben oder nicht. Es ist notwendig, dem anderen an seinem Ort zu begegnen, all jene anzuhören und zu begleiten, die uns über den Weg laufen: Lehrer, Kranke, Unternehmer, Obdachlose, Kaufleute, Gefangene, Politiker ...

«Gib mir zu trinken!»: Die Kirche muß zuerst von den Menschen empfangen, bevor sie ihnen das Evangelium der Freiheit verkünden kann. Sie erbittet die Hilfe von all jenen, denen sie begegnet, um ihnen dann die Worte des Lebens zu schenken. «Ich gebe ihm Wasser, das in ihm zu einer Quelle wird, die ewiges Leben schenkt.» (Joh 4,14) Das Evangelium sollte immer im Rahmen einer echten menschlichen Beziehung verkündet werden. Man kann niemandem das Evangelium schenken, wenn man ihm nicht vorher von Mensch zu Mensch begegnet ist. Das Wort Jesu gründet sich auf der entsprechenden Erfahrung, es ist voller Leben.

Ein reicher junger Mann sucht Jesus auf. Er ist von seiner Botschaft angezogen, vor allem aber von seiner Ausstrahlung. Er sucht nach seinem Weg, er braucht Hilfe. Es ist ersichtlich, daß er von der Begegnung mit Jesus sehr viel erwartet.

«Guter Lehrer, was muß ich tun, um das ewige Leben zu bekommen?» (Mk 10,17) Das Gespräch beginnt sich zu entfalten. Dann: «Jesus sah ihn voller Liebe an.» (Mk 10,21) Bevor Jesus die Antwort bringt, beginnt er damit, daß er ihn liebt. Er enthüllt auf diese Art, was er ist: Seine Art zu lieben ist Dienen. Er dient, indem er liebt. Die Worte, die er sagen wird, kommen von Herzen.

Man kann die Frohe Botschaft nicht weitertragen, ohne zu lieben. Wie will man das Evangelium verkünden, wenn derjenige, an den man sich wendet, sich nicht als Bruder anerkannt fühlt?

Wenn meine Kirche, bevor sie spricht, handelt und entscheidet, jeweils mit der Liebe beginnen würde: Es würde sich vieles verändern! Auch für die Minderheiten, die sich an den Rand gedrängt fühlen. Nur wenn die Kirche ein Herz hat, das für andere schlägt, kann sie verstehen, annehmen, das richtige Wort finden, das frei macht, und die Tat, die der Situation entspricht.

Auch die Begegnung Jesu mit den Aussätzigen lehrt uns vieles. Er geht auf sie zu, nimmt sie auf, heilt sie und integriert sie wieder in die Gesellschaft. Sie tragen nun nicht mehr eine ansteckende Krankheit mit sich herum, der man ausweicht und vor der man Angst hat. Sie sind wieder Menschen wie die andern. Sie sind wieder eingebunden in den alltäglichen Austausch und haben ihren Platz. «Jesus hatte Mitleid mit dem Aussätzigen, streckte die Hand aus und berührte ihn. 'Ich will', sagte er, 'sei gesund!'» (Mk 1,41)

Jeder Christ, jede Gemeinde, jede Kirche muß zuerst den Weg zur Not der Menschen gehen, erst dann besteht die Chance, daß sie als Träger der Guten Nachricht gehört werden – einer Frohen Botschaft, die sich nicht auf Worte beschränkt. Der Auftrag der Kirche ist es, sich dorthin zu begeben, wo das Volk leidet. Ich träume davon, daß meine Kirche nicht mehr mit Worten zufrieden ist und handelt. Auf diese Art könnte sie sich Gehör verschaffen, könnte sie verständlich machen, daß jedes Elend ungesetzlich ist und jeden Kampf rechtfertigt. In welcher Welt wollen wir leben? Der Respekt und der Schutz der Schöpfung sind heute unausweichliche Aufgaben.

Mein Freund Eugen Drewermann hat im *Spiegel* über mich geschrieben, und in diesem Artikel läßt er uns an seinem Traum von einer zukünftigen Kirche teilhaben:

«Die beste Kirche wäre wie ein Leuchtturm, der den Schiffen die Route zum Ozean signalisiert; einmal auf hoher See, orientieren sie sich an den Sternen und mit dem Kompaß. Ein Leuchtturm, der sich selber zum Ziel macht, zwingt die Schiffe zur Fahrt der Küste entlang, in Sichtweite, es sei denn, daß sie stranden.»

Das ist eine Einladung zur Freiheit, zur Autonomie der Person, zur Verantwortung. Eine Einladung, Herr seines Hauses zu sein, «ich» zu sagen, sich selber zu gehören.

In unserer toleranten Gesellschaft erleben wir, daß immer mehr Zwänge aufgehoben werden. Eine Moral, die auf Verpflichtungen baut, funktioniert nicht mehr. Man gestaltet das Leben nicht mehr nach Pflichten, sondern will voll und ganz leben, die Lebenskraft in aller Spontaneität erfahren; man distanziert sich von allen einordnenden Strukturen, Autoritäten und bindenden Vorschriften.

Ich träume von einer Kirche, die ihre Angst verloren hat: die Angst der einen vor den anderen, die das Wort lähmt, die Angst davor, endlich sich selber zu sein, die Angst vor Verlust, die Angst vor Trennung, die Angst vor Rom, die Angst vor dem Islam, die Angst vor der Zukunft ... Alle diese Ängste halten die Kirche verschlossen und sperren sie ins Gefängnis der Vergangenheit – wie die Apostel, die sich im Abendmahlsraum in Jerusalem versteckt hielten.

«Habt keine Angst!», lautet das Kennwort Jesu. Er haucht über uns die Kraft des Geistes, um uns von unseren Ängsten zu befreien. Aber es ist mühsam für uns, frei zu werden. Man muß dafür einstehen – denn was gibt es Einfacheres, als angepaßt zu bleiben? Doch wenn ein Volk das Wort annimmt, fürchtet es sich nicht mehr: Es besitzt neue Kräfte, die sich überall entfalten.

Als Katholiken sprechen wir oft eine dogmatische, moralische oder fromme Sprache, dabei hungern die Menschen nach Erfahrung. Sind wir spirituelle oder mystische Menschen, die mit unserem Leben die erstaunliche Freiheit des Evangeliums bezeugen?

Ein Priester drückt seine Erfahrung auf vielsagende Art und Weise aus: «Sobald man durch Christus befreit worden ist, gerät man nie mehr unter eine Diktatur, schon gar nicht eine klerikale.»

«Christus hat uns befreit; er will, daß wir auch frei bleiben.» (Gal 5,1)

Mehr denn je ist derjenige ein freier Mensch, der den anderen hilft, freie Menschen zu werden.